高等职业教育公共基础课系列教材

创新创业教育

主　编　李富森
副主编　邹建勇　徐劲飞　冯锦军

电子工业出版社
Publishing House of Electronics Industry
北京·BEIJING

内 容 简 介

本教材内容符合《国家职业教育改革实施方案》《教育部关于职业院校专业人才培养方案制订与实施工作的指导意见》（以下简称"指导意见"）等新时代职业教育改革发展的要求。

本教材包含创新意识与创新精神、培养创新思维、创新能力训练、创业与创业精神、创业环境分析、创业机会与风险、创业资源与团队、商业模式设计与创业计划、组建与管理初创企业9个模块。本教材从学生实际生活出发，贯彻"用身边人教育身边人"的理念，从宏观形势与人才需求角度切入，系统地介绍了职业生涯规划知识，帮助学生认识自我，提高职业能力与职场适应性，树立技能成才的职业理想，能让学生正确评估并抓住创业机会积极创业，通过创业带动更多人就业，为"人人出彩"奠定可能。

本教材可作为高等职业教育各类学校的职业素养公共选修课程的教学用书，亦可作为五年制高等职业院校高职学段创新创业教育课程的教材。

未经许可，不得以任何方式复制或抄袭本书之部分或全部内容。
版权所有，侵权必究。

图书在版编目（CIP）数据

创新创业教育 / 李富森主编 . —北京：电子工业出版社，2022.4
ISBN 978-7-121-37554-5

Ⅰ.①创… Ⅱ.①李… Ⅲ.①大学生－创业－职业教育－教材 Ⅳ.① G647.38

中国版本图书馆 CIP 数据核字（2021）第 270527 号

责任编辑：胡辛征
印　　刷：三河市良远印务有限公司
装　　订：三河市良远印务有限公司
出版发行：电子工业出版社
　　　　　北京市海淀区万寿路 173 信箱　　邮编：100036
开　　本：787×1092　1/16　印张：17.75　字数：410 千字
版　　次：2022 年 4 月第 1 版
印　　次：2022 年 4 月第 1 次印刷
定　　价：55.00 元

凡所购买电子工业出版社图书有缺损问题，请向购买书店调换。若书店售缺，请与本社发行部联系，联系及邮购电话：（010）88254888，88258888。

质量投诉请发邮件至 zlts@phei.com.cn，盗版侵权举报请发邮件至 dbqq@phei.com.cn。
本书咨询联系方式：（010）88254361，hxz@phei.com.cn。

前　言

党的二十大报告指出："必须坚持科技是第一生产力，人才是第一资源，创新是第一动力，深入实施科教兴国战略、人才强国战略、创新驱动发展战略，开辟发展新领域新赛道，不断塑造发展新动能新优势"。实施创新驱动发展战略，是应对发展环境变化、把握发展自主权、提高核心竞争力的必然选择，是更好引领我国经济发展新常态、保持我国经济持续健康发展的必然选择。推进大众创业、万众创新，就是要培育和催生经济社会发展的新动力，是国家实施创新驱动发展战略的重要组成部分。

所谓创新，可以是"创造一种新的产品；采用一种新的生产方法；开辟一个新的市场；取得一种新的供给来源；实现一种新的产业组织方式"等。创新可以带动创业，创业能够促进创新。鼓励青年学生投身创新创业，可以有效促进高质量充分就业，促进就业带动创业。青年学生是创新创业的主力军，创新创业不仅是实现自我价值的体现，更对建设创新型国家有着重要意义。虽然创业是一个复杂而艰辛的过程，但创业精神和创业技能是完全可以通过系统的学习来分别培养和掌握的。因此顺应时代潮流的创新创业教育更加强调意识、能力、精神的培养，是各类职业院校提升和完善人才培养质量的重要措施，通过创新创业教育，在每位青年学生的心里埋下一颗创新创业的种子，当将来创业机会出现的时候，我们的青年不仅可以更加坦然地走上创业之路，而且可以在创业过程中少走一些弯路。

党的二十大报告指出："实施就业优先战略"，要求健全就业公共服务体系，完善重点群体就业支持体系；健全终身职业技能培训制度，推动解决结构性就业矛盾；完善促进创业带动就业的保障制度，支持和规范发展新就业形态；健全劳动法律法规，完善劳动关系协调机制，完善劳动者权益保障制度。

即将迈出校门的青年学生，如何找到一个能为之激情迸发并持之以恒的奋斗事业呢？这份事业是否能让自己感受到充满希望和爱？是否能为国家、为民族、为世界贡献一份力量？在历史的河流中能否留下自己的印记？在新技术不断产生、新产品不断被研发并推向市场的激烈洪流中，又该如何更好地找准自己的目标和定位？这些问题都是需要青年人去认真思考和实践的，顺应国家的创新战略倡导，关注创新创业，做"敢闯会创"的时代青年。

在经过编写组的充分讨论和研究之后，本教材分为三大部分，共计9个模块：第一部分着重介绍创新能力训练，从努力构建学生的创新意识开始，培养他们的创新精神，详细介绍创新的思维和创新能力的训练方法；第二部分着重介绍创业精神的培养和创业能力的提高，阐明如何培养创业精神，如何识别创业机会、规避创业风险；第三部分着重介绍创业实践，包括如何组建创业团队、整合创业资源，如何设计（选择）商业模式与制订创业计划，如何创办新企业。除此之外，导读导学、思维导图、案例导读、经典分享等内容的引入，也是本教材的突出特色。

  本教材由天津职业技术师范大学李富森教授担任主编，并执笔编写第一部分模块 1 和第三部分模块 9，同时负责全书思政内容把关；担任本教材副主编的有 3 位：天津职业技术师范大学的邹建勇教授负责编写第一部分的模块 2 和模块 3，成都市技师学院（成都工贸职业技术学院）的徐劲飞讲师负责编写第二部分的模块 4、模块 5、模块 6，山西经济管理干部学院的冯锦军副教授负责编写第三部分的模块 7 和模块 8。全书由李富森统稿，教材编写过程中征求了人力资源和社会保障部、教育部有关机构专家的意见，在此特别表示感谢。由于时间和编者水平有限，不妥之处在所难免，敬请广大读者提出宝贵意见。

编 者

目 录

第一部分　创新能力训练

模块 1　创新意识与创新精神 2
　1.1　创新与创新意识 3
　1.2　创新精神培养 12
模块 2　培养创新思维 21
　2.1　突破思维定式 22
　2.2　掌握创新方法 32
模块 3　创新能力训练 47
　3.1　创新能力塑造 48
　3.2　创新能力的培养与训练 57

第二部分　把握创业机遇

模块 4　创业与创业精神 68
　4.1　创业和创业者 69
　4.2　创业素质和创业精神 84
模块 5　创业环境分析 100
　5.1　宏观创业环境 101
　5.2　微观创业环境 118
模块 6　创业机会与风险 128
　6.1　创业的类型和模式 129
　6.2　评估创业机会 142
　6.3　评估创业项目 154

第三部分　践行创业人生

模块 7　创业资源与团队 168
　7.1　筹措创业资金 169
　7.2　组建创业团队 181

模块 8　商业模式设计与创业计划 195
　8.1　设计商业模式 196
　8.2　撰写创业计划书 206
模块 9　组建与管理初创企业 219
　9.1　企业法律形式选择 220
　9.2　企业选址、命名与注册 234
　9.3　新创企业财务管理 256
　9.4　产品营销与品牌建设 268
参考文献 278

第一部分

创新能力训练

创新是一个民族进步的灵魂。目前,中国已经将善于创新的姿态展示于世界民族之林,为世界提供中国智慧、中国方案、中国力量。青年学生尤其是大学生,他们是国家未来发展的建设者和接班人,是未来中国屹立于世界东方的力量保证。创新是社会的需要,是国家的需要,是人的全面自由发展的需要。全球每时每刻都在不断发生变化,不确定性因素不断影响着全球政治、经济、文化的发展与进步,因此,中国当代大学生要充分认知时代的发展与变化,在理论上紧跟时代潮流,发现并掌握认知规律,在理论、实践、制度、文化等方面进行创新。通过对本模块的学习,学生能够全面全方位地了解创新,从而树立自身的创新意识,积极努力培养自身的创新精神,为国家实现社会主义现代化贡献自己的创新力量。

模块1　创新意识与创新精神

 导读导学

在柏拉图的著作中比较有名的当属《理想国》,而《理想国》中比较有名的段落就是"洞穴隐喻",而柏拉图心中的"洞穴隐喻"到底指什么呢?它有什么具体含义呢?

柏拉图的"洞穴隐喻"告诉我们:人类无时无刻不囚禁在自己的身体内,囚禁在被自己认识所局限的小圈子、小视野里,并与其他带有这种局限的囚徒们朝夕相伴,任何人都无法辨别相互之间的真实身份。人类的直接经验不是关于现实、关于表象的经验,真正的现实经验存在于人类的思维之中,存在于人类的抽象和理性之中。如果没有思维,我们永远只是虚幻世界中的一个囚徒,是各自人生的囚徒。

 思维导图

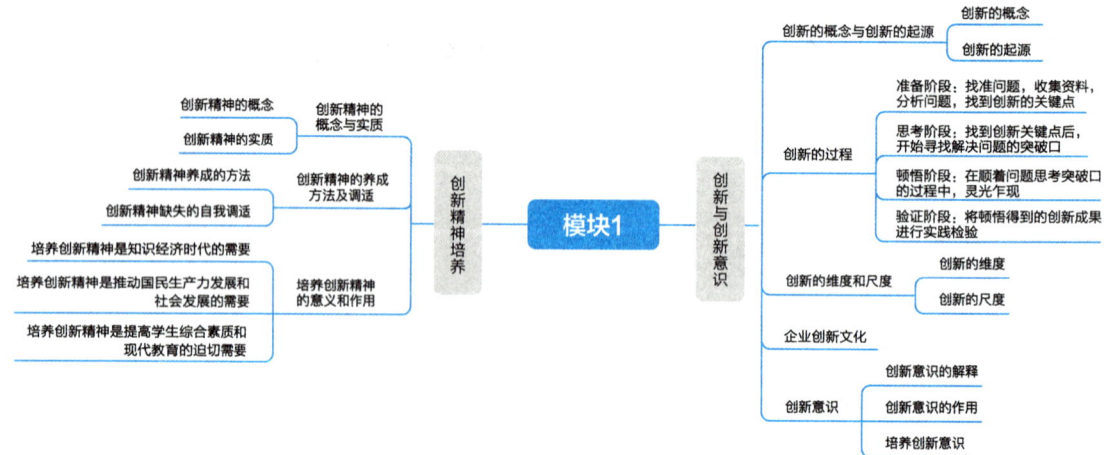

1.1 创新与创新意识

能力目标

（1）明确创新的概念及创新的起源。
（2）明确创新意识的核心要义。
（3）明确如何树立创新意识及自觉培养创新精神。

案例导读

"片仔癀"的创新之路

1980年，漳州市化学品厂开始着手化妆品研发，并率先将"名贵片仔癀"应用于化妆品生产中。一年之后，皇后牌片仔癀珍珠膏诞生。随后，凭借明显的民族工业特色、卓著的功效及消费者的高度赞誉，该产品被中国质量检验协会推荐为"国产精品"。2002年，漳州片仔癀药业股份有限公司与漳州市化学品厂共同投资组建漳州片仔癀皇后化妆品有限公司，漳州市化学品厂更名为漳州片仔癀皇后化妆品有限公司，并成为漳州片仔癀药业股份有限公司旗下的控股子公司。2009年，漳州片仔癀皇后化妆品有限公司更名为福建片仔癀化妆品有限公司，同年，公司与国际美肤机构建立战略合作关系，成功升级产品品质，并推出"片仔癀"品牌化妆品，开始涉足"特色功效护肤"领域。2013年，公司再对"片仔癀"品牌和"皇后"品牌进行全新升级，将它们定位为"经典草本护肤品牌"，启动了"差异化美白"品类新蓝海的战略布局，并成功推出了祛黄无瑕润白系列产品。此后，公司还不断引入先进的技术，提高产品品质，以实力向世界展示中国国货美妆的实力。2018年，在线下线上联动的消费体验成为行业的主流模式时，片仔癀化妆品启动品牌战略再升级，率先规划布局"3+3+1"新产品线，推广全新体验式营销，并正式在全国启动片仔癀单品牌店建设布局。从2014年到2018年，"片仔癀"的净利润累计超33亿元，国有资产保值增值率224%，市值超600亿元，被评为国家技术创新示范企业，居"2018中国最具竞争力医药上市公司"排行榜十强。

分析：唯改革者进，唯创新者强。创新是引领发展的第一动力，企业要不断革新技术，重视消费者的需求，与时俱进，保持创新。

党的十九届四中全会通过的《中共中央关于坚持和完善中国特色社会主义制度 推进国家治理体系和治理能力现代化若干重大问题的决定》，对科技、人才、经济、文艺、军事等各方面提出在实践上、理论上、制度上的战略实现创新,是我国今后乃至更长一段时期的发展思路、方向和着力点。那么,什么是创新呢?

一、创新的概念与创新的起源

(一)创新的概念

创新,顾名思义,创造新的事物。我国最早的一部百科词典《广雅》中说:"创,始也。"新,与"旧"相对。"创新"一词出现得很早,比如《魏书》中有"革弊创新"、《周书》中有"创新改旧"。在西方,英语中"innovation"这个单词起源于拉丁语,有3层含义:一是更新,对原有的东西予以替换;二是创造新的东西,创造出原来没有的东西;三是改变,对原有的东西进行发展和改造。

(二)创新的起源

人口增长是按照几何级数增长的,而生存资源是按照算术级数增长的,多增加的人口数量总是以某种方式被消灭掉,人口不能超出相应的农业发展水平。这个理论被称为"马尔萨斯陷阱"。在工业革命之前,人类的人均产值与发展始终陷入"马尔萨斯陷阱"中,工业革命之后人类的人均产值与发展呈现指数级的增长和进步,如表1-1所示。

表1-1 全球人口数量及经济增长

	1500年	2010年	增长倍数
全球人口数量(人)	5亿	70亿	14倍
人均年产值(美元)	550	8800	16倍
全球GDP(美元)	2500亿	60万亿	240倍

工业革命使得全球人口和全球经济呈现指数级增长,自第一次工业革命以来,共发生过5次技术革命,平均每50年出现一次,每次技术革命就是一次世界级创新,不仅塑造了人类文明,还诞生了一代又一代的新经济结构,如表1-2所示。

表1-2 5次技术革命

序号	大致起始年份	时代变革
第一次	1771年	纺织和产业革命时代
第二次	1829年	蒸汽和铁路时代
第三次	1875年	钢铁、电力和重工业时代
第四次	1908年	石油、汽车和大规模生产时代
第五次	1971年	信息和远程通信时代

5 次技术革命推动了经济发展。卡尔·马克思指出："不同公司之间的技术竞争推动了资本主义进化过程"。《资本论》指出："不同公司之间开展竞争的方式是将利润再次投资于发展更多的全新生产技术和设备"。

"创新"一词最早出现在《南史·后妃传·上宋世祖·殷淑仪》中，其中写道："据《春秋》，仲子非鲁惠公元嫡，尚得考别宫。今贵妃盖天秩之崇班，理应创新。""创新"意为抛开旧的，创造新的。20 世纪 90 年代，"创新"一词被引进中国科学技术等相关领域，出现"科技创新""自主创新"等，并迅速扩展到社会经济生活的各个方面，使得创新的概念涉及经济学、社会学、管理学等多个领域。目前，人们谈及的创新一般是指技术、方法、产品等的发现、改进、发明或组合，更多着眼于思维层面的锐意进取、勇于开拓和态度转化的一种创造，是对原有的打乱并重新组合，技术知识或思想层面的创新还包括科技含量极低甚至"零科技"的创新。

1985 年，被誉为"现代管理学之父"的彼得·德鲁克从管理学角度解释了创新理论。他提出任何使现有资源财富的创造潜力发生改变的行为，都可以称之为创新。他主张创新不仅仅是创造，而且并非一定是技术上的。一项创新的考验并不在于它的新奇性、它的科学内涵或它的小聪明，而在于它在推向市场后的成功程度，也就是能否为大众创造出新的价值。

二、创新的过程

创新的过程一般分为 4 个阶段：准备阶段、思考阶段、顿悟阶段和验证阶段。

（一）准备阶段：找准问题，收集资料，分析问题，找到创新的关键点

准备阶段从提出问题开始，问题的深度决定其是否具有创造性。对提出的问题，首先要进行周密的调查研究，搜集与问题有关的研究成果和相关资料，然后用已有的理论对问题进行分析。在准备阶段，对问题的探索要充满热切的期望，这不仅是一种对问题可望而不可即的境界，还是有意识地积累相关背景知识的阶段。

（二）思考阶段：找到创新关键点后，开始寻找解决问题的突破口

思考阶段也被称为酝酿阶段，即对问题的求解。针对问题，根据已有的理论和搜集的资料，提出各种可能的解决方案（也就是科学探索过程中的假说），并对提出的方案作出评价。这实际上是试错过程，它往往要经过多次甚至无数次的失败，才会使问题中的矛盾越来越尖锐。在"山穷水尽"的情况下，研究者仍然日思夜想，进入"如醉如痴"的境界，这一阶段是有意识和无意识交替作用的阶段。

（三）顿悟阶段：在顺着问题思考突破口的过程中，灵光乍现

顿悟阶段也被称为豁朗阶段，即对问题的突破，解决问题的方案是在这个阶段形成的，这个阶段是创新思考的关键阶段。在这个阶段研究者要突破陈旧观念，摆脱思维定式的束缚，创造性地提出新观点、新思想、新方法，这是决定性环节。这一阶段也说明产生灵感的时间往往很短，甚至只是一瞬间，而逻辑加工的过程却需要很长时间；只有对问题进行逻辑加工，思考才会豁然开朗，解决方案才会成为可以检验、评价的方案。这是第三境界，当你历尽千辛万苦，突然发现成功就在眼前，问题的答案赫然出现，这就是顿悟。这一阶段也是有意识和无意识交替作用的阶段。

（四）验证阶段：将顿悟得到的创新成果进行实践检验

验证阶段是对创新成果的证明和检验。解决问题的方案是否成功、是否有价值，只有经过检验、评价才能确定。这一阶段主要是设计、安排实验与观察，检验由新假说推演出来的新结论是否正确。在这一阶段人的思维基本上是常规思维，人的行为也是有意识地进行的。

三、创新的维度和尺度

（一）创新的维度

从创新的层次来看，创新有几个维度：一是哲学与世界观的创新；二是科学规律的新发现，包括自然科学和社会科学，主要是探索真实世界的基本规律和运行规则；三是关键技术的创新，技术是应用客观世界的基本规律来解决具体问题；四是产品与服务的创新；五是商业模式的创新。不同的层次有不同的规律和周期。

（二）创新的尺度

每个层次的创新可以简单分为小尺度创新和大尺度创新。

小尺度创新又被称为"微创新""渐进式创新"。小尺度创新更多的是基于现有价值网的改进。要应对经济发展的不连续性，跳跃到新的价值网上，就需要大尺度创新。

大尺度创新又被称为"颠覆性创新""破坏式创新"。克莱顿·克里斯坦森在《创新者的窘境》的创新理论中指出，组织要独立一片区域或者一个实体部门来实现未来颠覆性的创新，要有独立的预算和评价机制。抖音的出现就属于大尺度创新，最开始它是独立团队运营，后期脱离字节跳动公司，成立单独的公司进行运营。

 **案例**

张楠：如何从 0 到 10 亿打造一款"短视频"产品

现任抖音总裁张楠表示，抖音是一个帮助用户传递信息的工具，短视频和抖音使视频创作和分发门槛大幅度降低，使信息更快地流动、连接，具有信息普惠的价值。每个用户在抖音上留下的每个视频，都会是历史的底本，最终汇集成人类文明的"视频版百科全书"。

抖音把企业发展分为极致体验、运营、用户沉淀三大板块。

NO.1 从零开始打造用户体验

抖音在 2016 年下半年进入短视频这片红海，首先考虑的问题是，在全球 100 多个短视频 App 中，如何为用户带来新的体验呢？抖音团队下载了 100 多个短视频 App，天天对它们进行分析和比较，最终总结出短视频用户需要的 4 个点：全屏高清、音乐、特效滤镜和个性化推荐，然后在技术上把这些方面做到极致。

全屏高清：抖音团队先对同一款视频，按照不同的画幅做出来，然后做了大量用户调研，通过数据统计，发现全屏的视觉冲击力和代入感是最强的。虽然全屏高清会大幅度提升 CDN（Content Delivery Network，内容分发网络）成本，但是抖音团队的目标是为用户带来极致体验。

音乐：根据用户场景分析，大多数年轻人尤其是学生，生活轨迹非常单一，从家（宿舍）到公司（学校），经常戴着耳机听音乐，给人一种与世无争的感觉。所以抖音团队通过邀请经验丰富的音乐制作人，制作了许多非常有意思的音乐。

特效滤镜和个性化推荐：通过人脸识别、肢体识别、图像识别及 3D 渲染，不断提升用户的体验感。

在用户体验设计之初，张楠一直提到一个词：极致及用户调研。从起名到图标设计，团队对 200～300 个选项做调研，选择最能引起用户好奇心的设计。如果技术靠"烧钱"就能做到，那么运营可能有钱也做不到。

NO.2 运营

当我的产品出来了，我该如何运营？不是用户下载了 App，且 App 下载量冲上下载榜第一名，就没产品经理什么事儿了。让用户在你的地盘怎么玩？需要做到以下两点。

一是给用户方向感，就是只要用户下载了，一打开 App 就能自己玩。未来是一个不需要产品说明书的时代，好的产品设计都尽量不让用户浪费脑细胞。这个需要在产品设计之初，就加入用户使用思维。抖音在设计一个特效时会进行更深一步的思考，也就是用户在知道一个特效后会怎么玩，而不仅是设计一个图标、一个特效。

二是激发用户的创作动力和灵感，高手在民间，用户的力量是无穷的。只要贴纸、音乐足够好玩，什么样的视频都能做出来。为此，抖音有一个专区叫作"挑战"。人皆有好胜之心，通过简单的学习形式，大量用户可以零门槛创作。

NO.3　用户沉淀

通过第一步，创造极致的用户体验，吸引大量用户来到抖音平台，并以运营前置的思维方式，让用户零门槛创作，那么第三步，就是如何留住这些用户，或者说如何让越来越多的用户与平台一起成长呢？答案是把用户当作产品的主人。

分析：让用户参与到产品设计的过程中，抖音团队经常与用户沟通，了解他们对产品的想法。从抖音的产品路径来看，产品经理需要具备的能力是让正确的事情相继发生，这就需要在需求分析、竞争分析、项目拆解、项目实施上有良好的判断力，更重要的是产品经理的初心和企业创新的初心，创新的底层逻辑就是让生活更美好。

四、企业创新文化

企业创新文化是指在一定的社会历史条件下，企业在创新及创新管理活动中所创造和形成的具有本企业特色的创新精神财富及创新物质形态的综合，包括创新价值观、创新准则、创新制度和规范、创新物质文化环境等。创新文化是一种培育创新的文化，这种文化能够唤起一种不可估计的能量、热情、主动性和责任感，它们可以帮助组织达成目标。

建立企业创新文化具有重要的作用。第一，企业创新文化是一切创新的前提和源泉，能推动创新的实现；第二，建立企业创新文化，使企业具备朝气蓬勃的创新精神，保证创新在企业内的持续发展和存在，能有效为企业增加活力；第三，建立企业创新文化，对内能够增强企业的凝聚力，对外可以树立企业的良好发展形象，增强企业的核心竞争力；第四，倡导创新型的企业文化有利于企业经营业绩的提高；第五，建立企业创新文化能直接推动创新的形成和发展，推动整个社会的进步，促进经济的发展。

五、创新意识

（一）创新意识的解释

创新意识是人们对创新、创新的价值性与重要性的一种认识水平、认识程度及由此形成的对待创新的态度，并以这种态度来规范和调整自己的活动方向的一种稳定的精神态势。

（二）创新意识的作用

第一，创新意识是决定一个国家、民族创新能力最直接的精神力量；第二，创新意识促成社会多种因素的变化，推动社会的全面进步；第三，创新意识能促成人才素质结构的变化，提升人的本质力量。创新实质上确定了一种新的人才标准，它代表着人才素质变化的性质和方向，它输出着一种重要信息——社会需要充满生机和活力的人、有开拓精神的人、有新思想道德素质和现代科学文化素质的人，它能激发人的主体性、能动性、创造性，从而使人自身的内涵获得极大的丰富和扩展。

（三）培养创新意识

培养创新意识是国家对青年学生教育的重中之重，是创新精神得以形成和培养的重点。正如马斯洛说："创造性首先强调的是人格，而不是其成就……自我实现的创造性强调的是性格上的品质，如大胆、勇敢、自由、自主性、明晰、整合、自我认可，即一切能够造成这种普遍化的自我实现的东西，或者说是强调创造性的态度、创造性的人。"创新意识就是根据客观需要而产生强烈的不安于现状，执意于创造或创新要求的动力。这种"动力"是指心理上的一种内在驱动力、推动力，是一种自觉的心理活动。创新意识具有开拓性、独创性、联想性等特征。

1. 培养创新意识的内容及方法

创新意识主要包括问题意识、发现意识、怀疑意识、捕捉机遇和灵感的意识、抗挫折的风险意识、独立意识、自主意识、合作意识等。创新意识的培养，实际上是关于创造、创新中的非智力因素的培养问题。非智力因素几乎都是后天培养的，它们可以在创造、创新中起到发酵的作用。

2. 培养学生创新意识的重要性

首先，创新意识是当今信息时代国家创新体系持续发展的要求，国家自主创新的关键是人才；其次，创新意识是教育发展的需要，我国高校人才质量的优劣直接取决于学生的创新素质的高低，创新素质的高低直接影响高校在未来市场中的竞争力；再次，创新意识是学生全面发展的需要，马克思认为人的全面发展表现为人的能力的全面发展，人的需要的多方面发展，人的社会关系的丰富和发展，以及人的个性的发展。从这一理论来看，培养创新意识是实现学生全面发展的必要准备和保障，是学生实现自身全面发展的需要。

经典分享

培养创新意识的方法

1）克服习惯心理和迷信心理，培养问题意识和怀疑意识

培养问题意识与怀疑意识，对学生来说，应做到以下3点。

第一点，积疑，勤问。积疑是指学生在学习时要养成收集、记录生活学习过程中随时冒出来的疑问的习惯，一般要准备一个专门记录疑难问题的笔记本，随时记录。

勤问就是要多问，首先是问自己，其次是问别人。要敢于不耻下问。许多学习好的学生都有勤问的习惯，他们会经常给自己提问题，因此对事物的理解比较深刻，思想也比较活跃。

第二点，能疑，善问。能疑是指要加强学习，具备一定的知识和智力水平，掌握一定的创造思维方法，从不同的角度，提出一些有价值的问题。善问是指问也要注意一些方法和技巧。问人之前，自己先要细想，尽量做到有准备地提问题，否则，即使别人解释得很详尽，你也会感到若明若暗，所得肤浅；问人之后，要认真研究对方的答案。

第三点，敢疑，穷问。敢疑是指要有坚持真理、挑战权威的勇气。不论是老师、书本还是其他权威，只要自己有疑问，就要敢于怀疑，不要怕人笑话，不要怕挨骂。穷问，既是思维深刻的表现，也是创新突破的重要一环。在问的过程中，甚至可以开展争论，争论可以激发人的灵感，使思考更深入。

2）克服惰性心理，培养捕捉机遇和灵感的意识

灵感是指研究者在创造活动中所出现的豁然开朗、思路突然贯通的顿悟状态。机遇和灵感在创新活动中具有重要作用，它们常常是创新突破的直接原因。善于捕捉机遇和灵感，是一个人创新能力的重要体现。当灵感光顾、机遇来临时，我们要及时捕捉并记录下来。要对新想法、新发现进行认真研究，并争取从中受到启迪，有所创新。

3）克服依赖和盲从心理，培养独立意识和自主意识

创造性讲究独一无二，不喜雷同。因此培养创新意识，我们要注意独立意识的培养。对青年学生来说，要具有独立的人格，能独立获取知识，独立钻研问题，具有自己独到的见解，不依赖别人，不盲目听从别人的意见，要独树一帜。青年学生要时刻明确一个人的发展主要靠自己，别人只能起到辅助作用而不能完全帮助自己；要学会自主选择，自主活动，自主发展。

4）克服恐惧心理，培养风险意识

有人把创新看得很神秘，认为那是科学家的事情，自己想都不敢想；也有人对创新具有恐惧心理，害怕遭到别人的非议，害怕挫折。其实创新并不神秘，人人都具有创新能力。科学家的重大发明是创新，学生想出一道题目的新解法，或者写出一篇有新意的文章，也是创新。所以我们想要有所创新，就要有一定的风险意识和冒险精神，要有克服困难的勇气和百折不挠的意志。

5）克服封闭心理，培养开放合作意识

在知识爆炸的时代，一个人的知识再丰富也相对有限，有时进行创新，光靠个人的力量很难实现，所以我们必须学会合作。

课后活动

培养自己的创新意识

一、活动目标

通过环境体验，培养学生的创新意识，从而认识到创新无处不在。

二、程序与规则

（1）教师铺垫。

"与使自己感到有创意的环境或物品进行亲密接触，可以是某种香味（季节的变化、肉桂味、烤面包味）、景色（日出、山脉、假日的图片、花卉）、声音（海浪声、音乐、寂静）、味道（巧克力、橘子、咖啡）、感受（玻璃、舒适的汗衫、春风拂面）"，哪种环境或物品可以让你产生创新的想法呢？

（2）请学生通过上述提问列出在类似环境中产生意识的必要元素，并在班级微信群中展示你的答案和想法，畅谈自己的创新设想。

三、评价与反馈

四、参考时间

（建议时间：15分钟）

复习思考

（1）简述创新的过程。

（2）结合自身实际，谈谈如何树立自我创新意识及自觉培养创新精神。

1.2　创新精神培养

 能力目标

（1）明确创新精神的实质。
（2）明确创新精神的培养方法及过程。
（3）明确培养创新精神的意义和作用。

 案例导读

故步自封的家族企业柯达最终没落

在胶卷时代，柯达公司曾占全球2/3的市场份额，"柯达"一词几乎成为摄影的同义词。鼎盛时期的柯达在全球约有14.5万名员工，其地位相当于今天的苹果或谷歌。柯达的对手富士胶片很早便开始转型了。而从家族企业中脱壳而出的柯达不仅慢了一步，之后还犯了几个错误，最终导致了今天的没落。

虽然柯达发明了数码相机，却谨慎观望，资料显示，自1997年以来，柯达仅有一年实现盈利。柯达公司的现金储备已经花光，根据该公司提交的破产保护申请，其总资产为51亿美元，债务为67.5亿美元。实际上，一直以来向数字化转型是柯达努力的方向。数码时代的到来也一直被认为是推倒柯达百年基业的"罪魁祸首"，然而，或许其高傲和保守的态度才是其成功的绊脚石。世界上第一台数码相机是柯达于1975年发明的，没想到柯达公司竟成了自己的掘墓人。虽然掌握了先进的技术，但作为传统胶卷领域的霸主，柯达公司却不敢贸然迈入当时尚不明朗的数码市场，谨慎地观望着。

虽然几次转移业务，但未能翻身，直到2000年，柯达公司以每台相机亏损60美元为代价，占据美国数码相机市场第二大份额。可从那时起，胶卷需求开始停滞，柯达公司陷入困境，开始大量裁员，缩减开支。2002年，竞争对手富士胶片的产品数字化率已经高达60%，而柯达还不足25%。柯达公司又大举削减相机业务预算，把钱投入喷墨打印机，以期靠它在市场上大翻身。2003年9月，柯达公司正式宣布放弃传统的胶卷业务，业务重心向数字产品转移。2009年，柯达公司实施二次战略重组，裁员幅度高达50%。

"一直在转型，一直未转型"。数据显示，自1997年以来，柯达公司仅有2007年一年实现全年盈利。其市值从1997年2月最高的310亿美元降至21亿美元，十余年间其市值蒸发了99%。业内称，现在提起柯达，大多数人想到的还是胶卷。柯达公司孤芳自赏的态度让其陷入"一直在转型，一直未转型"的尴尬局面。

分析：只有创新是不够的，创新精神必须与企业未来的发展共同成长，必须在创新精神的指引下把创新变为生产力，转化成公司效益，为企业带来丰厚利润。柯达公司被自己发明的数码相机打败，颇具讽刺意味。如果柯达公司在发明了数码相机之后果断降低技术门槛，将其投入大规模生产，就可以尽快占领市场，并从新产品的销售中受益，从而使公司进入发展的良性循环。可惜的是，在第一时间没有将创新发明实用化的柯达公司终究走错了一步。

每个时代都有每个时代的精神，每个时代的精神又蕴藏着社会跃迁、文明进步的无限动能。马克思主义认为，每一历史时代的经济生产及必然由此产生的社会结构，是该时代政治的、精神的、历史的基础。中国改革开放已有40多年，中国的发展深刻蕴含着全国各族人民锐意进取、砥砺创新的时代精神。

那么，我们如何理解创新精神呢？

一、创新精神的概念与实质

（一）创新精神的概念

创新精神是指能够综合运用已有的知识、信息、技能和方法，提出新方法、新观点的思维能力并进行发明创造、改革、革新的意志、信心、勇气和智慧。创新精神既是一个国家和民族发展的不竭动力，也是一个现代人应该具备的素质。

（二）创新精神的实质

创新精神是一种勇于抛弃旧思想、旧事物，创立新思想、新事物的精神。例如，不满足已有认识（掌握的事实、建立的理论、总结的方法），不断追求新知；不满足现有的生活生产方式、方法、工具、材料、物品等，根据实际需要或新的情况，不断进行改革和革新；不墨守成规（规则、方法、理论、说法、习惯），敢于打破原有规则，探索新的规律和新的方法；不迷信书本、权威，敢于根据事实和自己的思考质疑权威；不盲目效仿别人的想法、说法、做法。创新精神提倡独立思考、不人云亦云，并不是不听取别人的意见、孤芳自赏、固执己见、狂妄自大，而是团结合作、相互交流，这是当代创新活动必不可少的方式；创新精神提倡胆大、不怕犯错误，并不是鼓励犯错误，而是错误认知是科学探究过程中不可避免的；创新精神提倡不迷信书本、权威，不反对学习前人经验，任何创新都是在学习前人经验的基础上进行的；创新精神提倡大胆质疑，但质疑要有事实和思考的根据，并不是虚无主义地怀疑一切；总之，要用全面、辩证的观点看待创新精神。只有具有创新精神，我们才能在未来的发展中不断开辟新天地。

创新,永无止境——全国劳动模范唐银波的创新精神

创新是一个民族进步的灵魂,是一个国家兴旺发达的不竭动力。走进中国兵器江麓机电集团唐银波技能大师的工作室,无论是墙上挂着的"创新、创效、传承、传艺"标牌,还是厅中展出的多个代表性研发产品,都给人以深刻的印记和强烈的冲击。唯创新者进,唯创新者强,唯创新者胜。正是凭着这股永不止步的创新劲头,唐银波从一个学徒铣工成长为中国兵器首席技师、全国劳动模范、中华技能大奖得主、全国技术能手、行业专家,奏响了一曲劳动托举梦想、创新成就人生的励志之歌。

创新,要实干。1991年,初中毕业的唐银波进入父亲所在的江麓机电集团一分厂,当起了临时工。虽然饭碗问题基本解决,但唐银波却想学点过硬的技术。于是,几年后,20岁的唐银波考上了江麓技工学校的铣工专业。技校老师是他梦想的开启者,他的父亲则一直是他梦想的领航人。唐银波的父亲是一名退伍老兵,在一分厂普通岗位上勤勤恳恳、辛劳一生,对儿子总是鼓励,寄予厚望。唐银波父亲的言传身教,特别是坚韧不拔、吃苦耐劳的性格深深影响了唐银波,其父亲也是他职业生涯中的第一位导师。

唐银波给自己定下了"勤学、勤问、勤想、勤练"的座右铭。业余时间,他把大部分精力都用在了学理论、练技能上。他相信学习知识、积累经验,就是为解决难题、不断创新做好准备。

1998年,车间接到一个加工任务,工艺十分特殊,费时费力,工时紧迫,没人愿意接这个任务。唐银波主动揽下来,并利用平时积累的经验,巧妙、优质、快速地完成了加工任务,为此,车间特地拿出200元奖励唐银波。而真正让他声名鹊起的还是2002年湖南省国防工业职业技能竞赛,唐银波在竞赛中一举夺得铣工第一名,获得"湖南省技术能手"荣誉称号和铣工技师任职资格,成为当时厂里最年轻的铣工技师。只有平时学习钻研、务实肯干,比赛时才能应付自如、脱颖而出。之后,唐银波连续斩获湖南省第二届职业技能大赛、全国第二届职业技能大赛奖项。2007年,唐银波被评为"湖南省技能大师",成为湖南省当时最年轻的也是铣削领域唯一的技能大师。2019年他和其团队一起成立了工作室,持续为企业的发展创新输出。

分析:唐银波的创新精神为其职业生涯奠定了基础,通过创新实践为企业发展提供不竭动力。对一个习惯解决问题、喜欢挑战难题的人而言,不断学习、不断积累、不断突破才是创新的真谛。

二、创新精神的养成方法及调适

（一）创新精神养成的方法

1. 对所学习或研究的事物要有好奇心

牛顿在少年时期就有很强的好奇心，他常常在夜晚仰望天上的星星和月亮。星星和月亮为什么会挂在天上？星星和月亮都在天空运转着，它们为什么不相撞呢？这些疑问激发着他的探索欲望。后来，经过专心研究，牛顿终于发现了万有引力定律。能提出问题，说明在思考问题。在学习的过程中，如果自己不提出问题，那才是最大的问题。好奇心表现为强烈的求知欲和追根究底的探索精神，想在茫茫学海中获取成功，就必须有强烈的好奇心。正如爱因斯坦所说："我没有特别的天赋，只有强烈的好奇心。"

2. 对所学习或研究的事物要有怀疑态度

不要认为被人验证过的都是真理。许多科学家对旧知识的扬弃，对谬误的否定，无不是从怀疑开始的。例如，伽利略始于对亚里士多德"物体依本身的轻重而下落有快有慢"这一结论的怀疑，才发现了自由落体规律。怀疑是人发自内在的创造潜能，它激发人们去钻研、去探索。我们不要总认为课本是专家或教授写的，不可能有误，专家或教授的专业知识渊博，这是值得我们认真学习的，但是事物在不断地变化，有些知识现在适用，将来不一定适用，现有知识不一定没有缺陷和疏漏。老师不是万能的，任何老师传授的专业知识也不全部都是正确的。对待我们所学习或研究的事物，我们应做到不迷信任何权威，大胆怀疑，这才是我们创新的出发点。

3. 对所学习或研究的事物要有追求创新的欲望

如果没有强烈的追求创新的欲望，那么无论怎样谦虚好学，都是模仿或抄袭，只能在前人划定的圈子里周旋。要创新，我们就要坚持不懈地努力，勇敢面对困难，要有克服困难的决心，不怕失败，要相信"失败乃成功之母"。例如，周海中教授在探究梅森素数分布时就遇到了不少困难，虽有过多次失败，但他并不气馁，因为他有追求创新的欲望，并坚持不懈地努力，所以他找到了这一难题的突破口，1992年他给出了梅森素数分布的精确表达式，目前这项重要成果在国际上被命名为"周氏猜测"。

4. 对所学习或研究的事物要有求异的观念

不要"人云亦云"。创新不是简单的模仿。培养创新精神并取得创新成果，必须要有求异的观念。求异实质上就是换个角度思考，从多个角度思考，将结果进行比较。求异者看问题往往比常人更深刻、更全面。

5. 对所学习或研究的事物要有冒险精神

创造，实质上是一种冒险，因为否定人们已经习惯的旧思想会遭到公众的反对。冒险不是危及生命和肢体安全的冒险，而是一种合理性的冒险。虽然大多数人都不会成为伟人，但要最大限度地挖掘自己的创造潜能。

6. 对所学习或研究的事物要做到永不自满

一个有很多创造性思想的人如果就此停止，害怕去想另一种比旧思想更好的思想，或者已经习惯了一种成功思想而不能产生新思想，那么他会变得自满，会停止创造。

（二）创新精神缺失的自我调适

无论是国家、企业还是个人，都必须有创新思维。早在两千多年前，老子就在《道德经》中提出"天下万物生于有，有生于无"的创新思想；1919年，我国教育家陶行知先生第一次将"创造"引入教育领域，致力于培养出具有"创新精神"和"开辟精神"的人才。天下兴亡，匹夫有责，个人的创新能力对国家富强和民族兴旺有着重要意义。

陶行知曾说："敢探未发明的真理，即是创造精神；敢入未开化的边疆，即是开辟精神。创造时，目光要深；开辟时，目光要远。"

1. 具有创造意识和科学思维

一方面，每个人都应在竞争中强化自己的创造意识，首先，我们要敢于标新立异，一个具有创新精神的人对事物会有敏锐的洞察力，善于在生活中发现问题，敢于提出问题；其次，我们还要善于大胆假设，要敢想、会想，不要被思维固化，跳出思维的局限看待事物，创新就会很简单。另一方面，在具有创造意识的同时我们还要培养科学思维，面对同一问题，只有具有发散思维，以不同的角度去思考，扩大自己的认知地图，才能不断地创新。

2. 不断进行自我提问

如果人类不问"为什么"，就会减少很多创新性的见解。一个具有创新思维的人总是能透过表面现象去寻找问题的本质，他们从来不认为任何事情的发展会水到渠成，也不会认为事情的结果理所当然。那些看似一时冲动提出的问题往往包含着更多创新思维的火花。

3. 表达自己的想法

一个人一生中会有很多想法，其中大部分的想法都被自我审查意识否定了，这种自我审查机制将一切看似离经叛道的想法当作"杂草"一样铲除，留下循规蹈矩的想法，但这些循规蹈矩的想法是没有创造力的，想要创新便不能放弃每一根"杂草"，当你有了稀奇古怪的想法时应该表达出来，每次表达都能拯救一个创新的小火花，只有这样才能更仔细地去审视、去探索、去验证，去发现它们真正的价值。

4. 拥有坚定的信念和意志

创新的道路并不是一帆风顺的，实现一个小创意、小方法也会遇到种种困难。创新的过程从不是一蹴而就的，在创新的过程中我们应坚定信心，不断进取，当创新活动遇到困难时，应及时调整方向，迫使自己"转向"或"紧急刹车"。

三、培养创新精神的意义和作用

（一）培养创新精神是知识经济时代的需要

知识经济是人类社会继农业经济、工业经济之后又一种崭新的经济形态。知识经济的基本特征，就是知识不断创新、高新技术迅速产业化。创新是知识经济时代的一个显著标志。相比于传统经济，知识经济实现了从有形资产向无形资产的转变，从重视引进、模仿能力向强调创新能力转变。知识经济形态的重点就是创新、再创新。为了使学生适应现代社会的需要，必须注重学生创造力的发展，培养学生的创新精神。

（二）培养创新精神是推动国民生产力发展和社会发展的需要

创造性劳动是社会进步的决定性力量，创造性劳动是社会经济增长的动力。当今世界各国的发展战略都是争先抢占科技、产业和经济的制高点。这就是国民创造力的竞争，是创造性人才的创造速度和创造效率的竞争。培养国民的创造精神是发展国民生产力的需要。

（三）培养创新精神是提高学生综合素质和现代教育的迫切需要

教育创新，不但与理论创新、制度创新和科技创新一样重要，而且为各方面的创新工作提供了知识和人才基础。因此，教育工作者要解放思想，确立以创新为重点的教育理念，在教育的价值观、教学观、师生观、教学评价和教学管理上进行全面革新。将单纯地继承前人知识转变为在继承的基础上推动创新，培养高素质的社会主义建设者。要用发展的观点看待学生，要为学生的健康提供一个良好氛围。培养学生的创新意识、创新思想、创新方法、创新能力和实践能力，引导和帮助青年学生树立正确的世界观、人生观、价值观，提高学生的综合素质。只有这样，才能全面推行素质教育，造就德、智、体、美、劳等全面发展的社会主义事业建设者和接班人。

案例

创新精神赢得尊重

以前，关于乔布斯的一切都是全球社交网络最热门的话题之一。人们不厌其烦、翻箱倒柜，翻出任何关于他的文字、声音、影像资料，重温他传奇、自由、创造的一生，咀嚼他激荡人心的睿智言语，心中充满温暖、感激和惋惜。这份感激和惋惜并非苹果产品用户独有，也包括每个明了其不可替代价值的人，甚至包括那些对苹果公司和乔布斯心怀恐惧的竞争对手。这不仅因为他的产品为我们的生活带来了革命性便利和愉快体验，还因为他拥有全人类共同珍视和稀缺的财富：创新精神和富有想象力的心灵。美国前总统奥巴马曾说："乔布斯是美国历史上最伟大的创新者之一，他勇于从不同角度思考问题，敢于相信自己能改变世界。"他确实改变了世界。数十年来，他一直走在世界的前面，走在时代和科技的前沿，为全人类探路，为我们照亮未来。

假如没有乔布斯，我们的生活将会怎样？这的确让人难以想象。现在，即便他已经离开了这个世界，但在生活中乔布斯依然无处不在。书桌上、耳朵里、手掌中，你所能看到的、听到的、触摸到的进步和便捷都有他的身影，甚至连再普通不过的电脑图形化界面和鼠标也是他的首创。他创造了一个又一个划时代的产品，乔布斯的想象力和创新精神的确让人赞叹，而他面对疾病时的坚韧和不屈更让我们感动不已。作为世界上规模最大的新兴经济体之一，中国的市场规模和潜力也具有了孕育下一个苹果公司和乔布斯的基础性条件。不过，国内当前创新和创业的现状却不容乐观。近年来，急功近利的浮躁情绪塞满了国内部分企业家和创业者的大脑，如何以最快的速度赚钱成了不少企业的根本出发点。而在决定国家和民族未来的高科技领域，"拿来主义"大行其道，拷贝和复制的水平一流，却很少见企业和创业者耐住性子进行研发和创造。大多数所谓的高科技企业根本不敢进行真正意义上的创新，而是热衷于直接拷贝国外的成熟技术，然后进行"汉化"和"本土化"等"微创新"，这不仅不能改变一个产业的发展轨迹，还从根本上扼杀了企业成为下一个苹果公司的可能。

万物终有时，但伟大的创新精神会永远留存。我们如何才能穿透功利和浮躁的迷雾，安静下来，倾听内心的声音，追求创新，从亦步亦趋的跟随者队伍中冲到世界的前面呢？乔布斯的一生，其实已经给了我们答案。

经典分享

高扬创新精神　奋进复兴征程

创新是人类特有的实践活动与实践方式，创新构成了人的存在方式。人类从不满足于已经取得的成就，总会对已有成绩加以扬弃，创造出一个个新的思想、理论及实践，体现并证明自我的意识性、能动性与超越性。因而，创新成为一个民族兴旺发达的标志，是民族进步的不竭源泉和永恒动力。

推陈出新的创造性实践活动，其创新内容十分丰富，涉及思想、理论、制度、科技等各方面；它涉及的领域也十分广阔，大到国家的政治、经济、军事、外交，小到百姓的衣食住行等。

创新的主体是人。无论是自然界还是整个社会，都是人的对象世界，都是人的实践对象。人在改造世界的实践中会注入自己的思想和观念，因此，创新实践首先是创新思维，是与时俱进、知难而进、突破上限、不断前进的科学思维。这是人不同于动物的一个明显标志。

对国家而言，创新是引领发展的第一动力。一个民族想走在时代前列、成为时代的引领者，一刻也不能没有创新思维，一刻也不能停止创新。在各领域进行创新，必须具备创新思维，打破思想禁锢，突破原有行为模式，以新的理念、新的方法和新的路径解决问题，打开局面。

中国改革开放40多年来，中国共产党高度重视创新在经济社会发展中的引领与促进作用，将创新思维提高到党和国家发展全局的战略地位。将创新思维广泛运用到治国理政各方面，体现出与时俱进的马克思主义理论品格。

在党的建设方面，党的十八大以来，以习近平同志为核心的党中央坚持以自我革命精神全面推进党的政治建设、思想建设、组织建设、作风建设、纪律建设，创造性地提出了一系列新理念、新思想、新战略，实施了一系列新举措和新方法，党的建设制度化、科学化水平不断提高，党的建设新的伟大工程全面推进到一个新阶段。特别是习近平新时代中国特色社会主义思想中的全面从严治党、思想建党与制度治党同向发力，以及增强"四个意识"、坚定"四个自信"、做到"两个维护"，都是创新思维在理论思想层面的集中展现。

在经济建设方面，无论是设立"中国（上海）自由贸易试验区"、全面振兴东北地区等老工业基地、深化"供给侧结构性改革"、推进"一带一路"建设，还是提出"经济新常态"、贯彻新发展理念、推动经济"高质量发展"、建设现代化经济体系，强调"核心技术、关键技术，化缘是化不来的，要靠自己拼搏"等，都体现着创新思维在经济领域内的运用，它已成为指引我国经济发展的定海神针。进入新时代，我们要实现中华民族伟大复兴的中国梦，更加离不开广大人民群众的创新精神和创新思维。无论形势如何变幻，我们都要坚持创新，坚持以我为主，从容应对各种经济风险的挑战。

中国改革开放40多年来，中国共产党领导全国各族人民砥砺奋进所取得的辉煌成就在人类历史长河中书写了光辉一页。进入新时代，我们要夺取新时代中国特色社会主义伟大胜利，必须继续培育和高扬创新精神、创新思维，不断推进党和国家治理体系和治理能力现代化，确保党和国家事业始终保持旺盛的生机活力，不断开创中华民族伟大复兴的崭新局面。

分析：当今社会经济全球化，世界各国的经济竞争既是科学技术的竞争，也是创造力的竞争。社会需要创造性人才，国家就必须培养学生的创造思维、创造意识和创新精神。

想想你认为具有创新精神的中国本土公司和外资公司，各举一个例子。

课 后 活 动

训练思维能力，培养创新精神

一、活动目标

通过题目测试，培养学生的创新精神。

二、程序与规则

（1）教师铺垫。

下面共有3道题。

第一题：在一天（包括白天和黑夜）当中，钟表的3根指针能够重合吗？什么时候重合？

第二题：在一次贸易会上，5个人在进入贸易厅时需要把自己随身携带的公文包交给保安，让其验证，经过验证后保安再把公文包还给他们。由于保安的疏忽，离开时其中4个人发现拿的不是自己的公文包。请问这种情况发生的概率是多少？如果是 n（$n>1$）个人，那么概率是多少？

第三题：一家饰品店在关门之前处理货物，一条价值20元的丝巾卖不出去，老板决定降价到8元；结果还是没人要，无奈，老板只好再降价，降到3.2元，依然卖不出去，最后，老板只好把价格降到1.28元。老板心想，如果这次再卖不出去，就按成本价销售。那么这条丝巾的成本价是多少呢？

（2）请学生分析上述题目并在班级微信群中展示你的答案和想法，畅谈自己的设想和答案。

（建议时间：15分钟）

（1）关于创新精神的实质，中国改革开放40年给你的启示是什么？结合改革开放中的一个具体事例进行分析。

（2）为什么青年学生要具备创新精神呢？

模块 2　培养创新思维

 导读导学

对于职业院校的学生而言，创新能力不仅表现在对知识的选择、处理和运用上，还反映在对新思想、新事物、新技术的发现和发明上，而且表现为有没有怀疑精神和综合选择的能力，有没有探索创新的心理愿望和性格特征。以培养具有创新思维和实践能力的人才为目标的创新教育是素质教育的归宿。

本模块通过不同的创新思维方法及创新应用方法，促进学生创新思维的形成和发展，使学生在学习的过程中增强批判意识，掌握创新方法，从而提高自己的创新思维能力、觉察能力、分析能力、记忆力、想象力，提高完成能力和实践能力，以更好的思维应对未来的诸多不确定性。

 思维导图

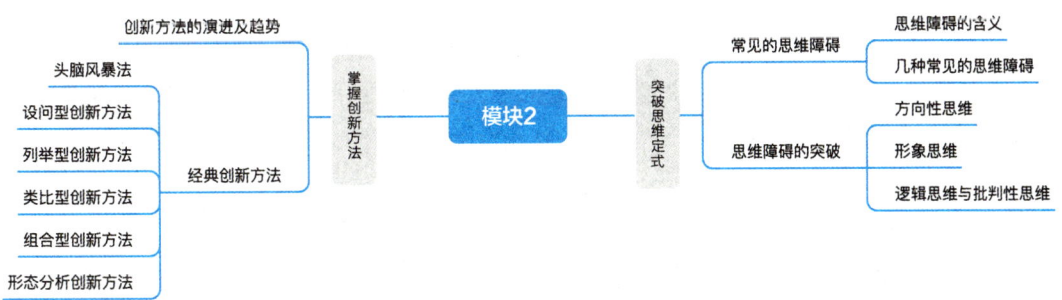

2.1 突破思维定式

（1）了解常见的思维定式所产生的负面影响。
（2）明确如何突破思维定式、培养创新思维。
（3）明确各种创新思维的方法，做到学以致用。

短信与微信

在发明微信之前，曾是手机短信的天下。

1992年，世界上的第一条短信在英国沃达丰公司的GSM（Global System for Mobile Communications，全球移动通信系统）网络上，通过PC（Personal Computer，个人计算机）向移动电话发送成功。那时谁也不会想到，这项价格低廉的文本信息服务在多年后会对人们的生活产生很大的影响。

市场调研机构Portio Research曾公布，2008年，全球手机短信的收入达到1300亿美元，并预测到2013年手机短信的总收入将超过2240亿美元。

彼时，如此兴盛的短信，为什么会凋零呢？2011年，张小龙所带领的腾讯广州研发中心产品团队打造了为智能终端提供即时通信服务的免费应用程序——微信，当免费的微信问世后，短信便被用户打入"冷宫"。虽然微信是免费的，但腾讯在衍生服务上获得了更多用户。

分析：在科技飞速发展的今天，商场如战场，瞬息万变，按固有的思维想问题往往很难生存。微信的出现，说明有偿服务有时很难开拓市场，而免费服务却能成为打开市场的利器。

习惯思维定式。"久会而成习，久合而成惯，久应而成习惯思维"。"久"者，持续不断的。"会""合""应"则是运用操作的时机，内在根源。"会"者，同步相观；"合"者，同性相斥，异性相吸；"应"者，同气相求，同声相应。前两者为观察学习阶段，后者为分析运用阶段。习惯，按惯而习，"惯"者，引起本能的兴趣，内在规律，"习"者，反复操作或运用，即由于重复或练习而巩固下来的并变成需要的行为方式。如果我们经常按这种行为方式思考问题，就会逐渐形成牢固的思维定式，它深入人的潜意识中并反过来支配人的言行。习惯思维定式一般与个人世界观的形成有着内在的必然联系。由于它具有社会性、阶段性及知识经验的局限性，在一定的历史时期成为指导人们个人行为方式的固有模式，然而，当时代需要创新并新旧交替时，它又成为其发展的主要障碍。

在本模块中，我们将深入探讨思维定式带来的负面影响、突破思维定式的创新思维方法，从而找到不一样的解决思路。

一、常见的思维障碍

（一）思维障碍的含义

当代心理学家认为，思维是人脑对客观事物概括的、间接的反映。"思"表示思考，"维"表示方向，可以将"思维"理解为沿着一定方向进行思考。人的大脑思维有一个特点，就是一旦沿着一定的方向、按照一定的次序思考，久而久之，就会形成一种惯性，这种惯性被称为"思维惯性"。如果人对自己长期从事的事情或日常生活中经常发生的事情产生了思维惯性，多次以这种思维惯性对待客观事物，就会形成非常固定的思维模式，即"思维定式"。思维惯性和思维定式结合起来，就是"思维障碍"。

（二）几种常见的思维障碍

常见的思维障碍如表2-1所示。本模块中主要分析习惯性思维障碍、直线型思维障碍、权威型思维障碍、从众型思维障碍、书本型思维障碍及经验型思维障碍。

表2-1 常见的思维障碍

序号	思维障碍	关键词
1	习惯性思维障碍	习惯
2	直线型思维障碍	直线
3	权威型思维障碍	权威
4	从众型思维障碍	从众
5	书本型思维障碍	书本
6	经验型思维障碍	经验
7	以自我为中心的思维障碍	以自我为中心
8	自卑型思维障碍	自卑
9	麻木型思维障碍	麻木

1. 习惯性思维障碍

习惯性思维障碍，通俗地说就是"习惯成自然"，是指人们常常沿用一种思路或固定的思维方式考虑同一类问题。因此，习惯性思维障碍会束缚人的思维，使人发现不了新问题，想不出新的解决方法，从而造成学习障碍。人的思维不仅有惯性，还有惰性，如果我们对比较复杂的问题也如法炮制，就会犯错误，或在面对新问题时一筹莫展。如果你想让自己变得聪明，想进行创新，就必须自觉突破习惯性思维障碍，主动寻求新的思维方式。突破习惯性思维障碍，表面看似简单，很容易操作，但人的头脑往往会因为陷入经验主义而逐渐僵化，意识不到自己已被习惯性思维所束缚，因而无法使用单纯的突破性思考方法。

沉默广告

大家都知道，广告、广告，广而告之。平面广告得有内容，广播广告得有声音，电视广告得有画面，这是所有人的习惯性思维。纽约一家银行新开业，想迅速打开知名度，于是选择在电台做广告。一般的做法是先宣传一下银行，再做促销活动，或者请名人进行推广，但他们没有采用这种宣传方式。要想银行快速获得知名度，就得出位，明显的差异化才会赢得人们的关注。

他们买断纽约各电台的黄金时段10秒钟，向人们提供沉默时间，具体是这样宣传的："听众朋友，从现在开始播放由本市××银行向您提供的沉默时间。"然后纽约所有的电台都沉默，听众被这莫名其妙的10秒钟激起了兴趣，纷纷开始讨论这家银行。各大媒体也争相报道，这家银行成了热门话题。

分析：这家银行彻底突破了习惯性思维，告诉了世人，谁说广播广告非得大费口舌，这段沉默时间以自己的不说话唤起了所有人说话。

2. 直线型思维障碍

是即是，非即非，除此之外都是错误，这是直线型思维障碍的人普遍的想法。直线型思维是一种单维的、定向的、视野局限、思路狭窄、缺乏辩证性的思维方式。由于在解决简单问题时人们只需用"一就是一，二就是二"，或"因为 A=B、B=C，所以得出结论 A=C"这种直线型的思维方式就可以奏效，所以在解决复杂问题时人们仍用"非此即彼"或按顺序排列的直线方式去思考问题。

聪明的阿西莫夫

阿西莫夫天资聪颖，他一直为此洋洋得意。有一次，他遇到一位汽车修理工，汽车修理工对阿西莫夫说："嗨，博士！我出道题来考考你的智力，如何？"阿西莫夫同意了。汽车修理工便说:"一位既聋又哑的人想买几颗钉子,于是来到五金商店,对售货员做了一个手势:左手两个手指立在柜台上,右手握成拳头做敲击状。售货员看见后,给他拿来一把锤子,他摇摇头,并指了指立着的那两根手指,于是售货员给了他钉子。他买好钉子走后,商店里就进来一位盲人,这位盲人想买一把剪刀。"汽车修理工便问阿西莫夫:"这位盲人将会怎么做?"阿西莫夫心想,这还不简单吗?便顺口答道:"盲人肯定会这样——"说着伸出食指和中指,做出剪刀的手势。汽车修理工笑道:"哈哈,盲人想买剪刀,只需要开口说'我买剪刀'就行了,为什么要打手势?"

分析:阿西莫夫沿前一思考路径以线性方式继续延伸,并暂时封闭了其他的思考方向,忽略了既聋又哑的人和盲人的不同之处。而汽车修理工从另一个方向入手,从完全不同的方向来思考问题,这也是克服直线型思维障碍的重要方法。

3. 权威型思维障碍

权威型思维障碍也叫权威定式,是指在思维过程中盲目迷信权威,以权威的是非为是非,缺乏独立思考能力,不敢怀疑权威的理论或观点,一切都按照权威的意见办事。事实上,权威的意见只是在某个阶段、某个领域、某个范围内是正确的,并非适用于所有问题,只有实践才是检验真理的唯一标准。人类历史上的大量自造性成果都是克服了对权威的无条件崇拜,打破了迷信权威的思维障碍后获得的。

4. 从众型思维障碍

从众心理,就是不冒尖、不带头,一切都随大众的心理状态。在实际生活中,大部分人可能因从众心理而陷入盲目,对于一个问题,明明稍加思考就能解决,却偏偏跟着大家走错误的路线,这就是从众型思维障碍。

5. 书本型思维障碍

许多人认为书本知识掌握得多了,必然会有很强的创新能力,其实不然。还有人认为书本上的知识都是正确的,遇到问题先查书,如果自己的分析与书本上的理论不一致,就认为自己的分析是错误的。因为有这样的认知,有的人从不怀疑书本上的知识,对书本知识高度信任,而不能有所创新的思维方式就是书本型思维障碍。

6. 经验型思维障碍

我们生活在一个富有经验的社会中,经验是人们通过大量时间获得的知识、掌握的规律和技能。经验往往能够指导我们正确、快速、有效地处理问题。但经验和习惯是有局限性的,它们通常会妨碍我们创新思考,成为创新的枷锁。因此,经验需要鉴别,一旦运用创造性思维突破经验的局限性,就能有所创新。

二、思维障碍的突破

思维障碍抑制着我们的创新意识，如果想提高创新能力，就要突破思维障碍，其关键是转换思维视角。思维障碍的突破是一个人人格独立、自我意识觉醒的过程。如果人走不出思维定式，就走不出宿命般的可悲结局。突破思维定式，可以看到许多别样的风景，甚至能够看到自己创造的奇迹。

实际上，在创造活动中创造的起点和切入角度非常关键，思维最初的切入角度即为切入视角。一是因为事物本身有不同的侧面，从不同的角度去考察，可以更加全面地接近事物的本质。二是因为世界上的各种事物都不是孤立存在的，它们与周围其他事物有着千丝万缕的联系，观察并研究某一未显露本质的事物，可以从与它有联系的另一事物中找到切入点。三是因为事物是发展变化的，发展变化的趋势有多种可能性。四是因为许多人对某个领域的事物，特别是社会生活或专业技术领域的常见事物都观察、思考过了，所以自己也会经常接触。

突破思维障碍需要我们了解并掌握创新思维的方式和方法，创新思维如下。

（一）方向性思维

方向性思维包括发散思维和收敛思维、正向思维和逆向思维、横向思维和纵向思维。

1. 发散思维和收敛思维

1）发散思维

发散思维也叫辐射思维、放射思维、扩散思维或求异思维，是指大脑在思考时呈现一种发散状态的思维模式，其思维视野广阔，呈多维发散状。发散思维是根据已有的某一点信息，运用已有的知识、经验，通过推测、想象沿着各种不同的方向去思考，重组记忆中的信息和眼前的信息，从多方面寻找问题的答案的思维方式。

2）收敛思维

收敛思维也叫聚合思维、求同思维、辐集思维或集中思维，是指在解决问题的过程中，尽可能地利用已有的知识和经验，把众多信息和解题的可能性逐步引导到条理化的逻辑序列中去，最终得出一个合乎逻辑规范的结论。收敛思维与发散思维是一对互逆的思维方式。发散思维是为了解决某个问题，从这一问题出发，想到的办法、途径越多越好，总是追求更多的解决办法；而收敛思维使我们直接对准思维目标。收敛思维是为了解决某一问题，在许多现象、线索、信息中朝着问题的一个方向思考，根据已有的经验、知识或发散思维中比较好的办法得出最好的结论。

 **案例**

洗衣机的发明

在探讨洗衣服这个问题时，人们首先围绕"洗"这个关键词，列出各种各样的洗涤方法：用洗衣板搓洗，用刷子刷洗，用棒槌敲打，在河中漂洗，用流水冲洗，用脚踩洗，等等，然后再收敛思维，对各种洗涤方法进行分析并充分了解各种方法的优点，结合现有的技术条件，制定设计方案，再不断改进，最终发明了洗衣机。洗衣机的发明，使烦琐的手工洗衣方式演变为自动化的机械洗衣方式，从而改善了人们的生活。

分析：在洗衣机的发明过程中，人们利用收敛思维，对发散思维的结果加以总结，最终发明了洗衣机。收敛思维能够从不同的方案和方法中选取解决问题的最佳方法或方案。

2. 正向思维和逆向思维

1）正向思维

所谓正向思维，就是人们在创造性思维活动中，沿袭某些常规分析问题，按事物发展的进程进行思考和推测，是一种从已知到未知，通过已知来揭示事物本质的思维方法。这种方法一般只限于对一种事物的思考，当我们采用正向思维时，应充分估计自己现有的工作、生活条件及自身所具备的能力，了解事物发展的内在逻辑、环境条件、性能等。这是自己具备预见能力并保证预测正确的条件，也是正向思维法的基本要求。

2）逆向思维

逆向思维也被称为逆反思维或反向思维，它是相对正向思维而言的一种思维方式。正向思维是人们习以为常、合情合理的思维方式，而逆向思维则与正向思维背道而驰，朝着它的相反方向去想，常常有悖常理。逆向思维作为一种思维方法是有其客观依据的。唯物辩证法的对立统一规律揭示了任何事物或过程都包含着相互对立的因素，都是相反的对立面的统一体。逆向思维可分为4类：结构逆向、功能逆向、状态逆向、原理逆向。

 **案例**

古代的天气预报

古人是如何预报天气的呢？

"月晕而风，础润而雨"这句话出自宋代苏洵的《辨奸论》："事有必至，理有固然，惟天下之静者，乃能见微而知著。月晕而风，础润而雨，人人知之。"

月晕而风：大风来临前，高空中的气温迅速下降，水蒸气凝结成小水滴，这些小水滴相当于许多三棱镜，月光通过这些"三棱镜"发生色散，形成彩色的月晕，故有"月晕而风"。

础润而雨：础润即为地面返潮，大雨来临之前，空气湿度较大，地面温度较低，靠近地面的水汽遇冷而凝结为小水珠，另外，地面含有的盐分容易吸附潮湿的水汽，故地面返潮预示着大雨将至。

分析：月晕出现，将要刮风；础石湿润，将要下雨。古人在观察自然现象的过程中，按照常规的思维方式去思考，利用已知的现状，对未来天气进行了大胆预测，这体现的是正向思维。此外，你还知道哪些我国古代预报天气的谚语？

3. 横向思维和纵向思维

1）横向思维

所谓横向思维，是指突破问题的结构范围，从其他领域的事物、事实中得到启示而产生新设想的思维方式。由于横向思维改变了解决问题的一般思路，试图从别的方面、方向入手，其思维广度大大增加，因此，横向思维常常在创造活动中起到巨大作用。

2）纵向思维

所谓纵向思维，是指在一种结构范围内按照有顺序的、可预测的、程式化的方向进行思考的思维形式，这是一种符合事物发展方向和人类认识习惯的思维方式，遵循由低到高、由浅到深、由始到终的规律，因而清晰明了，合乎逻辑。我们在日常生活和学习中大都采用这种思维方式。

（二）形象思维

形象思维是指以具体的形象或图像为思维内容的思维形态，是人的一种本能思维，人一出生，就会无师自通地以形象思维方式考虑问题。它是在对形象信息传递的客观形象体系进行感受和储存的基础上，结合主观认识和情感进行识别（包括审美判断、科学判断等），用一定的形式、手段、工具（包括文学语言、线条色彩、节奏旋律及操作工具等）创造并描述形象（包括艺术形象和科学形象）的一种基本思维形式。形象思维具体表现为想象思维、联想思维、直觉思维、灵感思维等。

 案例

鲁班的锯子

春秋时期，有一位技术熟练的工匠——鲁班。有一天，他上山伐木时，手被路边的杂草划伤了，鲜血直流。"为什么杂草能划破手呢？"仔细观察杂草后，他发现杂草的叶子两侧有许多小细齿。他想：如果用铁条做一个两侧带小细齿的工具，树是不是也能被锯断呢？按照这个想法，他发明了锯子。

鲁班，姬姓，公输氏，名般，人称公输子、公输盘、班输。他生活在春秋末期到战国初期，出生于一个工匠家庭，从小跟随家里人参加许多土木建筑工程劳动，逐渐掌握了生产劳动技能，积累了丰富的实践经验。

分析：鲁班从杂草叶子的小细齿能划破手联想到小细齿是否可以锯断树木，这就是形象思维中联想思维的巧妙运用。木工师傅用的工具，如钻、刨子、铲子、曲尺、划线用的墨斗，据说都是鲁班发明的。每件工具的发明，都是鲁班在生产实践中得到启发后，经过反复研究而发明的。

1. 想象思维

想象思维是人脑通过形象化的概括作用对大脑内已有的记忆表象进行加工、改造或重组的思维活动。它是形象思维的具体化，是人脑借助表象进行加工操作的主要形式。

2. 联想思维

联想思维是人脑根据当前感知到的事物、概念或现象，想到与之相关的事物、概念或现象的思维活动。具体来说，联想就是根据输入的信息在大脑的记忆库中搜寻与之相关的信息，或者利用大脑记忆库中的一些信息形成与之相关的新信息的过程。

3. 直觉思维

直觉思维是一种未经逐步分析，不受某种固定的逻辑规则约束，而是凭借已有的知识与经验，便能对问题的答案做出迅速、合理的判断的一种思维方式，它是一种无意识的、非逻辑的思维活动。

4. 灵感思维

灵感思维是指人脑在某种情况的触发下，有意或无意地突然出现某些新的想象、新的思想，使在此之前未能解决的问题突然得以解决或受到启发的一种思维方式。灵感是人脑的机能，是人对客观现实的反应。

（三）逻辑思维与批判性思维

1. 逻辑思维

逻辑思维是人的一种抽象思维，是人通过概念、判断、推理、论证来理解并区分客观世界的思维过程。逻辑成为一门科学，是从亚里士多德开始的。虽然亚里士多德并没有把他的研究叫作"逻辑"，但他明确指出他的研究对象是"三段论"，而这是关于从一个真的前提"必然性"推出一些结论的科学。亚里士多德认为，意义上的逻辑就是关于"必然推理规则"或"必然证明或论证规则"的科学。逻辑是理性的产物，是用来理解客观世界可靠而强大的武器。

2. 批判性思维

批判性思维的定义有多种，有的人将批判性思维理解为仅仅关注已存在的理智产品

（如假说、陈述、论证）的评价；有的人认为是批判性思维的理智产品的创造（如问题解决、困惑现象的说明、对困难问题的解答）；还有人将它聚焦于技能、态度等方面。而所有的定义具有以下相同要素：

一是批判性思维是一种思维类型。

二是批判性思维适用于所有主题内容。

三是批判性思维包括反省、回顾和悬置判断。

四是好的批判性思维是合情理的。

五是批判性思维包括细致考虑证据。

六是批判性思维取向做出确切的判断。

七是理想的批判性思维者只要条件适当就会批判性思考。

八是要成为一个批判性思维者，必须具备知识、技能、精神、态度和性情。

在现代社会，批判性思维的基本要素是断言、论题、论证、识别、分析和评价，这些基本要素是批判性思维的关键。

经典分享

国家电网：突破特高压输电技术的协同创新实践

中国80%以上的能源资源分布在西部和北部，70%以上的电力消费集中在东部和中部，供需相距1000~4000公里。进入21世纪后，我国电力需求长期持续增长，2000年以来全社会用电量翻了两番。为满足持续增长的电力需求，实现更大范围的资源优化配置，亟须加快建设电压等级更高、网架结构更强的特高压电网。

国家电网决心进行自主创新，联合科研院所、高校、设备制造企业等160多家协同攻关，开展309项重大关键技术研究，连续攻克了特高电压、特大电流下的绝缘特性、电磁环境、设备研制、试验技术等世界级难题，成功研制出世界上通流能力最大的6英寸晶闸管、换流阀、变压器等一批国际领先的电工装备，在世界上率先掌握了特高压大容量输电系统集成、大电网运行控制等技术，成功研制了全套特高压设备。先后建成特高压直流试验基地、特高压交流试验基地、特高压工程力学试验基地、高海拔试验基地、国家电网仿真中心、特高压直流输电工程成套设计研发（试验）中心等"四基地两中心"，在大量科学严密的试验中，攻克了一个又一个世界性难题，率先建立了由168项国家标准和行业标准组成的特高压输电技术标准体系，占领了技术和标准制高点。

分析：国家电网的事例表明，任何科学研究与理论探索都需要历经4个步骤：先提出问题，然后产生想法并对其进行评估，再对想法进行推论，最后验证说明推论是否正确。

课后活动

10元到哪里去了

一、活动目标

通过逻辑思维训练，培养学生的逻辑思维能力，认识到创新思维的作用。

二、程序与规则

（1）教师铺垫。

有3位大学生到一家旅店住宿，旅店只有一间客房，让他们3个人住，经理说要收600元，于是他们每人交了200元，后来经理发现他们是大学生就优惠了50元，只收了550元，派服务员退给他们50元，服务员边走边想：他们3个人也不能平分这50元，不如退给他们30元，剩下的20元归我。服务员退给他们每人10元，自己留下了20元。回去后服务员总觉得有问题，怎么算都少了10元。他想：他们每人交了200元，我退给他们每人10元，等于他们每人交了190元，190元乘以3等于570元，加上自己手里的20元，总计是590元，那么还有10元到哪里去了？

（2）请学生分析上述问题并在班级微信群中展示你的答案和想法，畅谈自己的设想。

（建议时间：15分钟）

复习思考

（1）思维定式的负面影响是什么？基于课程内容，谈谈自己如何突破思维定式。

（2）创新思维共有几种？分别是什么？能否列举更多的创新思维？

2.2 掌握创新方法

（1）了解创新方法的特征、演进过程及趋势。
（2）掌握并应用典型的创新方法。
（3）利用创新方法和技巧，争取学以致用。

"连钢创新团队"贡献"中国方案"

山东港口集团青岛港的"连钢创新团队"被中宣部授予"时代楷模"称号，这个团队凭着一股倔劲、狠劲，突破了被卡住脖子的关键核心技术，站在世界港口自动化领域的最前沿，成长为构建新发展格局的自主创新生力军。

"全自动化码头不是西方人'专属'，他们能做到的，中国人也一样能做到，而且做得更好！""连钢创新团队"不服软、不服输，将自力更生、艰苦奋斗的精神带到突破关键核心技术的时代命题中。

"连钢创新团队"推动了智慧化码头"从有到优"。2017年5月11日，青岛港自动化码头开港运营；2019年11月28日，全球首个5G智慧码头诞生——团队没有沾沾自喜，而是不断突破自我，通过集成创新，纳入氢燃料电池、物联网、通信导航、云计算等技术，让码头成为行业领跑者。从一无所有到全球领跑，从被蔑视到站上C位，"连钢创新团队"不断推进技术创新，一刻也没有松懈。2020年12月17日，码头创出桥吊单机作业效率47.6自然箱/小时，第六次刷新自动化码头桥吊单机效率世界纪录。"连钢创新团队"实现了"从0到1""从1到10"的转型升级，未来，还将在"1"后面书写更多的"0"。

分析：创新既是一个宏观的社会实践过程，又是一个微观的心理反应过程，掌握创新方法能有效地提高创新的成功率，得到创新成果。

自主创新，事关国家发展，事关民族尊严。当今世界正经历百年未有之大变局，世界科技发展和竞争进入新阶段，关键技术领域的角力越来越激烈。要实现突破，就必须有"连钢创新团队"这股韧性和精神，始终激扬自力更生、艰苦奋斗的志气，不断挑战自我，进行创新。

一、创新方法的演进及趋势

第一代创新方法主要有逆向思维、侧向思维、求异思维、类比思维、综合思维、发散思维、逻辑思维等，这一代的创新技术突出表现为突破以往的思维方法的研究，告诉了人们创新的方向，但是它并没有提供具体的创新路径，即何时、何地、如何因地制宜来实施创新。

第二代创新方法（或称创新技术）来自里奇·阿奇舒勒提出的著名的"萃智"（TRIZ）方法，他通过研究40多万项发明专利，总结出来40个"发明问题的解决理论"，用以指导人们的思维，构造出"可控的"创新方法。TRIZ成功地揭示了创新发明的内在规律和原理，着力于解决系统中存在的矛盾，使创新不再是随机的行为。

第三代创新方法（或称创新技术），也就是"CODEX"，它是Copy、Optimize、Dimension、Ecosystem、Extra 5个单词的缩写，即复制（C）、优化（O）、维度（D）、生态（E）、元模式（X）5个级别的创新，每个级别在不同逻辑层次上解决不同深度和广度的创新问题，它起源于Google、Groupon、Rogers等公司的创新实践，同时融合了TRIZ、SIT等创新领域非常流行的方法及金融学、心理学等最新的成果，应用统计学原理对成功的创新案例加以总结所形成从简到繁、从易到难的5个层次的阶梯创新模型。

二、经典创新方法

（一）头脑风暴法

头脑风暴法又被称为智力激励法、BS法、畅谈法、集思法等。它已经成为在世界范围内应用最广泛、最普遍的创新方法之一，可以应用于各个领域，并可以作为其他创新方法的基础。头脑风暴法在创造学中被引申为无限制的自由联想和讨论，其目的是产生新观念或激发创造性设想，它是采用会议的方式，利用集体的思考，引导每个参加会议的人围绕中心议题广开言路，激发灵感，在自己的头脑中掀起风暴，毫无顾忌、畅所欲言地发表独立见解的一种创造性思维的方法。"头脑风暴法"已被全世界公认为"快速大量寻求解决问题构想的集体思考方法"。

1. 头脑风暴法的基本原则与基本规则

头脑风暴法的基本原则：一是延迟判断，是指在提出设想阶段，只专心提出设想，而不进行评价；二是数量产生质量，因为群体成员可以将彼此的观点作为依据。

头脑风暴法的基本规则：一是不做任何有关缺点的评价；二是欢迎各种离奇的假想；

三是追求设想的数量；四是相互启发，相互影响，取长补短，形成思维共振。

2. 头脑风暴法的实施程序

头脑风暴法的具体运作程序分为如下5个步骤。

1）确定议题

头脑风暴法适合解决单一明确的问题，比如研究产品名称、广告口号、销售方法、产品的多样化等，不适合处理复杂、面广的对象。议题的选择应从平日悬而未决的问题着手，必须合乎参与者的层次和关心的范围。议题的内涵要明确，不应模棱两可、似是而非。

2）会前准备

会前应逐一落实会议参与人、主持人和课题任务等，必要时可进行柔性训练。同时，确定会议目的可以使参加者进行前期准备。

第一步，选定理想的主持人和记录员。

第二步，确定小组构成。

第三步，会前通知。

3）热身

热身的目的是使与会者逐步全身心投入，使大脑进入最佳状态。

4）正式会议

小组人数以5～10人为宜，会议时间大约为半小时或1小时。主持人主持会议，启发并鼓励大家提出设想。记录员根据发言顺序做好记录。

5）加工处理

会议结束后应对所做记录进行分类整理并加以补充，然后交给具备丰富经验和专业知识的专家组进行筛选。筛选主要从可行性、应用效果、经济回报率、紧急性等多个角度进行，以选择最佳设想。

（二）设问型创新方法

1. 设问型创新方法原理

设问型创新方法是具有普遍指导意义的创新方法，从理论上说，它源于一定的创新原理。设问型创新方法主要采用了组合创新原理、逆反创新原理和变性创新原理。

1）组合创新原理

组合创新原理是指将两种或两种以上的学说、技术、产品的一部分或全部进行适当叠加和组合，用以形成新学说、新技术、新产品的发明创新原理。

2）逆反创新原理

逆反创新原理是指在发明创造的过程中，人们沿着与常规思路相反的方向寻求问题解决的一种思维原理。创造活动的个体或群体沿着与已有事物的原理、结构、一般做法或想法完全相反的方向进行创造，也会出现新颖性的结果，从而引起创造。

3）变形创新原理

变形创新原理是指通过改变现有事物的某些属性而获得发明创造的原理。从一定意义上说，变形创新原理也是对逆反创新原理的扩充。人们知道一个事物的性质是多种多样的，逆反创新原理强调的是事物具有的成对相反的性质，如大与小、上与下、软与硬等。

2. 典型方法——奥斯本检核表法

美国 BBDO 广告公司创始人 A. F. 奥斯本被人誉为"创造学之父"，他提出过许多创新方法，其中奥斯本检核表法是设问型创新方法中最为典型的一种方法。

1）奥斯本检核表法的含义

奥斯本检核表法又被称为检核表法、设想提问法或分项检查法。它是根据需要解决的问题或者进行创造发明的对象列出有关问题，逐个对它们进行分析，从中获得解决问题的方法和创造发明设想的方法。检核表法是一种能够大量开发创造性设想的创新方法。它几乎适用于任何类型与场合的创造活动，因此被称为"创新方法之母"。

奥斯本检核表包含 9 个检核项目，相当于从 9 个方面提出问题，作答者可将新设想名称和新设想概述填在表中空白处（见表 2-2）。

表 2-2 奥斯本检核表

记号	检核项目	新设想名称	新设想概述
1	有无他用		
2	能否借用		
3	能否改变		
4	能否扩大		
5	能否缩小		
6	能否替代		
7	能否调整		
8	能否颠倒		
9	能否组合		

2）方法内容

一是有无他用。现有产品有无他用（包括稍做改革可以扩大的用途），也就是扩展产品的应用范围，稍加改变可以扩大现有发明或产品的用途，就可以为该产品带来全新的生命力，这样的提问便于深入开发原有产品的价值。

二是能否借用。现有产品领域内能否引入其他领域的创造性设想，或者直接引入其他领域具有类似用途的发明，过去有无类似的东西可供模仿，现在的发明能否引入其他创新设想之中，这些提问有助于使发明向广度和深度发展，以形成一系列发明产品。

三是能否改变。现有的东西是否可以做某些改变，改变一下会怎么样，可否改变异性形状、颜色、音响、味道等，能否改变一下意义、型号、模具、运动形式等，改变之后效果如何等，这类方法虽看起来简单，却非常有效。

四是能否扩大。现有的东西能否扩大使用范围，能不能增加一些东西，能否添加零部件、拉长时间、增加长度、提高强度、延迟使用寿命、提高价值等。

五是能否缩小。现有产品可否密集、压缩、浓缩、聚束，可否微化，可否缩短、变窄、去除、分割、减轻。

六是能否替代。是否可以找到能够部分或全部代替现有产品及其组成部分功能的产品或零部件，是否可用其他型号，是否有可以替代的原材料、生产工艺、产品配方或动力源等。

七是能否调整。可否调整模式，调整布置、顺序、操作工序、因果关系、速度、频率、工作规范等。重新安排通常会带来很多的创造性设想。

八是能否颠倒。现有的发明可否颠倒，可否正反颠倒、可否头尾颠倒、可否上下颠倒、可否位置颠倒、可否作用颠倒等，这是反向思维的方法。

九是能否组合。现有的几种发明是否可以重新组合，可否混合、合成、配合、协调、配套，可否把物体、目的、特性或者观念组合。

案例

老式幻灯机的检核表法创新应用

老式幻灯机是被淘汰的产品，我们可以通过检核表法使其重获新生（见表2-3）。

表2-3 幻灯机创新检核表

记号	检核项目	新设想名称	新设想概述
1	有无他用	服装剪裁幻灯机	把该幻灯吊在剪裁桌的上方，把各型号的服装的最佳排料图拍成幻灯片，装入幻灯机内，遥控选定后投影到布料上，用激光刀剪裁
2	能否借用	吸顶式动景幻灯机	借用吊扇原理，使换面随点击转动而活动，投向地面的彩色图案可动、可静
3	能否改变	带状幻灯机	把幻灯片用塑料薄膜制成电影胶卷那样的带状，以便于遥控操作，增加容量，降低成本
4	能否扩大	巨幅广告幻灯机	用巨幅广告幻灯机取代原有的大楼美化灯，这样既可以改变色彩和图案，又有广告效应
5	能否缩小	儿童玩具幻灯机	用干电池供电，可在黑暗中向墙上投射各种彩色图案，用于儿童识字，以增加知识

续表

记号	检核项目	新设想名称	新设想概述
6	能否替代	塑料简易幻灯机	用深色塑料取代幻灯机原有的金属外壳,降低质量和成本,可做成手提式幻灯机或折叠式幻灯机
7	能否调整	半透明幕布幻灯机	幻灯片投在半透明幕布的背面,观众在幕布的另一侧观看,观众走动不会影响光线的投射,也不会误碰投影机
8	能否颠倒	投影光刻机	集成电路制造中使用的光刻机与幻灯机相反,把集成电路的图像曝光在硅片上,图像是缩小的,不是放大的
9	能否组合	壁挂式多功能幻灯机	既是壁灯,又能向对面墙壁投射彩色风景画或其他图像

3. 引申方法

1)和田十二法

和田十二法是我国上海创新教育工作者许立言、张福奎在奥斯本检核表的基础上,结合我国青少年小发明、小改革的特点提炼出来的创新方法,原名叫"十二个聪明的办法",它是一种有效的发明检核表方法,也被称为动词提示检核表法、思路提示法。其中的动词分别是:加一加,减一减,扩一扩,缩一缩,变一变,改一改,联一联,学一学,代一代,搬一搬,反一反,定一定。和田十二法的原理源于奥斯本检核表法,同样它也给发明创造提供了若干种考虑的方向,具体内容如下。

加一加。从添加、增加、附加、组合等角度考虑。

减一减。从删除、减少、减小、拆散、去除等角度考虑。

扩一扩。从加大、扩充、延长、放大等角度考虑。

缩一缩。从改小、缩短、缩小等角度考虑。

变一变。从改变形状、颜色、音响、味道、顺序等角度考虑。

改一改。对原有的事物进行修改,使它消除缺点,变得更方便、更合理、更新颖。

联一联。寻找某个事物的结果和它的起因的联系,从事物的联系中找到解决办法或提出新方案。

学一学。学一学别人的做法,模仿现有事物的形状、结构、原理等。

代一代。用一事物(材料、零件、方法等)代替另一事物。

搬一搬。把一个事物搬到别的地方,将新事物移到别的领域,寻找新用途。

反一反。把一种东西或事物的正反、上下、左右、前后、横竖、里外等颠倒一下。

定一定。为了解决某一问题或改造某件东西,提高学习和工作的效率,防止可能发生的事故或疏漏等,需要做出一些规定。

2)5W2H法

美国陆军用英语的7个疑问词进行设问,这7个疑问词的第一个字母正好是5个W和2个H,"5W2H法"因此得名。其中5W是指Why、What、When、Who、Where;2H

是指 How、How much。该方法又被称为七何分析法，它既是一种思考方法，又是一种创新方法，它对选定的项目、工序或操作，从原因（何因）、对象（何事）、人员（何人）、时间（何时）、地点（何地）、方法（何法）、多少（何值）等7个方面提出问题进行思考，这种思考办法可使思考的内容更深化、更科学化。

5W2H法以设问形式列出问题，具体内容如下。

为什么（Why）。例如，为什么发热？原事物为什么用这个原理？为什么要做成这个样子？为什么不用机械代替人工？为什么产品的制造要经过这么多环节？为什么要这么做？为什么这样做不行？为什么要进行该项目开发？为什么别人没有做（或为什么别人失败）？

什么（What）。例如，条件是什么？目的是什么？重点是什么？功能是什么？开发什么？与什么有关系？以什么为主题？什么是革新对象？什么是问题的关键？有什么有利条件和不利条件？创新欲达到的功能、造型、结构、技术水平是什么？规范是什么？

何时（When）。例如，何时要完成？何时安装？何时开始？何时投放市场最佳？需要几天才算合理？何时销售？何时产量最好？

何处（Where）。例如，何处最经济？何处有与众不同的特点？从什么地方入手？地点选在什么地方？首先在什么地方销售？原事物什么部位要创新？哪里的原材料最便宜？在何地做最经济、最有效？

何人（Who）。例如，谁来办最方便？谁是顾客？谁是潜在顾客？谁是决策人？谁是该对象的使用者？谁会喜欢它？谁适合承担该任务？

怎样（How）。例如，怎样做最省力？怎样做得快？怎样改进？怎样避免？怎样扩大知名度？怎样实施？怎样解决可能发生的问题？怎样防止非法仿造？怎样突破陈旧框架？怎样做才少费料、少费工、少费时、少费钱？怎么扩展销路？

多少（How much）。例如，该项目创新需要投入多少人力、财力、物力？第一批创新产量是多少？价格是多少？多少人会选择这种产品？该创新成本、利润是多少？能维持多长时间？

5W2H法的特点是把创新的思路科学系统化，同样也抓住了问题的关键，而且更加简单、方便记忆和使用，它既能减少漫无目标的胡思乱想，节约创新时间，也能有效地帮助人们突破陈旧框架。

3）系统提问法

系统提问法是由庄寿强创建的，以系统发问为先导的创新方法。这种方法从事物的表象出发，找出它具备的所有特性或属性，将它们归纳后上升为几大类一般的抽象属性，然后再抛开事物已有的特征，进行发散式想象，得到多种备选属性，最后通过发问的形式找出可行的创新方案。

系统提问法实施程序如下。

第一步，列出观察对象的主要特征。

第二步，将这些属性上升到一般的属性。

第三步，再对一般属性进行发散思考，列出可以联想到的一系列具体属性。

第四步，对观察到的属性和联想到的属性进行"为什么"的提问。

第五步，尽可能地寻找理由来回答提问，由此判断哪些属性可以被否定或者肯定，将每个特征对应最佳属性表上记号。

第六步，将所有最佳属性进行组合，得出多种方案。

（三）列举型创新方法

1. 列举型创新方法的含义

列举型创新方法是一种对具体事物的特定对象（如特点、优点、缺点等）从逻辑上进行分析并将其本质内容一一罗列出来，用以创造设想，找到发明创造主题的创新方法，它是一种运用发散性思维来克服思维定式的创新方法。

在对某一事物进行发明创造时，如果能详细列举出它的特征或者对它的某些特性提出具体的疑问或希望，也就是把总目标尽可能分解为各个小目标，就可能引发某些发明创造的灵感，至少可以改善某些特性。因此，对创造发明目标的属性的列举会使人们更加深入地理解创造发明目标，从而对产生创造发明的构想起到引发作用。

列举法简单实用，是一种较为直接的创新方法，特别适用于新产品开发、旧产品改造的创造性过程。列举法的要点是将研究对象的属性、缺点、希望点等罗列出来，提出改进措施，形成有独创性的设想。按照所列举对象的不同，列举法可以划分为属性列举法、缺点列举法、希望点列举法、成对列举法和综合列举法。

2. 列举型创新方法的作用与局限性

列举型创新方法有助于克服心理障碍，改善思维方式，在创造发明活动中有实际的作用。

第一，有助于克服感觉或知觉不敏锐的障碍，把思维从僵化、麻木的状态中解放出来。

第二，促使人们全面感知事物，防止遗漏。

第三，有利于克服思维定式。

除了上述作用，还应注意该方法的局限性。一般来说，列举型创新方法因其分析问题而要求全面、精细，甚至比较烦琐，所以只适用于小的、简单的问题，且该方法不能最终解决问题，其主要作用是提供思路，进一步的实施还需要借助其他创新方法与手段。

2. 典型方法——属性列举法

1931年，美国内布拉斯加大学罗伯特·克劳福德教授提出了"属性列举法"，并首次在大学开设创造性思维课程。克劳福德认为每一事物都是从另一事物产生，一般创造物都是对已有事物加以改造得到的。所谓属性就是指事物所具有的固有特性，例如，人类有性别、年龄、体重等属性。一般来说，一个事物具有许多属性，事物的每个属性都可以被分开并加以增进或改变。克劳福德指出："所谓创造，就是掌握呈现在自己眼前的事物属性，并把它置换到其他事物上。"因此，注意事物的属性是这一方法的精髓所在。该方法既适用于个人，也适用于群体。属性列举法首先分门别类地将事物与课题的现有属性全面罗列出来，然后在所列举的各项目下面，使用可能取而代之的各种属性加以置换，从中引出具有独特性的方案，再进行讨论和评价，最后找出具有可行性的创新设想或创新措施，其步骤如下。

第一步，先将改进对象的属性全部写出来。例如，把一台机器分解成一个个零件，将每个零件功能如何、特性怎样、与整体的关系如何都列举出来，列成一览表。如果对象过于复杂，就在对象分解后选一个目标较为明确的课题，课题宜小不宜大。

第二步，将各项属性尝试以可替代的各种属性加以置换，引出具有独创性的方案。进行这一步的关键是力求详尽地分析每一属性，尽量从各个角度提出问题，找到缺陷，再尝试从材料、结构、功能等方面加以改进。

第三步，提出方案并对方案进行评价、讨论，选择可以使产品满足人们需求的最佳方案。

3. 引申方法

1）缺点列举法

缺点列举法是指将事物的缺点具体地一一列举出来，然后针对发现的缺点提出改进设想，有的放矢地进行改革，从而获得创新成果。该方法大都是围绕原事物的缺陷加以改进，通常不触动原事物的本质与整体，因而一般用在老产品的改进上。另外，缺点列举法也可用在还不够成熟的新设想和新发明上，以便发现缺点，加以改进或优化，使创意更加完善。在具体运用缺点列举法进行创造发明时，可以一个人思考或集体研究，可以借助调查等方式，还可以采用会议法、用户调查法及对照比较法。其实施步骤有4步：第一步，对象剖析；第二步，缺点罗列；第三步，设想开发；第四步，设想处理。

2）希望点列举法

希望点列举法，是指创新者从个人愿望和广泛收集的他人愿望出发，通过列举希望和需求来形成创造课题的创新方法。希望往往需要通过新问题、新矛盾的解决和突破来实现，因此，列举新的希望点，就是发现并揭示有待创造的方向和目标。只要能想出满足希望要求的新点子、新创意和新方法，就意味着新的创造。但是，从思维的角度来看，列举希望点是收敛思维和发散思维交替作用的过程，从某一模糊需求出发，创造者发散思维，列举出多种能满足需要的希望点；然后又进行收敛思维，即选择可实施创新的希望点。

 **案例**

钢笔的革新

一家制笔公司用希望点列举方法列出了一些钢笔革新的希望：希望钢笔出水顺利、希望绝对不漏水、希望一支笔可以有两种以上的颜色、希望不玷污纸面、希望书写流利、希望笔尖能粗能细、希望小型化、希望笔尖不开裂、希望不用打墨水、希望省去笔套、希望落地时不损坏笔尖等。这家制笔公司从中选出各种希望点，开发了一系列新产品。

分析：希望点列举法就是通过列举希望和需求来形成创造，使人的收敛思维和发散思维交替作用，从某一模糊需求出发，创造者发散思维，列举多种能满足需要的希望点。

3）成对列举法

研究目标的确定是创造活动的起点，当人们想创造发明却又找不到研究项目时，可以利用成对列举法得到启发，从而找到好题目。成对列举法是通过列举两类不同事物的属性，在这些属性之间进行组合，通过相互启发而发现目标的方法。这种方法既利用了属性列举法务求全面的特点，又吸收了强制联想法易于破除思维限制、产生奇想的优点，因而它更能启发思路，收到较好的效果，使用成对列举法的原则如下。

一是必须十分明确要解决的问题，这样可以确定列举事物的类别。

二是要把所列事物、因素的所有属性组合都加以研究，即使是一些初看莫名其妙的组合也不要轻易舍弃。这个原则与智力激励法中的延迟判断相似，因为看起来比较荒唐的想法可能会随着时间而变得成熟，或者可以据此启迪其他思路。

4）综合列举法

属性列举法、缺点列举法和希望点列举法都偏重从某一方面来开展创造性思维，因而在一定程度上也给创新带来了一定束缚。从根本上讲，创造应该是没有任何限制的，因此，我们在开展发明创造时，可以综合运用上述方法，这就是综合列举法。综合列举法是针对所确定的研究对象，从属性、缺点、希望点或其他任意创造思路出发列举尽可能多的思路方向，对每一思路方向开展充分的发散思维，最后进行分析筛选，寻找最佳创新思路的创新方法，综合列举法的操作步骤如下。

第一步，确定研究对象。

第二步，运用属性列举法对研究对象进行分析和分解，列举各项属性。

第三步，运用缺点列举法和希望点列举法进行分析。

第四步，综合缺点和希望点提出创造性的设想。

（四）类比型创新方法

类比的思维过程分为两个阶段：第一阶段，把两个事物进行比较；第二阶段，在比较的基础上推理，把其中某个对象有关的知识或结论推移到另一对象中去。

下面通过一个案例来解析类比思维的过程。

案例

大庆油田的发现

中国地质学家李四光对我国的地质结构进行了长期而深入的调查研究。他发现，东北松辽平原及华北平原的地质结构与中亚细亚的地质结构极为相似，都属于沉降带地质结构。因为中亚细亚蕴藏着大量石油，所以他推断松辽平原及华北平原很可能蕴藏着大量石油。后来，大庆油田、胜利油田、大港油田、华北油田等大油田被相继发现，证实了李四光的推断完全正确。

在这个案例中，李四光通过对松辽平原、华北平原和中亚细亚的比较，发现三者的地质结构极为相似，而后者蕴藏大量石油，因此推断出前两者可能蕴藏石油。这是一个典型的类比思维过程，是在松辽平原、华北平原和中亚细亚之间进行的类比，类比法创新的程序如下。

一是正确选择类比对象。围绕发明对象、创造目标来选择用以进行类比的对象。

二是发挥想象力。将创造对象和类比客体两者进行深入分析、全面比较，从中找出包括表面上、本质上、外延上、内涵上、结构上、材质上、工艺上、技术上、功能上、性能上等方面的共同属性。

三是在前两个程序的基础上，进行类比联想推理，最后得出结论。需要注意的是，我们在选择类比对象的时候，应尽量选择熟悉的直观的事物，因为这类事物比较容易进行类比。

以类比为基础展开联想或联系时，根据类比方式的不同，类比型创新方法分为4种类型，即直接类比法、亲身类比法、幻想类比法和符号类比法。

（五）组合型创新方法

组合型创新方法是将整个创造系统内部的要素分解、重组，与创造系统之间的要素进行组合，产生新的功能和最优结果的方法。创造性的组合包含3个要点：一是要将多个特征组合在一起；二是所有特征都为单一目的起作用，并相互支持、促进及补充；三是产生新效果。

各种元素组合在一起的根本目的是形成集合效应，实现单个元素实现不了的效果和价值，就像系统论中所描述的那样，系统的效果必须大于系统内各元素单独效果之和，但是各种元素组合的依据与出发点却是多种多样的。

（六）形态分析创新方法

形态分析创新方法是借助形态学的概念和原理，通过对创造对象的构成要素进行分析（因素分析），再对构成要素所要求的功能属性进行分析（形态分析），列出各个因素可能的全部形态（包括技术手段），在因素分析和形态分析的基础上，采取表格的形式进行方案聚合，再从聚合的方案中择优的一种系统思维方法。因此，运用此方法最好选取与最终目标关联性大的元素，以避免无限度延展，形成过于庞大的解决策略体系。

经典分享

如何才能创新——埃隆·马斯克的启示

毫无疑问，继乔布斯之后，硅谷中比较闪亮的对网络技术有极大兴趣并投入大量时间钻研的人只有埃隆·马斯克，他不断地颠覆着人们的认知。他凭借一己之力，改造并颠覆了很多领域。

其中，被大众熟知的如太空探索领域的 SpaceX（见图 2-1）、电动汽车领域的特斯拉（见图 2-2）、清洁能源领域的太阳城，每进入一个行业，他都用很短的时间在颠覆和领跑。

图 2-1 马斯克的 SpaceX

图 2-2 马斯克的特斯拉

一家私人公司能把火箭送上太空，这不仅对美国，乃至对全人类来说，都是探索太空的一个新开端。人的一生能在一个领域做到极致已经非常难得了，埃隆·马斯克却在几个领域成为颠覆者或创新者，这背后一定有着某种秘诀。

马斯克曾说："如果你真的想做一些新的东西出来，就必须依赖物理学的方法。"他在 2012 年、2014 年的大学毕业典礼致辞中透露了自己独特的思考方式，除了努力工作、寻找人才，马斯克还提到自己创新的法宝：第一性原理。

"第一性原理"源自古希腊哲学家亚里士多德，他提出在每个系统的创新中，都存在第一原理，这是一个基本的命题或假设，不能被省略或删除，也不能被违反。它是用来解决复杂问题和产生原创解决方案的最有效策略之一，也是学习如何独立思考的最有效的方法之一。马斯克曾说："我更倾向于从物理学的角度看待世界，物理学教会我运用第一性原理去推理，而不是用类比思维去推理。"也就是说，不管做任何事情，不要去跟已经存在的做比较，应该寻找支配事物运转背后的第一原理，虽然这是反直觉的，但是能带来巨大的创新和变革。

马斯克的历次重大决策，都是对第一性原理的灵活运用。马斯克创业做电动车特斯拉的时候，很多人认为不可能成功，因为电池的改进和降价总是很慢，所以电池成本降不下来，电动车的成本就无法降低，这是电动车成本居高不下的关键因素。当然，马斯克也看到了这个因素，但是马斯克并不认为电池会成为自己创业的阻碍，他问了自己一个问题：电池这么贵，那么电池究竟是由什么做成的？是铁、镍、铝这些金属吗？这些金属本身并不贵，除了这些金属的成本无法节省，其他成本都可以通过优化降下去，降到接近这些金属本身的价格。于是，马斯克摒弃当时市场上所有的生产电池组的已有技术，把电池组的构成物质全部分解，还原成最基础的材料，然后再对原材料的每个部分做细致分析实验，并把每项工作流程优化，终于整合成当时能大幅降低生产成本的电池。还有马斯克要做电动车的原因是人类生活环境越来越恶劣，地球上的能源将越来越少。人类只有两个命运：一个命运是用完地球上的资源之后灭亡，另一个命运是移民到其他行星。想改变人类的命运，一种方法是使用清洁能源，并提升能源利用率，另一种方法是探索外太空。两件事情马斯克都要做，这也是他进入电动汽车行业的原因。在他看来，燃油车的二氧化碳排放及能源利用效率都是造成地球陷入困境的原因，而电力能解决这两个问题。

比如，利用化石燃烧发电，使用率是60%，作为汽车燃料，燃油效率只有25%~30%，而且汽车在街上行驶的时候，它的输出功率只有最大值的10%，这样一来，燃油效率就只能下降到15%，也就是说，汽车的燃油产生的80%能量都以散热的形式损失掉了。而使用电力，虽然从发电厂到给电动汽车充电会产生输电损耗，在充电时候也会损耗，但是这种损耗很小，只有5%~10%，可见电动汽车的用电效率很高。马斯克说："从结果上看，即使考虑到输电损耗，化石燃料在发电厂燃烧发电，然后再给电动汽车充电的方法也可以使效率提高2倍。"而探索外太空一直是个人无法进入的领域，因为在这个领域的花费实在太大，收获实在太小。

"这个人在航空领域赚了点小钱"，之所以是一个笑话，是因为这个领域的花费太大，风险也太大，个人无法承担这种投入。当马斯克准备开发火箭时，他面临的第一个问题就是火箭成本，于是他开始思考"组成火箭的材料有哪些"这一根本性问题。

组成火箭的材料有航空用铝合金，还有钛、铜和碳素纤维。而这些材料的花费只占火箭开发费用的2%，这个占例与其他机械产品的占比无法比较，比如特斯拉的电动汽车的材料费占总体费用的20%~25%，电脑的材料费能占到90%。在这样的思考下，SpaceX通过花费670万美元成功发射了"猎鹰1号"，这一花费削减至原本的1/10。

分析：马斯克倾向于从物理学的角度看待世界，物理学教会我们运用第一性原理去推理，而不是用类比思维去推理。马斯克的第一性原理就是他创新的法宝。

课后活动

新组合新创想

一、活动目标

通过组合法训练游戏，让学生们掌握创新方法。

二、程序和规则

把办公室里的物品分成两类，将分类结果写成两栏（见表2-4），每栏各有6种物品，采用随机指定的方法确定组合方式，以激发新的创想。

表 2-4 办公室物品分类

第一栏	第二栏
1. 公文柜	1. 书架
2. 桌子	2. 太阳镜
3. 咖啡杯	3. 闹钟
4. 电话	4. 电灯
5. 地毯	5. 椅子
6. 订书器	6. 电灯开关

（建议时间：20分钟）

利用头脑风暴法产生新设想

一、活动目标

通过头脑风暴法训练游戏，让学生们掌握创新思维训练的规律。

二、程序和规则

（1）划分小组，采用随机的方式进行分组，每组6~8人为宜。每个小组选出主持人和记录员。

（2）每个小组在两个议题中选择一个：①设计一种新型眼镜；②设计一种在大学校园内使用的理想化交通工具。根据所选议题，组织头脑风暴会。

（3）将会上所有的设想都记录下来，留待以后处理。

（建议时间：20分钟）

（1）简述创新方法的特征、演进过程及趋势。

（2）列举典型的创新方法，查询资料收集其他创新方法。

模块 3　创新能力训练

 导读导学

　　创新能力是在技术领域和各种实践活动中不断提供具有经济价值、社会价值、生态价值的新思想、新理论、新方法和新发明的能力。经济竞争的核心，与其说是人才的竞争，不如说是人的创造力的竞争。如果我们生活的世界没有创新能力，就不会有今日人类的文明，人类可能还过着钻木取火的原始生活；如果爱因斯坦、爱迪生等人没有创新能力，他们就无法取得巨大的成就与收获；如果一个人不具备创新能力，就可以说其是庸才；如果一个民族没有创新人才，那么它便是一个落后的民族。本模块主要让学生学会从新的视角思考问题，用创新式思维方法洞察问题，用创新技法解决问题。结合所学专业，产生发明、创造、创新成果；提升学生的专业能力，为专业服务，让学生树立创新意识，提高分析和解决现场问题的能力，为国家的经济发展培养一线高素质技能型人才。

 思维导图

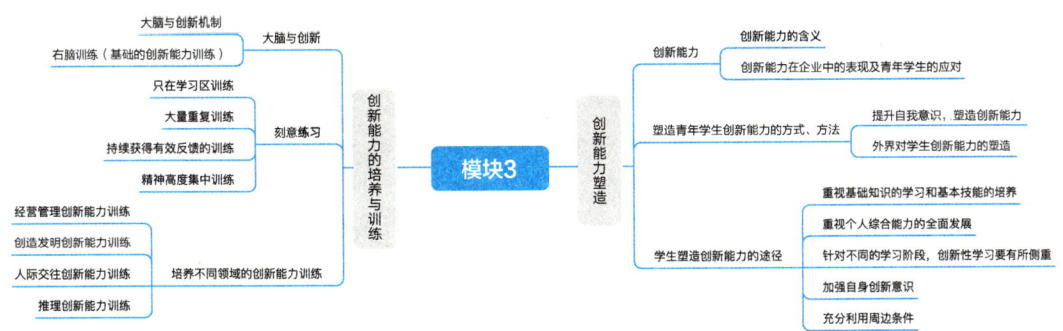

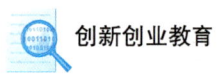

3.1　创新能力塑造

（1）明确创新能力的特征、作用及创新能力的内在本质。
（2）明确塑造创新能力的方式、方法。
（3）明确塑造创新能力的途径。

用创新为高铁安全保驾护航

近年来，我国高铁线路不断升级改造，动车组开行对数持续增长，如何保障川流不息的"钢铁巨龙"在繁忙的高铁线上安全、顺畅地运行呢？

铁路信号专业的"发明家"——中国铁路南宁局集团有限公司高级工程师张超凡，是一名"90后"高级工程师，别人眼中庞杂的铁路信号设备在他看来却一目了然。

2013年，广西进入高铁时代。那年8月，张超凡研究生毕业，意气风发，可是直到入职之后，他才发现所学的"信号与信息处理"专业和铁路的"信号"不是一回事。从踌躇满志的研究生到铁路"信号"的"门外汉"，巨大的落差让张超凡沉下心来，读专业书籍，不断发现一线应用中存在的问题并提供创新思路。入行仅仅9年的他牵头主持并主要参与的创新发明项目达15项。他主持研发了动车组列控车载设备模拟测试装置、通用机车信号发码箱辅助测试及远程控制装置等10余项科技立项攻关课题。在这些科研成果运用于实践后，先后发现并解决重大隐患4起，将单列动车数据检索分析效率提升160%，设备故障率同比下降41.3%。

分析：张超凡在专业技术、实践领域中不断进行创新研究与实践，他凭着对科研的热爱和肯学肯干的劲头，攻克了一个个技术难题，为企业节约并创造的价值超过1000万元，用创新为高铁安全保驾护航。

创新能力是民族进步的灵魂，是经济竞争的核心。当今社会的竞争，与其说是人才的竞争，不如说是人的创造力的竞争。如果我们生活的世界没有创新能力，就不会有今日人类的文明，人类可能还过着钻木取火的原始生活；如果爱因斯坦、爱迪生等人没有创新能力，他们就无法取得巨大的成就与收获；如果一个人不具备创新能力，就可以说其是庸才；如果一个民族没有创新人才，那么它便是一个落后的民族。

一、创新能力

（一）创新能力的含义

创新能力是指人在顺利完成以原有知识、经验为基础的创建新事物的活动过程中表现出来的潜在心理品质，是人运用知识和理论在技术领域和各种实践活动中不断提供具有经济价值、社会价值、生态价值的新思想、新理论、新方法和新发明的能力。

（二）创新能力在企业中的表现及青年学生的应对

提起创新，人们往往联想到技术创新和产品创新，其实创新的形态远不止这些。一般来说，创新能力主要体现在发展战略创新、产品（服务）创新、技术创新、组织与制度创新、管理创新、营销创新、文化创新等方面。而这些方面的创新能力的培养正是当前学生需要关注和训练的，从而使学生在未来的工作和生活中发挥创新能力。近些年，青年学生的创新创业类竞赛项目多以这些方面的创新能力为切入点，来培养青年学生的创新能力。下面各方面的创新既是当代青年学生需要了解的，又是关于企业创新能力的表现形态。

1. 发展战略创新

发展战略创新是对原有的发展战略进行变革，是为了制定更高水平的发展战略。想对发展战略进行创新，就要制定新的内容、新的手段、新的人事框架、新的管理体制、新的经营策略等。对于当代青年学生而言，了解企业发展战略创新的思维，能够有效制定自我职业生涯规划，明确自己未来就业后在企业中的定位，突出自我的创新能力，为企业增值贡献力量。

2. 产品（服务）创新

产品（服务）创新对于生产经营型企业来说，是产品创新；对于服务型企业来说，是服务创新。例如，手机在短短的几年时间内已从模拟机发展到数字机、可视数字机、可以上网并可以拍照的手机等。手机的更新换代，生动地告诉我们产品的创新是非常迅速的。就当代青年学生而言，未来在企业工作中产品创新或服务创新是员工成长的动力源，是体现青年学生职业生涯的比较明确的价值体现。一个产品的创新或服务模式的创新，能够给企业带来巨大的经济价值。青年学生既可以牵头创新也可以参与创新，但都需要强大的创新能力的支撑。因此，培养产品创新和服务创新的能力是对青年学生创新能力培养的重中之重。

3. 技术创新

技术创新是发展的源泉，竞争的根本。就一家企业而言，技术创新不仅是指商业性的应用自主创新技术，还可以是创新地应用合法取得的、他人开发的新技术或已进入公有领域的技术，从而创造市场优势。例如，沃尔玛公司于 1980 年在全球率先试用条形码，即通用产品码（Universal Product Code，UPC）技术，结果这一措施使收银员的工作效率提高了 50%，并极大地降低了经营成本。就当代青年学生而言，学好专业技术知识是技术创新的根基，通过创新能力训练获得技术创新的方法和途径，为就业后的企业创造价值。

4. 组织与制度创新

组织与制度创新主要有 3 种。一是以组织结构为重点的变革和创新，如重新划分或合并部门、组织流程改造、改变岗位及岗位职责、调整管理幅度等。二是以人为重点的变革和创新，即改变员工的观念和态度，包括知识的更新、态度的变革、个人行为乃至整个群体行为的变革等。例如美国通用电气公司前总裁韦尔奇在就职后就曾采取一系列措施使企业重新焕发创新动力。其中一位部门主管工作很得力，所在部门连续几年盈利，但韦尔奇认为他可以干得更好。这位主管对此不理解，韦尔奇建议他休假一个月，放下一切，等他再回来时，变得就像刚接手这个职位，而不是已经工作了 4 年。休完假之后，这位主管果然调整了心态，不仅像换了个人一样，还对本部门的工作有了新的思路和对策。三是以任务和技术为重点的创新，即对任务重新组合分配，并通过更新设备、技术创新等达到组织与制度创新。

5. 管理创新

世上没有一成不变的、最好的管理方法。管理方法往往因环境和被管理者的改变而改变，这种改变在一定程度上就是管理创新。例如，英特尔公司前总裁葛洛夫的管理创新就是视环境和被管理者的改变而改变：实行产出导向管理——产出不限于工程师和工人，也适用于行政人员及管理人员；在英特尔公司，工作人员不只对上司负责，还对同事负责；打破障碍，培养主管与员工的亲密关系等。就领导者而言，管理创新是现代企业管理的重中之重；就当前青年学生而言，学会管理、了解管理是创新能力培养的必备能力。而管理创新责任在管理的基础上突破思维定式。因此，对于刚就业的学生来说，能够适应并应对企业不断变化的管理创新对自身创新能力的影响是非常大的。

6. 营销创新

营销创新是指营销策略、渠道、方法、广告促销、策划等方面的创新。营销创新是当代学生必备的创新技能之一，互联网时代的到来给营销创新带来了不同的渠道和路径，短视频、微信及一系列电商平台拓宽了当代青年学生的视野，增强了营销体验效果，为未来参与企业的营销创新奠定了基础。

7. 文化创新

文化创新是指企业文化的创新。企业文化的与时俱进和适时创新，能使企业文化一直处于一种动态的发展过程中。这样不仅可以维系企业的发展，还可以给企业带来新的历史使命和时代意义。企业文化与专业文化相通相融，专业文化与青年学生的学习相通相融。学生在未来的职业生涯中，不仅要接受企业文化的熏陶，还要参与企业文化创新的制定与传承。

案例

屠呦呦的创新励志

1971年10月4日，一双双眼睛紧张地盯着191号青蒿提取样品抗疟实验的最后成果。随着检测结果的揭晓，实验室沸腾了，该样品对疟原虫的抑制率达到了100%。44年后，2015年10月5日，该实验室的亲历者屠呦呦（见图3-1）获得了诺贝尔生理学或医学奖。

图3-1 屠呦呦在进行青蒿提取的科学实验

青蒿，是在中国南方和北方很常见的一种植物，郁郁葱葱地长在山野里，外表朴实无华，却内蕴治病救人的魔力。屠呦呦正是用一株小草改变了世界。1930年年底，屠呦呦出生于浙江省宁波市，是家中唯一的女孩。作为一名生药学专业的学生，屠呦呦毕业于北京大学医学院，1955年进入中医研究院（现为中国中医科学院），除参加过为期两年半的"全国第三期西医离职学习中医班"，她几乎没有长时间离开过北京东直门附近的那座小楼。1969年，屠呦呦所在的中医研究院接到了一个"中草药抗疟"的研发任务。39岁的屠呦呦临危受命，开始了征服疟疾的艰难历程。课题组以鼠疟原虫为模型，发现青蒿提取物对鼠疟原虫的抑制率可达68%。但是，后续的实验结果显示，青蒿提取物对鼠疟原虫的抑制率只有12%~40%。屠呦呦分析抑制率提不上去的原因可能是提取物中的有效成分浓度过低。为什么在实验室里青蒿提取物不能有效地抑制疟疾呢？是提取方法有问题，还是做实验的老鼠有问题呢？屠呦呦心有不甘，她重新把古代文献拿出来，仔细翻查。有一天，东晋时期葛洪的《肘后备急方》中的几句话吸引了屠呦呦的目光："青蒿一握，以水二升渍，绞取汁，尽服之。"为什么这与中药常用的煎熬法不同呢？原来，用书中方法提取出来的是青蒿鲜汁。在高温下，青蒿的有效成分被破坏了，如此说来，以前的实验方法都错了。屠呦呦立即改用沸点较低的乙醚进行实验，终于发现了青蒿素。从12%到

100%，用乙醚提取青蒿素，这个看似极为简单的提取过程，却十分不易。

分析：屠呦呦的获奖，表明了国际医学界对中国医学研究的深切关注，表明了中医药对保障人类健康的深刻意义，展现了中国科学家的学术精神和创新能力，是中国医药卫生界的骄傲。

二、塑造青年学生创新能力的方式、方法

思维是推动群体行为的一种强大的能动力，所以，培养青年学生创新性思维就成了培育创新型人才的第一把钥匙。

（一）提升自我意识，塑造创新能力

1. 打破常规，敢于超越

创新是真正意义上的超越，是一种敢为人先的胆识。不少青年学生被动地接受知识，很少有自己独立思考的空间，这就使他们的悟性、灵感在经过"千锤百炼"后基本被埋没了，思维被严重地束缚。正因如此，青年学生敢于超越的精神就显得更为可贵。

2. 善于运用各种不同的思维方式

注意培养学生的聚合思维和发散思维，重视直觉和灵感的作用，把形象思维和抽象思维结合起来，善于运用归纳、演绎、推理等多种逻辑思维方式。真正把各种不同的思维方式运用好，实质上也就形成了创新性思维。只有具有了创新性思维，才能获得创新能力，推动创新实践。

3. 多进行思维训练

我国的青年学生普遍具有较强的逻辑思维能力，而缺少非逻辑性思维的能力，因此应注重适时对其进行非逻辑性思维训练。

4. 培养自己的问题意识

问题是思维的开端、学习的起点，任何思维过程总是指向某一具体问题。从发现问题、提出问题、讨论问题、分析问题到解决问题，是积极主动开展思维探索的过程。提出、分析并解决一些富有新意的问题就是创新的过程。

（二）外界对学生创新能力的塑造

创造性思维能力的培养离不开环境的影响。学生应在课堂之外为自身个性化成长创造空间、创造机遇，提供充足的营养。

1. 校园文化环境和学术氛围对当代学生创新能力的塑造

学生要具备参与意识、积极性和主动性。针对自身的求新、求异心理，发挥自己的特长；通过参加多层次教学活动和各种社团活动，在校园环境的熏陶下，使自己的个性获得健康发展，在活动中长见识、增才干，培养创新精神。

2. 多参加丰富多彩的课外学术科技活动、校园文化活动、社会实践活动

学生不仅可以参加科技制作比赛、技能大赛、中国国际"互联网+"大赛等，还可以结合自身实际开展有特色的科技活动。这样不仅可以激发自我的创新热情，还能使自己受到较为系统的科研素质训练。

3. 积极参与创业活动，激发创造欲望

创业不仅意味着开公司当老板，还意味着其发明和创造有可能转化为现实生产力。多参加专家和校内外学者等举办的学术讲座、报告会、座谈会，这是营造良好创新氛围的重要方式。了解专家和校内外学者的学术观点和创新观，可以使自己的创造性思维有较高的起点和正确的方向。榜样的力量是无穷的，专家、学者的鼓励使创新更有说服力。

三、学生塑造创新能力的途径

创新能力的培养必须以获取知识为基础，以提高素质为核心，以发展创新能力、培养创新精神为最终目标。

（一）重视基础知识的学习和基本技能的培养

只有打好坚实的基础，才能谈创新。可以肯定的是，良好的基础知识是创新成果产生的基点，优秀的创新成果都饱含科技含量，没有坚实的知识积累和深厚的知识底蕴，不可能孕育出先进的发明创造。创新并不像人们想象中的那么神秘且高不可攀，它是人们在对原有知识、理论的深刻理解和掌握的基础上，在对原有知识和理论的实践运用当中，发现原有理论无法解决或解释不清楚问题时，依据实践经验对原有理论进行改进，甚至创造更具有实用性的新理论的过程。因此，学生在校期间一定要重视学好基础知识。需要注意的是，我们切不可一味地埋头苦钻基础知识，而放弃了对基础知识的延伸和对新知识的探索，抱着质疑的态度学习，敢于挑战权威，在学习中求创新，是创新性学习的关键。

（二）重视个人综合能力的全面发展

创新型人才是全面发展的人才。一个人如果没有正确的世界观，没有坚定的信仰，没有良好的品德修养，没有高雅的审美情趣，不仅不能成为一个合格的创新型人才，成为一个品格健全的人也是有困难的。培养创新型人才，要以个性的自由和独立发展为前提，工

具的人、模式化的人和被套以各种条条框框的人都不可能成为创新型人才。因此，当代青年学生要先学会做人，要重视自己的生理与心理、智力与非智力、认知与意向等方面的全面和谐发展，成为有理想、有道德、有文化、有纪律的合格公民；然后，要重视自我个性的培养与完善，增强自己独立思考问题、分析问题和解决问题的能力，努力使自己成为一个在情感、智力方面全面发展的人。

（三）针对不同的学习阶段，创新性学习要有所侧重

在学习的初级阶段，也就是打基础的阶段，我们要重视基础知识和基本技能的培养，主要以肯定的视角学习前人的经验、理论和方法，在接纳学习的基础上求创新。而在学习的高级阶段，由于有了初级阶段打下的扎实的理论基础，所以在这个阶段，要侧重于自己的创新意识及创新能力的培养，培养创新思维，扩展思维视角，多以否定的视角来重新审视以前所学的知识，破除"知识－经验定式"，重视知识与实践的结合，在理论与实践的结合中大胆地对前人的理论和经验进行质疑，提出改进观点，并实事求是地对新提出的观点和方案进行可行性论证，实现真正的创新。

（四）加强自身创新意识

中华文化博大精深，蕴含着丰富的内涵，是我们创新的一大源泉。适当挖掘，就会有丰富的创新源泉，我们要充分利用它。培养创新意识要从自身做起，创新源于身边，因此，想创新应先从自身出发，留心身边的事物。遇事要积极地思考，这样才能发现创新元素。青年学生作为未来的精英，更应该有创新意识。要想成为创新型人才，为国家贡献自己的力量，我们首先要培养自身的创新意识。

（五）充分利用周边条件

在学校的时光不可虚度，要尽可能多参加一些创新活动。学校为我们提供了一个充满机遇的舞台，学校里有许多活动等待我们参与，无论是学校组织的活动还是各个部门组织的活动，我们都应该积极地参与其中。大中专院校本来就是一个小社会，在这个特殊的环境中，我们拥有比较优越的条件，应该积极地培养自己的能力，尤其是创新能力。我们应该踊跃参加与创新能力相关的活动，比如全国"挑战杯"创业大赛。参加此类活动不但可以锻炼我们的创新能力，而且以团队的形式参加可以增强我们的团队合作意识。在社会化程度空前提高的时代，团队协作尤为重要。我们要努力利用好学校这个平台，使自己成为一名创新型人才，为建设创新型国家打好基础。国家和政府也为我们创业提供了一个良好的环境。近年来，为支持大中专学生创业，国家和各级政府出台了许多优惠政策，涉及融资、税收、创业培训、创业指导等诸多方面。例如，政府人力资源部门所属的人才中介服务机构免费为自主创业的毕业生保管人事档案（包括代办社会保险、职称、档案工资等手续）；提供免费查询人才、劳动力供求信息，免费发布招聘广告等服务；适当减免参加人

才集市或人才劳务交流活动收费；为创办企业的员工提供一次培训、测评服务等。国家出台了许多优惠政策，我们应该好好利用，创业者更应该积极响应，努力为国家做贡献。

经典分享

知识产权的保护

随着知识产权在国际经济竞争中的影响日益加强，越来越多的国家已经制定并实施了知识产权战略。面对国际上知识产权保护的发展趋势和中国在开放条件下面临的知识产权形势，中国必须加紧制定并实施知识产权战略，以保护国家的技术安全，促进国内自主创新的发展，防止跨国公司的知识产权滥用。

20世纪80年代以来，随着世界经济的发展和新技术革命的到来，世界知识产权制度发生了引人注目的变化，特别是近些年来，科学技术日新月异，经济全球化趋势增强，产业结构调整步伐加快，国际竞争日趋激烈。知识或智力资源的占有、配置、生产和运用已成为经济发展的重要依托，专利的重要性日益凸显。

国家知识产权局提出，要着力构建知识产权大保护工作格局，加快形成知识产权保护的强大合力。知识产权保护是一个复杂的系统工程，知识产权自身涉及专利、商标、版权、植物新品种、商业秘密等领域，其保护的权利内容、权利边界等有各自的特点；保护手段涉及注册登记、审查授权、行政执法、司法裁判、仲裁调解等多个方面，客观上需要构建知识产权大保护的工作格局。

分析：保护知识产权固然重要，但让知识产权起到正面影响、发挥社会效能更重要。难点：如果许多不同国家或者不同地区的人，都在研究同一个项目，都通过自己的细心观察和实验得出了正确结论，难道只有申请了这个专利的人，才有支配和使用这个专利的资格吗？会因为争夺一项专利权而发生恶性事件吗？历史上好像有过这样的相关事例，不同的人在不同时间内，研究了相同的科研项目，得出的结果是一样的，而产生了相互质疑，双方都认为对方盗取了自己的研究结果。在保护知识产权的同时，如何避免重名重姓，这个问题需要我们深入思考。

课后活动

土壤变化的新发明

一、活动目标

通过创新性思维分析，培养学生的创新能力，认识到创新能力发挥的作用。

二、程序与规则

（1）教师铺垫。

澳大利亚曾经发生过这样一件事：在收获的季节，有人发现一片甘蔗地里的甘蔗比往年长得粗壮，割完甘蔗后人们发现其产量竟然提高了50%，这是什么原因呢？原来，在种甘蔗的前一个月，有一辆拉水泥的车翻在这里了，水泥洒得遍地都是。土壤学家说："这里的土地是酸性的，而水泥中的硅酸钙是碱性的，土壤得到了改良，甘蔗当然会增产。"经过化验后，证明土壤学家说得完全正确，由此产生了一项新的发明。下面思考两个问题：一、分析这个案例中的因果关系，说明土壤学家推理的过程；二、思考一下，土壤学家的分析结果可以产生什么新发明。

（2）请学生对上述提问进行分析并在班级微信群中展示自己的答案和想法，畅谈自己的设想。

（建议时间：15分钟）

（1）学生塑造创新能力的途径有哪些？

（2）作为当代青年学生，我们为什么要具备创新能力？

3.2 创新能力的培养与训练

能力目标

（1）了解大脑的创新来源作用机制。
（2）掌握创新能力培养的特殊技法。
（3）掌握不同领域的创新能力训练。

案例导读

怀炳捞铁牛

公元1066年，宋朝英宗年间，黄河发洪水，冲垮了河中府（今山西永济）城外的一座浮桥，将两岸边用来拴住铁桥的8个各重1万斤的铁牛也冲到了河里。洪水退去以后，为了重建浮桥，需要将这8个大铁牛打捞上来。这在当时是一件极为困难的事情，府衙为此贴了招贤榜。后来，一个叫怀炳的和尚揭下招贤榜。经过一番调查摸底和反复思考后，怀炳指挥着一群船工捞铁牛，最后将8个大铁牛全都捞上了岸。

怀炳提出的办法是：在打捞铁牛时，先将两条大船装满泥沙，并排靠在一起，同时在两条船之间搭一个连接架，船划到铁牛沉没的地方后，船工潜入水下，把拴在连接架上的绳子的另一端牢牢地绑在铁牛上；然后船上的船工一面将连接架上的绳子收紧，一面将船里的泥沙一铲一铲地抛入河中；随着船里泥沙的不断减少，船身一点一点地向上浮起，当船的浮力超过船身和铁牛的重量时，河中的铁牛便逐渐浮了上来；最后通过划船，很容易就能把铁牛拉上岸。如此反复进行了8次，大家终于将8个大铁牛全部打捞到了岸上。

分析：在经过调查与思考后，怀炳运用了创新思维，对打捞情景进行了想象和预设，创造性地解决了问题。

解决问题可以采用两种不同的思维模式，即左脑思维和右脑思维。对应两种不同的思维模式也就有了两种不同的价值链：一种是传统的价值链，一种是新的价值链。

一、大脑与创新

（一）大脑与创新机制

大脑是高级心理过程的控制和调节中心，人类的大脑分为左脑和右脑。人脑约重1400克，大脑占全部脑重的60%~70%，胼胝体的神经纤维将左脑和右脑统一起来，使两者的活动相互协调。左脑、右脑的分工不同（见表3-1），同时将两者调动起来，有利于创新。

表3-1 左脑和右脑的生理机能

左脑（控制人体右侧）的生理机能	右脑（控制人体左侧）的生理机能
说话、阅读、书写	知觉、理解整体、类比
分析、联想、抽象、判断、数学解题、推理	类似性认识、直觉、调查、视觉记忆、铭记
规范性、理论、时间管理、分析思维	综合、图形化、空间知觉、综合的直观
语言记忆、知觉细节	非语言的、音乐的
语言描述、缺乏完形综合器、分析时间	情绪感觉、处理瞬间问题、几何图形识别
左脑辨认熟人	右脑辨认生人
串行的收敛性的因果式的思考方式、循序渐进	并行的空间发散性的非因果式的思考方式

左脑倾向于逻辑思维，用语言、文字思考，而右脑则倾向于艺术思维，用图像视觉进行思考（见图3-2）。右脑思维者经常不按常理出牌，比如玩脑筋急转弯；再如，当发现割草机噪声大时，左脑思维者会利用减震降低噪声，右脑思维者可能会考虑如何不用割草

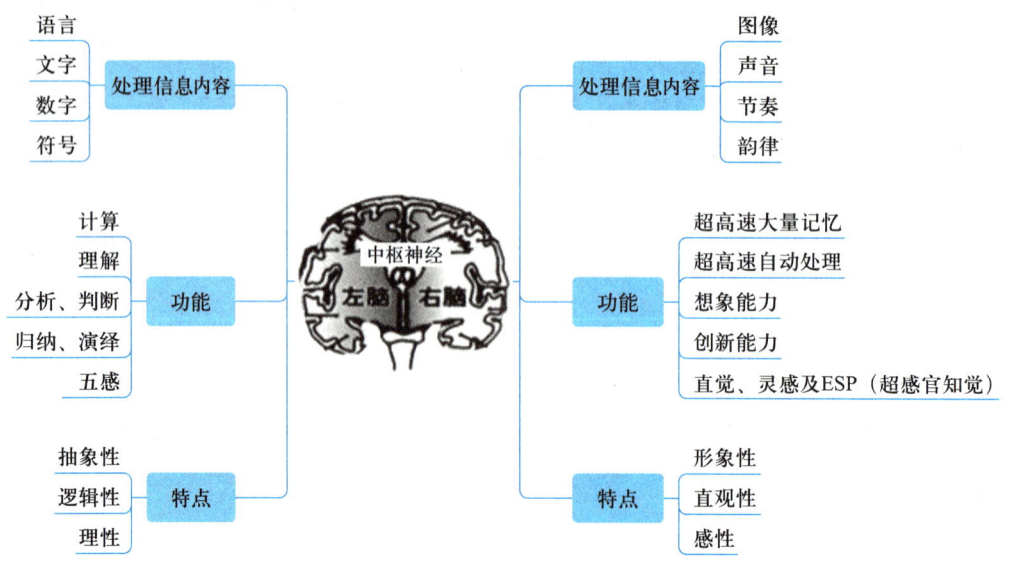

图3-2 左脑和右脑的处理信息内容、功能及特点

机，如何让草不长高，这样就有了研究基因改变的工作。对于病人如何去医院看病这个问题，左脑思维者会考虑使用救护车，或者请医生上门救治，右脑思维者会考虑如何使人不生病。针对目前的交通堵塞难题，左脑思维者会考虑减少车流量、修路、修地铁，甚至建设空中有轨交通，而右脑思维者会考虑让人们在家办公或者根本不用交通工具。右脑思维可以让人打破条条框框，获得一些出乎意料的想法，因此，创新需要右脑思维。

（二）右脑训练（基础的创新能力训练）

右脑最重要的贡献之一是创造性思维。右脑不拘泥于局部的分析，而是统观全局，以大胆猜测跳跃式的方式前进，最终达到直觉的效果。

1. 借助外语开发右脑

美国某医院的神经外科近年发现，学会两三种语言跟学会一种语言一样容易，因为学会一种语言仅需要左脑，如果同时学习几种语言，就会"启用"右脑。翻译水平有高有低，有人把它分为3个级别、5个档次。低级为译形，只译字、句、段，表达了讲话者的字面意思，这时只使用左脑。中级为译意，分为3个档次：下档译话句、文本，表达了讲话者的具体意思，这时仍只用左脑；中档译语意，传达了讲话者表达的信息，这时左脑和右脑并用；高档译讲话者的志和情，体会讲话者内心的状态，这时基本用右脑。高级为"译神"，译出讲话者的实相，这时完全使用右脑。达到这个境界，译者已进入一种忘我状态，实现与讲话者心灵的沟通，已不需要刻意去解释或寻找表达方法，译者与讲话者的隔阂已不存在，译者感觉到的是讲话者心灵深处的感受。翻译水平的提高，实际是右脑逐步开启使用的过程，是由绝对左脑，到左脑、右脑并用，再到在左脑的基础上使用右脑，进而到绝对右脑的大脑使用的转化过程。要想达到"译神"的阶段，译者需要长期历练并有一定的天分。

2. 借助体育活动开发右脑

每天用半小时跳健身操、打乒乓球或打羽毛球等；在打拳或做操时有意识地让左手、右手多重复几个动作，以刺激右脑。右脑在运动中随之而产生的鲜明形象和细胞激发比静止时来得快，由于右脑的活动，左脑的活动受到某种抑制，人的思想或多或少地摆脱了现成的逻辑思维方法，灵感经常会脱颖而出。

3. 借助音乐开发右脑

心理学家发现，音乐可以开发右脑，所以，我们应该通过学习音乐启动右脑思维。当我们从事其他活动时，可以创造一个音乐背景。音乐由右脑感知，左脑并不因此受到影响，仍可独立工作，不知不觉中右脑也得到了锻炼。

4. 左侧身体运动

经常活动左半身的手、臂、腿、脚，能促进右脑的开发，比如用左手写字、画画、剪

纸等，用左手拿筷子、刷牙、扫地、拿东西。左腿活动，用左脚踢球、跳皮筋等。用左手写字当然也是右脑开发训练当中的一个方法，但效果不明显。我们可以多看图片，比如看一些曼陀罗卡片、三色卡片和三维卡片等。在学习或工作中尽量把自己所阅读、所记忆的东西在大脑里面用图片想象出来。

5. 利用形象开发右脑

右脑是形象的脑。在速读速记中，"眼脑直映"的阅读特点要求我们省去"音读"现象，将文字大段大段地映入大脑，从而通过文字形象化来开发右脑。脑图像法也可以培养我们右脑的形象思维，当我们看到数字、文字或字母时，可以把它们的形象"刻"在脑海中，当我们在记忆时，仿佛看着头脑中所记东西的形象读出来，不仅记得快，而且记得牢，所以我们可以通过一系列形象来开发右脑。多体验有空间感的游戏，比如看一幅画，默记，然后闭上眼睛，在头脑中再现画面，翻转，放大，缩小；在想象中进一步观察它的细节，如果画中是一棵树，想象树皮、树叶、树上的小虫和鸟，然后解剖这棵树，想象木质髓心、树根。

开发右脑的方法有很多，我们可以通过潜意识、脑电波、学习记忆术等来训练。如今，对左脑功能和右脑功能的研究已获得突破性进展，深入开发右脑功能，重视发展形象思维，必将引发新一轮的学习浪潮。右脑功能的开发，形象思维的发展，必将造就出左脑和右脑并用的新一代高素质人才。

二、刻意练习

首次提出"刻意练习"这个概念的人是美国佛罗里达州立大学的心理学家安德斯·爱立信。刻意练习这个方法的核心是假设，专家级水平是逐渐练出来的，而有效进步的关键在于找到一系列的小任务并让受训者按顺序完成。这一系列的小任务必须是受训者正好不会做，但又正好可以学习掌握的。完成这种练习，要求受训者的思想高度集中，这与那些例行公事或者带娱乐色彩的练习完全不同，刻意练习的理论目前已经被广泛接受。创新必须通过刻意练习这个有效训练方法来完成，以求事半功倍。

（一）只在学习区训练

科学家通过观察花样滑冰运动员的训练情况，发现在同样的练习时间内，普通运动员更喜欢练自己早已掌握的动作，而顶尖运动员更喜欢练习各种高难度的动作。普通高尔夫爱好者打高尔夫球纯粹是享受打球的过程，而职业运动员则在各种极端不舒服的位置集中练习打不好的球。真正的练习不是完成运动量，而是持续地做自己做不好的事情。

心理学家把人的知识和技能分为层层嵌套的 3 个圆形区域。最内一层是舒适区，是我们已经熟练掌握的各种技能；最外一层是恐慌区，是我们暂时无法学会的技能；二者中间则是学习区。一个人只有在学习区里练习，才会进步。有效的练习任务必须精确地在受训者的学习区内进行，具有高度的针对性。在很多情况下，要求必须有一位好的老师或者教练，从旁观者的角度发现我们需要改进的地方。只在学习区练习，是一个非常高的要求。一般的学校课堂往往有几十人按照相同的进度学习知识，这种学习是没有针对性的。同样的内容，对某些同学来说是舒适区，根本无须再练，而对某些学生来说则是恐慌区。一旦已经学会了某个东西，我们就不应该继续在上面花费时间，应该立即转入下一个难度。长期使用这种方法进行训练必然会事半功倍。

（二）大量重复训练

从不会到会，秘诀是重复。美国加利福尼亚州的斯坦福大学有个害羞诊所，专门帮助一些有害羞心理的人克服心理障碍。这个诊所的创办人是美国心理学家菲利普·津巴多，他不相信心理暗示疗法、童年回忆等，他相信练习。他认为使人害羞的并不是事情本身，而是人对事情的观点。这种把不常见的高难度事件重复化的办法正是创新商学院课程的精髓。在商学院里一位学生每周可能要面对 20 个真实发生过的商业案例，学生们首先自己想对策，然后提出解决方案，最后老师给出实际的结果并进行点评。学习商业决策的最好办法不是每个月观察老板如何做决策，而是自己每周模拟 20 次做决策的过程。军事学院的模拟战，飞行员在计算机上模拟各种罕见的空中险情，以及英国前首相丘吉尔对着镜子练习演讲，都是重复训练。

在体育训练和音乐训练中，更多强调分块练习。我们先把整个动作或整首曲子过一遍，看专家是怎么做的，然后把它分解为很多小块，一块一块地学习。在这种训练中一定要慢，只有慢下来才能感知技能的内部结构，注意到自己的错误。美国的一所小提琴学校甚至有禁止学生把一支曲子连贯地演奏的要求，如果别人听出来你拉的是什么曲子，就说明你没有正确地练习。职业的体育训练往往是针对技术动作，而不是比赛本身。

（三）持续获得有效反馈的训练

传道、授业、解惑，老师和教练最大的作用是什么？提供及时的反馈。一个动作做得好与不好，最好有教练随时指出，本人必须随时了解练习结果。看不到结果的练习等于没有练习。如果你应付了事，不但不会变好，而且会不在乎练习得好与坏。在某种程度上，刻意练习是以错误为中心的练习。练习者必须提高自身对错误的敏感度，一旦发现自己错了并感到不舒服，就一直练习，直到改正为止。获得反馈的最高境界是自己给自己当教练。高手在工作时会以一个旁观者的角度观察自己，每天都有非常具体的小目标，对自己的错误极其敏感，并不断寻求改进。

（四）精神高度集中训练

刻意练习没有"寓教于乐"这个概念。一位小提琴家曾说："如果你练习手指，你可以练一整天。如果你练习脑子,你每天能练两个小时就不错了。"高手每次练习的时间最多1~1.5小时,每天最多4~5小时。很多球迷认为贝克汉姆踢球很厉害,可他们不知道的是很少有球员能完成贝克汉姆的训练强度,因为太辛苦了。

 **案例**

谁是最好的小提琴演奏家

科学家曾调查过一所音乐学院,他们把这所音乐学院里所有学习小提琴的学生分为好(将来主要是当音乐教师)、更好、最好(将来可能成为演奏家)3组。这3组学生在很多方面都相同,比如都是从8岁左右开始练习小提琴的,甚至现在每周参加音乐相关活动(上课、学习、练习)的时间也大致相同,约为51小时。研究人员发现,所有学生都了解一个道理:真正决定你水平的不是全班一起上的音乐课,而是单独练习,最好的两个组的学生平均每周有24小时的单独练习时间,而第三个组只有9小时。他们都认为单独练习是既困难又不好玩的活动。更好和最好两个组的学生利用上午的晚些时候和下午的早些时候单独练习小提琴,这时候他们的大脑还很清醒;而第一组学生利用下午的晚些时候单独练习小提琴,这时候他们已经很困了。更好与最好两个组的学生不仅练习得多,而且睡眠也充足,他们午睡时间也多。那么,是什么因素区分了更好与最好两个组呢?是学生的历史练习总时间。到18岁为止,最好这一组的学生平均练习了7410小时,而更好这一组的学生练习了5301小时,好这一组的学生练习了3420小时。现在更好这一组的学生与最好这一组的学生一样努力,可是已经晚了。

分析:要想成为世界级高手,一定要尽早投入训练,这就是为什么天才音乐家都是从很小的时候就开始苦练了。实际上,不训练一万小时以上,一定成不了高手,但是考虑到机遇因素,练了一万小时也未必成功,这就是天分的作用了。如果说有什么成功因素是目前科学家无法用后天训练解释的,那就是天分。

三、培养不同领域的创新能力训练

(一)经营管理创新能力训练

一是认识自己,即清楚、深刻地认识自己。比如把自己看成人类最高的智慧,即如何征服自己、战胜自己、挑战自己。二是增强危机意识,在变化迅速、日新月异、竞争激烈的市场环境下,我们要时刻保持高度的危机感,时刻关注市场变化,加强内部管理。三是提升学习能力,特别是对于管理者来说,没有一定的学习能力就没有强大的有效的执行力,学习力是打造执行力的根本,想提高执行力就要提升管理者的学习力。四是提高自身综合素质，包括关注细节、诚实做人、爱岗敬业。五是提升八项综合能力，即领悟能力、计划能力、指挥能力、控制能力、协调能力、授权能力、判断能力，以及整合上述能力的创新能力。我们做任何事情之前要认真想一想，有没有创新的方法使执行的力度更大、速度更快、效果更好。要清楚创新无极限，唯有创新，才能生存。

（二）创造发明创新能力训练

1. 破除思维定式

一是破除权威定式。权威定式有利于形成惯性思维，却不利于创新思维的培养，在需要推陈出新的时候，它使人们很难突破旧权威的束缚。历史上的创新常常是从怀疑权威开始的。二是破除从众定式。从众定式的根源在于，人是群居动物，为了维持群体生活，每个人都必须在行动上奉行"个人服从群体，少数服从多数"的准则。然而，这个准则不久便会成为普遍的思维原则而成为从众定式。三是破除"知识－经验定式"。知识和经验具有不断增长、不断更新的特点，我们可能会看到它们的相对性，经过比较发现其局限性，进而开阔眼界，增强创新能力。但知识和经验是相对稳定的，而且知识是以严密的逻辑形式表现出来的，因而又有可能导致人们对它们的崇拜，形成固定的思维模式，由此削弱想象力，造成创新能力的下降。

2. 扩展思维视角

肯定—否定—存疑。思维的肯定视角就是，当头脑思考某一具体的事物或观念时，首先设定它是正确的、好的、有价值的，然后沿着这个视角，寻找这个事物或观念的优点和价值。思维中的否定视角正相反，也可以将否定理解为反向，就是从反面和对立面来思考一个事物；并在这种视角的支配下寻找这个事物或观念的错误、危害、失败之类的负面价值。对于某些事物、观念或者问题，也许我们一时难以判定，但不应该勉强地肯定或否定，不妨放下问题，让头脑冷静一下，过一段时间再对它进行判定，这就是存疑视角。

自我—他人—群体。我们在观察和思考外界的事物时，总是习惯以自我为中心，用我的目的、我的需要、我的态度、我的价值观念、我的情感偏好、我的审美情趣等作为标准尺度去衡量外来的事物和观念。他人视角要求我们在思维过程中尽力摆脱自我的狭小天地，走出"围城"，从别人的角度，站在"城外"，对同一事物和观念进行思考，发现创意的苗头。任何群体总是由个人组成的，但是对于同一个事物，从个人的视角和从群体的视角看，往往会得出不同的结论。

无序—有序—可行。无序视角，是指我们在创意思维的时候，特别是在思维的初期阶段，应该尽可能地打破头脑中的所有条条框框，包括法则、规律、定理、守则、常识等，进行一番混沌型的无序思考。有序视角，是指我们在思考某些事物或观念的时候，需要按照严格的逻辑来进行，透过现象看到本质，排除偶然性，认识必然性。创意的生命在于实施，必须实事求是地对观念和方案进行可行性论证，从而保证头脑中的新创意能够在实践中获得成功，这就是可行视角。

最后，我们应该牢记的是，创新思维是一种习惯。要想形成这种习惯必须认真学习，掌握各种创新思维方法，科学有序的方法是成功的坚实基础。

（三）人际交往创新能力训练

人际交往的核心部分：一是合作，二是沟通。培养人际交往创新能力，首先要有积极的心态，理解他人，关心他人，在日常交往活动中主动与他人交往，不要消极回避，要敢于接触，尤其是敢于面对与自己不一样的人，不要因为出身、相貌、经历不如别人而封闭自己，要从小做起，注意社交礼仪，积少成多；还要善于去做，大胆地走出校门，消除恐惧，加强人际交往方面的知识积累，在实际的交往生活中去体会，掌握人际交往中的各种方法和技巧。另外，在与别人的交往中，要以诚交友，以诚办事，只有真诚才能换来与别人的合作和沟通，真诚永远是人类最珍贵的感情之一。在人际交往中，我们需要训练以下几方面。

（1）记住别人的姓或名，主动与人打招呼，称呼要得当，让对方觉得自己被礼貌对待且受重视，给人平易近人的印象。

（2）举止大方、坦然自若，使别人感到轻松、自在，激发交往动机。

（3）培养开朗、活泼的个性，让对方觉得和你在一起是愉快的。

（4）培养幽默、风趣的言行，幽默而不失分寸，风趣而不显轻浮，给人以美的享受。与人交往要谦虚，待人要和气，学会尊重他人，否则，将事与愿违。

（5）做到心平气和、不乱发牢骚，这样不仅自己快乐，别人也会心情愉悦。

（6）注意语言的魅力，安慰受伤的人，鼓励失败的人，赞美取得成就的人，帮助有困难的人。

（7）处事果断、富有主见、精神饱满、充满自信的人容易激发别人的交往动机，获得别人的信任，增加使人乐意交往的魅力。

（四）推理创新能力训练

1. 以多元思考法提高思考能力

所谓多元思考法，就是每件事情不要期待只有一种答案，而应从多方面思考，创造多种解决可能性。习惯多元思考的人，不论面对何种问题都能从不同角度分析，即使再大的难题，也能找出解决办法。我们应从不同立场进行思考，养成边写边思考的习惯。

2. 提高逻辑思考能力

所谓逻辑思考能力，就是在面对问题时不一厢情愿地埋头苦干。而具体的逻辑思考训练法则有3种：由宏观到微观思考法、MECE思考法、使用逻辑树状图。

（1）由宏观到微观思考法。这种方法是"瞎子摸象"，无法从整体掌握事情的轮廓，只能以偏概全地错误想象。

（2）MECE思考法。养成"由宏观到微观"的思考习惯之后，不妨进一步学习MECE思考法。简单地讲，MECE就是处理事情能够毫无遗漏、毫无重复。有遗漏就会错失机会，重复则白白浪费力气。

（3）使用逻辑树状图。逻辑树状图是逻辑思考法的集大成者。其特点主要是能有效处理事情的大小关系、因果关系与阶层关系。

3. 提高创造思考能力

点子不多、思考能力不强的人在企业界很容易被淘汰。如何提升自己的创造与思考能力呢？以下是3种不错的方法。

（1）经常进行脑力激荡，进行脑力激荡时必须做到两点：一是让各种点子尽量跑出来；二是模仿接龙方式，局部改良别人的点子，形成新的创意。比如，在讨论"空罐子的使用方式"这个课题时，有人说空罐子可以用来装水，或当作茶杯。此时就可从"装"这个字延伸到不只"装水"，也可"装土"，也就是当作花盆。同样的道理，也能用来装烟灰，变成"烟灰缸"……可能性是无限的。

（2）点子一出来，就加以整理，根据研究，思考新点子，可让右脑活性化；整理点子的过程属于论理，能促进左脑开发。因此，想出点子之后加以整理，可以同时训练左脑和右脑。更何况，点子必须经过评量及其他人的考验。如果点子没有被记录、整理，便会失去接受考验的机会，通常这样的点子的用处并不高。

（3）对点子进行重点化与分类，活用点子。首先，应区别有用的点子和没用的点子，并且将各种点子排定优先顺位，先将有用的点子挑出来；其次，将点子分类，必须把性质类似的点子放在一起，如此才能清楚呈现点子的特色。脑力激荡是否当许多人聚集在一起时才能操作？其实不然，即使一个人也能达成脑力激荡的效果。

当然，一个人进行脑力激荡，难度较高。所以必须养成习惯，比如每天用5分钟练习脑力激荡思考法，针对一个主题，3分钟之内想出20个解决办法，5分钟之内想出30种解决途径等。总而言之，养成脑力激荡的习惯，思考能力自然会得到较好的训练。

 经典分享

不可变成"被煮熟的青蛙"

有个童话故事，主角是一只青蛙。这只青蛙不小心掉进火炉上面的锅中，因为水温只有20℃，青蛙觉得很舒服。但慢慢地，水温渐渐升高到30℃、40℃……。然而，因为水温变化缓慢，虽然越来越热，但已经习惯的青蛙懒得跳出来。结果，这只青蛙被煮熟了。

分析：在我们的工作与生活中，其实也有类似状况。一旦适应了环境，即使环境恶化，也会认为"只要忍一忍就好"。久而久之感觉麻痹，当问题严重到不可收拾的程度时，也已无力回天。所以，当工作过程中出现警示信号时，我们必须严格提醒自己，绝对不可变成"被煮熟的青蛙"。

第六罐可乐

一、活动目标

学生们通过创新训练游戏学习并掌握创新技法。

二、程序和规则

（1）教师铺垫。

"假设可乐的价格是每罐 2 元，同时 2 个空可乐罐又可以换 1 罐可乐。如果你有 6 元，问最多能喝几罐可乐？"

（2）请学生对上述问题进行分析并在班级微信群中展示自己的答案和想法，畅谈自己的设想。

（建议时间：15 分钟）

（1）简述创新能力培养的方法。

（2）阐述不同领域的创新能力培养的关键点。

第二部分

把握创业机遇

创业者的成功绝非偶然，他们本身具备的素质和能力使他们在机会来临时有敏锐的发现能力，在面对风险时冷静、灵活、坚毅，有很强的抗压能力，有不断开拓创新的能力和品质。那么，究竟什么样的人适合创业呢？他们具有怎样的性格、能力与价值观呢？他们的职业选择是什么？如何对自己是否具有创业潜质进行判断和评估？这些是本教材第二部分将要探讨的问题。值得注意的是，所有测评的结果仅可以作为参考，不是绝对的。一个人能否成为创业者，是环境、生活经历和个人选择的结果，没有人天生就是创业者。

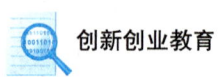 创新创业教育

模块 4　创业与创业精神

 导读导学

近几年,"大众创业、万众创新"逐渐成为一种风潮。究其原因,创业不仅是一种生活态度,也是一种生活方式。在当今社会,创业不是少数人的独门绝技,而是人人都需要了解的。

本模块介绍了创业的概念、创业对社会及自身的意义、创业者的自我探索和职业生涯规划等内容。

通过对本模块的学习,学生能够基本了解创业者职业生涯规划的特点,明确创业者职业发展的方向;同时能够评估自身的创业潜质,掌握创业者应具备的潜质及创业潜质的提升方法。

 思维导图

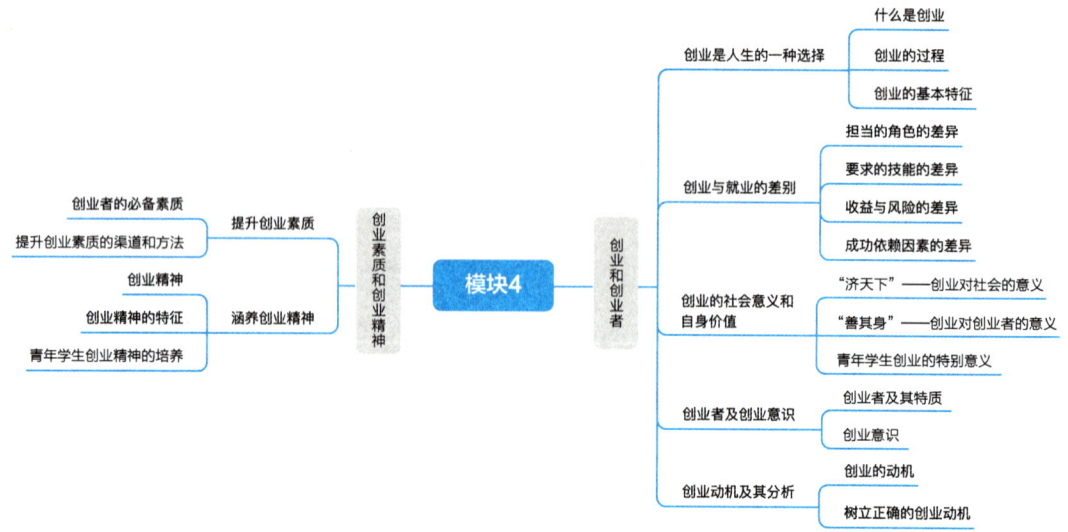

4.1 创业和创业者

能力目标

（1）了解创业与职业生涯规划的联系。
（2）明白创业者职业生涯规划的重要性。
（3）掌握创业者职业生涯规划的步骤。

案例导读

陶予琦：从"国家级大学生创新创业训练计划"走出来的创业者

"创业路上，有些事情没有你想象中的那么困难，有些事情也没有你想象中的那么简单。"回想4年的创业历程，陶予琦感慨道。2014年9月，"桃子的小屋"团队在某集团爱乐购超市门口组织了第一次蓝莓促销活动；2018年4月，"桃子的小屋"全国9家店共庆3周年。

一、不忘初心，砥砺前行

谈起创业的缘由，陶予琦说："进入大学之后，自身体质有所下降，外加身边同学的饮食不健康、作息不规律，那时我便萌生了做大健康产业的想法。"2014年，"桃子的小屋"开始销售蓝莓系列产品，因受到市场的欢迎，逐渐打响了品牌。"单做蓝莓肯定不行，市场是不断变化的。"在如此繁杂的市场中，"桃子的小屋"沿着大健康产业不断重新定位，从而转向经营药食同源、茶道香道、翡翠文玩三大系列。

从物流运输到产品输出，从市场销售到门店经营，"桃子的小屋"一步步打开市场，令人羡慕的百万元收益背后藏着不为人知的艰辛。"创业开始的每一天都会遇到问题，但是不解决问题怎么叫创业呢？"创业初期，人才稀缺、资金匮乏，年轻的"桃子的小屋"团队屡遭市场质疑，但是陶予琦率领团队以优质的产品与服务，一步步赢得了客户的信赖。

二、同甘共苦，携手共进

创业成功离不开一个好的团队。或通过社团招募，或经过口耳相传，甚至是由于一包枣子的回购，奇妙的缘分将35名成员聚集在一起。"做好吃苦的准备，一切都会过去的！"坚定的信念支撑着她们在创业路上同甘共苦、携手并进。

创业初期资金匮乏,在成员的东拼西凑下,"桃子的小屋"得以开展第一次蓝莓销售。2015 年,第一家实体店开张。面对经营不善、市场口碑不佳的状况,陶予琦和团队成员们只能挤在狭小的店铺里,一点点地积累口碑,拼出业绩。2018 年,即使已在全国拥有 9 家连锁店,该团队也一直在户外开拓市场。"桃子的小屋"在迎来 3 周年纪念日时,团队成员的感情也越发深厚。

三、闯,趁年轻

陶予琦曾带领团队获得江西省青年科技创新产业组优秀奖,"创青春"挑战杯江西省赛铜奖,其团队的新项目"小铃铛文创馆"在江西省第四届"大创课"中夺冠。创业项目《从蓝莓里走出来的"桃子的小屋"》入选《砥砺十年星火燎原——国家大学生创新创业训练计划十周年(创业篇)》。

"年轻就是最大的资本,趁年轻,想做的事就要勇敢去尝试!"她认为,创业需要优良的素养,要高度自律,能吃苦耐劳。4 年来,从卖蓝莓到完善大健康产业链,陶予琦趁年轻,走出了她想要的创业路。

分析:创业者是善于发现市场需求,并敢于承担风险和责任,组织资源满足市场需求的人。他们不仅有敏锐的市场洞察力,还有坚强的意志力和敢于奋斗的精神,能做到高度自律,吃苦耐劳。

一、创业是人生的一种选择

(一)什么是创业

《现代汉语词典》(第 7 版)中对创业的解释是"创办事业",而事业是指人所从事的,具有一定目标、规模和系统并对社会发展有影响的经常活动。《辞海》中对创业的解释是"创立基业",基业是指事业的基础。由此可见,创办事业是创业的本质。

创业有广义和狭义之分。广义的创业是指人类的创造活动,或指带有开拓、创新并有积极意义的社会活动。这种活动可以是营利的,也可以是非营利的,可以是经济方面的,也可以是政治、军事、文化、科学、教育等各个领域的。只要是人们以前没有做过的,对社会产生积极影响的事业,都可以称之为"创业"。比如美国的荣斯戴特提出:"创业是一个创造增长的财富的动态过程。"杰弗里·蒂蒙斯指出:"创业是一种思考、推理和行为方式,创业导致价值的产生、增加、实现和更新,不只是为所有者,也为所有的参与者和利益相关者。"

另外,从更广义的角度来看,一个人根据自己的性格、兴趣、知识与能力等选择自己的角色、职业和工作岗位,在这一岗位上创造性地发挥自己的特长和才干,实现个人价值并为社会带来财富的活动,都属于创业,因而职业也有岗位创业的含义。

狭义的创业概念,源于"Entrepreneur"(意为企业家、创业者)一词,因而对其理解通常带有经济学的色彩。比如精细管理工程创始人刘先明认为,创业是指某个人发现某种信息、资源、机会或掌握某种技术，利用或借用相应的平台或载体，将其发现的信息、资源、机会或掌握的技术，以一定的方式，转化、创造成更多的财富和价值，并实现某种追求或目标的过程。郁义鸿、李志能在《创业学》一书中指出："创业是一个发现和捕捉机会并由此创造出新颖的产品或服务，实现其潜在价值的过程。"

可见，狭义的创业特指个人或团队自主创办企业。我们将其定义为创业个人或创业团队通过寻找和把握各种商业机会，投入已有的知识、技能和社会资本，调动并配置相关资源，创建新企业，为消费者提供产品或服务，具有创新或创造性的、以增加财富为目的的活动过程。创业的概念，包括以下内涵。

（1）创业的主体是个人或小规模群体。
（2）创业的关键是商业机会的发掘与把握。
（3）创业者的身份是资源（知识、能力、社会资本等）所有者和资源（资金、技术、人员、机会等）配置者。
（4）创业需要创立新的社会经济单元。
（5）创业的价值实现有赖于将所提供的产品和服务在市场上转化为商品。
（6）创业是一个创造的过程，具有创新性。
（7）创业具有明确的目的性，即增加财富，包括个人和社会的物质财富与精神财富。

（二）创业的过程

创业过程可分为4个阶段。

1. 生存阶段

生存阶段应以产品或技术来占领市场，只要有想法并成功销售产品就可以。

2. 公司化阶段

公司化阶段应通过规范化管理来提高企业效益，这时需要创业者的思维从想法提升到思考的高度，而原先的"会搞关系"就转变成一个个渠道的建设，公司的销售是依靠渠道来完成的，团队也初步形成。

3. 发展阶段

发展阶段依靠的是硬实力（产业化的核心竞争力），整个商业机构形成了系统平台，依靠的是一个个团队通过系统平台来完成管理（"人治"变成了"公司治理"），销售变成营销，区域性渠道转变成一个个地区性的网络，从而形成了系统。此时，创业者就有了被动现金流系统，它是24小时为你工作的，这就是许多创业者梦想达到的理想状态。

4. 成熟扩张阶段

成熟扩张阶段是创业的更高境界，是一种无国界的经营，也就是平时所说的跨国公司。集团总部的系统平台和各子集团的运营系统形成的是一种体系，集团总部依靠的是一种可跨越行业边界的无边界核心竞争力（软实力），各子集团形成的是行业核心竞争力

（硬实力），这样将使集团的各行各业达到它们在单兵作战的情况下无法达到的业绩水平和发展速度。

（三）创业的基本特征

创业具有自觉性、创新性、风险性、利益性、曲折性等基本特征。

1. 自觉性

创业是创业者自觉做出的选择，是其能动性的反映。

2. 创新性

创新是创业的主旋律。创业过程是一个不断创新的过程，创新人才首先要有创新动机、创新意识和创新精神。只有不断地创新，企业才会有生命力。

3. 风险性

创业是有风险的，创业的过程充满成功和失败。一般来说，创业可能有5个方面的风险：一是政策风险，特别是临时性、突发性出台的政策法规，可能会对企业产生较大打击；二是决策风险，不同的决策方案有不同的机会成本，创业者对市场的把握和经验的缺乏都容易增大风险；三是市场风险，这是核心风险因素，比如更强大的竞争对手出现导致竞争加剧，市场形势变化；四是扩张风险，盲目扩张企业规模，会使企业的发展与企业能力、市场需求不合拍，这是极其危险的；五是人事风险，人事风险不仅表现为使企业组织不能正常运行，还表现为当员工不能为创业企业所用时，到竞争对手那里挖创业企业的"墙角"。

4. 利益性

创业以增加财富为目的，如果没有利益驱动，就不会有人承受创业面临的风险。创业过程中获利多少，往往是人们衡量创业者成功与否的主要标志。

5. 曲折性

创业者往往要受到重重挫折，经过许多年的艰苦奋斗，倾注大量心血，才能获得成功。创业者必须做好吃苦的思想准备，只有在困难面前不屈不挠，才能成为笑到最后的成功者。

二、创业与就业的差别

青年学生创业是指一些有理想、有胆识的青年学生，利用自己的知识、技术和才能，以自筹资金、技术入股、寻求合作等方式，为自己在社会上求生存、谋发展开辟一条新的途径，创立新的社会经济单元。他们不是现有岗位的竞争者、填充者，而是为自己、为社会上更多的人创造就业机会，并直接为社会创造价值且做出贡献的开拓者。

大中专学生创业，不但要求他们结合专业特长，根据市场前景和社会需求创造出有竞争力的新技术、新产品和服务，而且要求他们在直接面向市场、面向社会并为社会创造价值的同时，使自我价值得到充分体现。目前，虽然成功走上自主创业道路的大中专学生还不多，但它代表了一个方向，引领了一个新的就业潮流。

选择就业与选择创业，是大中专学生选择出路的两条完全不同的道路，主要有以下几个方面的差异。

（一）担当的角色的差异

创业者和就业者在企业中的地位、所肩负的责任和使命均有较大差异。创业者通常处于新创企业的高层，在企业实体的创建过程中，创业者始终是负责人，始终参与其中；而就业者通常处于中低层，到达高层需要一个过程，不需要对企业的成长负责，只做好本职工作就可以了。

（二）要求的技能的差异

创业者通常身兼多职，不仅要有战略眼光，还要有具体的经营技能，这主要是让创业者具备全面的知识和技能。就业者通常只需要具备一项专业技能就能开展自己的工作。

（三）收益与风险的差异

就业的主要投入是数年的教育成本，而创业除了教育成本，还包括前期准备中投入的人力、物力和资金成本。一旦失败，就业者并不会丧失教育成本，但创业者会损失在创业前期投入的一切成本；而一旦成功，就业者只能获得约定的工资、奖金及少量的利润，创业者则会获得大部分的经营利润，其数额在理论上没有上限。

（四）成功依赖因素的差异

就业者在很大程度上可以依靠企业实体，但创业者更多的还要考虑自身的经验、学识与财力，以及各种需求和各种资源占有等条件。

三、创业的社会意义和自身价值

（一）"济天下"——创业对社会的意义

只要简单回顾一下近二三十年间，创业者所创造的新行业，诸如个人电脑、生物技术、闭路电视、电脑软件、办公自动化、手机服务、电子商务、互动网络、虚拟技术等，我们不难想象出创业者是如何改变世界的发展进程和人们的生活、工作和学习方式的。

1. 创业可以增加社会财富，促进经济发展和社会繁荣

创业过程是增加社会财富的过程。企业在经营的过程中，为社会创造了财富，增加了

社会价值，并增加了国家的税收。企业的产品和服务拉动了国内市场需求，满足了人民的生活需要，丰富了市场，促进了社会经济的繁荣。创业还改变了传统的产业格局，催生出很多崭新的行业，加速了经济结构调整。在创业过程中，社会资源得到优化配置，市场体系不断得到完善，市场竞争活力得以保持。

2. 创业可以实现先进技术转化，促进生产力提高和科技创新

创新是创业的主要驱动力，创业是新理论、新技术、新知识、新制度的孵化器，也是新理论、新技术、新知识、新制度形成现实生产力的转化器。

2006年，深圳市大疆创新科技有限公司成立，2018年，该公司的客户已遍布全球100多个国家。它将"未来无所不能"作为企业的主要理念，以技术创新为目标，成为全球顶尖的无人机和影像系统自主研发制造商，其产品在全球市场中占有重要地位，在消费级无人机全球市场中更是连续3年占到70%以上的份额。

3. 创业可以提供就业岗位，缓解社会就业压力

我国人口众多，劳动人口就业问题一直是一个关乎民生的大问题，解决就业问题是我国的一项长期任务。目前，我国正处在改革开放之后的第四次人才流动阶段，在这次流动中，四股劳动大军纷纷涌向中国的劳动市场：一是大中专学校的毕业人数激增；二是农村劳动力向城镇转移的步伐还将进一步加快；三是随着我国加入世界贸易组织过渡期的结束，国企加大改革力度并改变经营机制，下岗工人的数量继续增多；四是海归人数的增加。受人口基数、人口年龄结构、人口迁移及社会发展进程等因素的影响，21世纪前20年我国面临了较大的就业压力。

中小型创业企业不仅解决了创业者本身的就业问题，还为需要工作的人们提供了大量的工作岗位，提高了就业率，降低了失业率，大大地缓解了社会就业压力，从而稳定了社会秩序。

4. 创业可以激发整个社会的创新意识和创业精神，有利于观念的转变

在美国，创业革命使"为自己工作"的观念深深扎根于美国文化中。在我国，近年来如火如荼的创业大潮使无数个人进入了经济和社会的主流，这对于形成创新、宽容、民主、公正、诚信等观念和文化具有积极作用。

 案例

海归博士的创业梦

韩冰毕业于美国特拉华州立大学，在读博时，他研究的课题是穿墙雷达，享受全额奖学金。毕业后韩冰没有选择留校继续从事研究工作，而是毅然决然选择回到中国的家乡。

2013年，韩冰拿出30万元的积蓄并抵押了房产，创办了辽宁信兴汽车零部件有限公司。韩冰团队的核心成员都是"85后"，最大的优势之一就是技术创新，这让企业在不到

3年的时间里就有了规模。他们开发的"高精度智能驾驶模拟器"在辽宁省创新创业大赛中取得了第一名，并代表辽宁省参加全国大赛。辽阳市政府、太子河区政府为韩冰的企业做了担保和扶持，辽宁省政府给予了企业450万元的投资。有了这场"及时雨"，韩冰带领团队在不到两年的时间里让销售额从1000万元提高到3000万元。韩冰还积极地牵线搭桥，为辽阳市成功引入了国际知名的施奈德博士汽车配件项目。

目前，韩冰的企业拥有200多名员工，资产和销售规模也已过亿元。他的妻子也带着儿女回到了辽阳市。从美国到中国，从学者到实业家，变化的是发展空间和个人身份，不变的是赤子之心和对梦想的执着。

分析：新创的中小型企业是中国经济新的增长点，他们提供了大量的产品和服务，对促进我国经济增长、城市化进程和现代化建设起到了重要作用。

（二）"善其身"——创业对创业者的意义

创业是一个伟大的历程，是一个精彩的大舞台。创业起步可高可低，创业的发展空间无限。通过创业能有效地实现人生价值，把握人生航向。

1. 创业可以主宰自己，充分发挥自己的才干

许多上班族之所以对上班感到厌倦，积极性不高，重要原因之一是给别人打工，个人的创意、想法往往得不到肯定，个人的才能无法充分发挥，愿望得不到实现，工作缺乏成就感，行事有诸多约束，往往感觉怀才不遇。而创业可以完全摆脱原有的种种羁绊，摆脱行为上受制于人的局面，充分施展自己的才华，发挥最大潜能，使自己的人生价值得到更好的体现。

2. 创业可以帮助个人积累财富，在一定程度上满足个人对物质的追求欲望

工薪阶层的收入有高有低，但都是有限的，没太多提升的空间。而摆脱这些烦恼的最佳途径就是开创一份完全属于自己的事业，它提供给创业者的利润是没有上限的，可任你想象。相关统计资料显示，在美国福布斯富人榜前400名富人中，有75%的人是第一代创业者。而在各类名目的中国富豪榜中，以创业起家的人也不在少数。

3. 创业能够使个人有机会和实力回馈社会，让人具有很高的成就感

创业者创建的企业一方面为社会提供了产品或服务，另一方面为个人、社会创造了财富。企业融入社会再生产的大循环之中，从多个环节中为国家和社会做出贡献。这种贡献使创业者从中收获巨大的成就感。

4. 创业使个人能够从事自己喜欢的事业并从中获得乐趣

创业者选择创业项目，通常会从个人感兴趣的领域着手，将其与自己的知识技能、专业特长等结合起来。而做自己喜欢的事本身就是一种享受。

5. 创业使个人从挑战和风险中得到别样的享受和刺激

创业充满挑战和风险，同时也充满克服种种挑战的无穷乐趣。在创业过程中，创业者可以感受到无穷的变化、挑战和机遇，这是一个令人兴奋的过程，创业者可以通过征服创业过程中的重重困难来获得一种激励和快感，丰富自己的人生体验。

总之，创业是实现人生理想和价值，使自身获得全面发展的有效途径。

（三）青年学生创业的特别意义

随着高等教育从精英教育向大众教育迈进，大中专毕业生的数量已远远超过空缺岗位的数量。有专家指出，近几年城镇每年需要就业的人数将保持在2400万人以上，而在现有经济结构下，每年大概只能提供1100万个就业岗位，年度就业岗位缺口在1300万个左右。因此，在以后很长的一段时期内，大中专学生将面临更为严峻的就业形势。由此可见，大中专毕业生创业有助于培养学生的创新精神，有助于缓解学生的就业压力，有助于学生谋求生存与自我价值的实现，有助于学生实现致富梦想，有助于促进中小型企业的快速发展，有助于培养学生艰苦奋斗的作风，具有十分重要的现实意义。

四、创业者及创业意识

（一）创业者及其特质

"创业者"一词由法国古典经济学家坎蒂隆于1755年首次引入经济学。1800年，法国经济学家萨伊首次给出了创业者的定义，他将创业者描述为将经济资源从生产率较低的区域转移到生产率较高区域的人，并认为创业者是经济活动过程中的代理人。经济学家熊彼特则认为创业者应为创新者、经济变革和发展的行动者。

创业者是善于发现市场需求，并敢于承担风险和责任，组织资源满足市场需求的人。创业者有狭义和广义之分，狭义的创业者是指参与创业活动的核心人员，广义的创业者是指参与创业活动的所有人。

从广义上说，创业者不仅是组建企业的人，也可能是发明者，还有可能是制定某种制度的人。他们开创了时代，建立了城市、宗教或者新的生活方式。为了创造新事物，他们必须脱离原有的模式，踏上寻找原始创意的旅途。这种萌芽般的原始创意具有强大的潜力，能够催生出全新的事物。任何想体验充满各种不确定性和模糊性的战场的人都可以成为创业者，任何想跨越诸多高峰的人都可以成为创业者。不管面对何种情境，有意愿继续前行的人都可以被称为"创业者"。

提到杰出的创业者，或许你会想到很多商业精英，觉得他们遥不可及，但事实上，他们只是具备一些优良特质而已，下面我们举例说明。

1. 执着

执着，是指对某一事物追求不舍的境界。一些事情在刚开始做时比较容易，但要真正把它做成，必须锲而不舍，不怕困难，坚持下去。董明珠作为全国人大代表在北京参加十一届全国人民代表大会第五次会议时，感觉雾霾很严重，她下定决心，格力作为暖通空调企业要勇于承担社会责任。于是开始向"零碳"梦努力，在刚研发产品的时候，大家都觉得很亏，电机总是烧坏，一个电机几十万元，一天烧坏 10 个是常事。但董明珠选择了坚持，格力就是要积极响应国家号召，贯彻落实"绿水青山就是金山银山"的理念。最终格力"光伏直驱变频离心机系统"研发成功，开启了中央空调"不用电"的时代。如今，格力光伏空调系统的应用覆盖了全球多个类型的典型气候区，服务于 25 个国家和地区，落地工程项目 6000 多个。

2. 洞察力

洞察力就是透过现象看本质的能力，想在商业社会谋求发展，必须有极强的发现新兴事物和事物发展方向的能力。乔布斯坚持将科学技术与人文情怀结合，对于产品有着近乎偏执的热情。当大多数创业公司的产品都在"满足需求"时，他能够发现消费者自己都不曾发现的需求。例如，任正非曾说："华为的接班人，除了要具有以前我们讲过的视野、品格、意志，还要具备对价值评价的高瞻远瞩和驾驭商业生态环境的能力。"视野的内涵就是洞察力，只有具备了宏大的视野、洞察力，才能有战略高度，从公司长远利益和商业全局的角度去看问题，才能具备驾驭商业生态环境的能力。

3. 从失败中吸取教训

从失败中学习，快速调整状态，才能转败为胜。史玉柱面对巨人集团资金链断裂、负债 2.5 亿元的危急状况，选择再次创业，并在调查市场需求后进行脑白金保健产品及征途等网络游戏的运营，顺利扭转败局。因此，创业者不应该是一个无法承担风险的人。

4. 追求成功

成功欲，是指一个人心中想要获得成功的强烈欲望。创业的愿景很美，但过程往往很艰辛。没有强烈的追求成功的愿望，就难以坚持。成功欲可以使我们忍受投资人和客户的拒绝，挺过连工资也发不出来的困难。大家都知道"玻璃大王"曹德旺很会赚钱，他白手起家，打造了一家千亿元市值的公司。1987 年，曹德旺成立了福耀玻璃集团。1994 年，曹德旺在美国买了一块地，并在美国成立了福耀美国 GGI 公司，从中国总部进货，再分发给美国经销商，但这种模式在美国行不通，3 年亏了 1000 多万元。后来他果断将销售方式改为直销，"异地零售"变为"异地批发"，公司立马起死回生，连续 3 年实现每年增长 30% 以上。2000 年，福耀汽车玻璃占美国市场 12.5% 的产品份额，让美国本土企业痛苦不堪。2009 年，曹德旺成为安永全球企业家奖的首位华人得主，他在颁奖现场高举中国国旗说："我是代表中国人来领这个奖的。"2014 年，福耀美国 GGI 公司收购当地工厂，将其命名为"福耀美国"，并将中国管理模式融入美国工人的生活中。2021 年 11 月，曹德旺针对制造业高端技术短板，为了服务国家解决"卡脖子"的问题，出资 100 亿元建设应用研究型高水平大学——福耀科技大学，并落地福建省福州市。2022 年，曹德旺的财富值达到 33 亿美元，福耀玻璃集团也成了中国第一、世界第二大汽车玻璃供应商。

5. 合作

通过很多案例我们可以看到创业者身上许多不同的特质，约翰·霍纳迪总结了创业者的 42 项特征，如表 4-1 所示。

表 4-1　创业者的 42 项特征

创业者的特征	创业者的特征
1. 自信	22. 有责任心
2. 有毅力、坚定	23. 有远见
3. 精力充沛、勤奋	24. 执行认真
4. 足智多谋	25. 团队、合作精神
5. 风险承担能力强	26. 利润导向
6. 有领导力	27. 从失败中快速学习
7. 乐观	28. 有权力感
8. 追求成功	29. 性格开朗
9. 知识丰富	30. 个人主义
10. 创新、创造力	31. 有勇气
11. 有影响力	32. 有想象力
12. 善于与人相处	33. 有洞察力
13. 积极主动	34. 能够容忍不确定性
14. 灵活	35. 有进取心
15. 聪明	36. 懂得享受
16. 目标明确	37. 追求效果
17. 勇于迎接挑战	38. 全力以赴
18. 独立	39. 信任下属
19. 开放的心态	40. 敏感
20. 追求效率	41. 诚实
21. 决策果断	42. 成熟、考虑周全

（二）创业意识

创业意识是指一个人根据社会和个体发展的需要所引发的创业动机、创业意向或创业愿望。它包括创业的需要、动机、兴趣、理想、信念、价值观和世界观等要素。

创业意识是人们从事创业活动的先导和出发点，是创业思维和创业行为的前提。同时，创业意识又是人们进行创业活动的能动性源泉，它构成了创业者强大的内在驱动力，决定了创业者对创业活动的态度和行为。

当代有志于自主创业的青年学生，应当自觉地增强创业意识，主动适应社会与时代发展的现实需要。

五、创业动机及其分析

创业活动是一种综合性很强的社会实践活动，它源于人的强烈的内在需要，这种内在需要有创业需要但并不一定有创业行为，只有当创业需要上升为创业动机时，才能形成创业者竭力追求并获得最佳效果和优异成绩的心理动力。创业动机就是推动创业者从事创业实践活动所必备的积极的心理状态和动力。一旦创业者拥有积极的心理状态和动力并付诸实践，就会坚持不懈、勇往直前。

（一）创业的动机

人们的动机源于个体不同的价值观，价值观是指人们在做选择和判断时最为看重的原则、标准和品质。由于每个人的价值观不同，其创业动机也有所不同。根据需求层次理论，可将创业动机分为以下几种。

1. 生存的需要

生存是人类的第一需要。若一个人失去就业机会，常常会为了养家糊口而不得不创业。下岗工人或因为某种原因不愿困守乡村的农民，以及刚走出校园找不到工作的大中专毕业生，都会有这类创业动机。

2. 利益的驱动

有一些人觉得为别人打工很难脱贫致富，很难早日摆脱还房贷和车贷的生活，他们向往创业成功者身上的财富光环。为了积累更多的财富，在未来有更好的生活，他们加入了创业的行列。

3. 压力的驱使

创业也是一份职业，只不过这份职业需要创业者具备较高的综合素质，这样才能顺利地开展工作。当前，我国大中专学生的就业形势相当严峻，主要表现为毕业生和社会就业岗位之间的供需不平衡。另外，经济压力也是大中专毕业生自主创业的一种动力。如今大中专毕业生的工资待遇偏低，在中小城市生活还比较安逸，在北京、上海、广州这样的大城市只能维持基本的衣食住行。既然按部就班地给别人打工不能改变窘困的生活现状，既然自主创业成功带来的高利润和高效益能够缓解压力、摆脱困境，就不妨做自己的老板。这类学生同时还抱着这样的心态：自己的事业，做起来会更有工作激情、更投入，从而更容易成功，就算失败，也不会感到遗憾。

4. 积累学识

有人曾说："从干荔枝的味道中，是没法推想鲜荔枝的风味的。"这句话道出了直接经验的重要性。书本知识都是前人的认知积累，亲自实践获得的知识比间接经验要深刻、通透得多。有些人为了增加自己的实践经验，丰富自己的社会阅历，或者为了自己以后的发展或实现自己的某个目标，在条件成熟的情况下，会利用课余时间或业余时间进行创业。他们的动机往往很单纯，不掺杂任何物质功利因素，创业者本身没有生活压力，就是为了让自己学以致用。

5. 实现理想

心理学研究表明，25~29岁这个年龄段是人的创造力最为活跃的时期，这个年龄段的青年正处于创造能力的觉醒时期，对创新充满了渴望和憧憬。他们思维活跃，创新意识强烈，同时所受的约束较少。另外，青年学生受所处环境的影响，他们往往更容易接触一些新的发明和学术上的新成果，或者他们中的一部分人本身拥有具有自主知识产权的科研成果。为了能早日实现自己的目标，他们中的一部分人开始了自己的创业之路。要找到自己最想做的事情，当然也是你能做的事情，这样你每天就能热情地去工作。创业的动机很重要，不能随大流，但必须有热情。其实成功是指一个人能实现自己有价值的理想，是指一个人对社会起了怎样的作用。创业成功的人毕竟是少数，但创业不能只看结果，创业过程本身就是一种财富。

无论是何种动机，只要能激发一个人创业的欲望并让其行动起来，这种动机本身就具备价值，起码创业者有创业的梦想和行动的勇气，可以为后继者提供鲜活的经验和教训，在自己功成名就的同时也可以为社会创造许多就业机会。

总之，创业动机是千差万别的，也许有一千种创业选择就有一千种创业动机，它是创业行为产生并前进的推动力。失败的创业者各有各的不同，但成功的创业者都有共同的特质：激情与理想。

（二）树立正确的创业动机

国家鼓励创业的政策越来越多，相关配套越来越多，创业氛围越来越浓厚，大众创业的潮流已经势不可挡，但在创业前也需要冷静思考一下自己适不适合创业，创业可以帮助自己实现什么样的人生目标。

1. 我不喜欢现在的工作，我想创业

虽然创业可以做自己喜欢的工作，但我们要意识到两点：一是你不一定能把喜欢的事情做好；二是创业需要做很多事情，这些事情中也有你不喜欢的。实际上，大部分创业者正在做的事情并不一定是自己喜欢的，而是不得不做的。

2. 我不想做单调重复的工作，我想创业

新入职的毕业生，一般都是从基础的工作做起，就是做一些日常事务性的工作，而他

们不甘于从基础工作做起，觉得自己是做大事的。可是就算你正在创业，事务性工作和基础性工作也需要有人做，而且需要做的事务性工作更多、更烦琐。比如你要和银行、工商、税务等机构打交道，要处理的工作不比当员工时处理的工作少。

3. 我不喜欢我的领导，我想创业

因为不喜欢自己的领导而想创业的人一般是因为搞不好人际关系，如果处理不好办公室里的人际关系，那创业要面对更多的人，该如何处理人际关系呢？如果你认为选择创业就可以自己当老板，可以对其他人颐指气使，那就错了。别人凭什么听你的呢？人际关系也是创业者要面对的一个大问题，只有先处理好身边的人际关系，以后真正创业了，才能做一个员工喜欢的老板。

4. 我想追求自由，我想创业

因追求自由而想创业的人，对自由的理解通常只限于他表面看到的，比如创业者可以自由安排时间，不用朝九晚五上下班、打卡。可是，真正的创业者的自由时间一定会比上班的人少，其精神、内心的自由会多一些。有些创业者每天的工作时间是十几个小时。如果你基于以上想法而想创业，就要认真考虑了，创业不是你想象的那样。经过理性思考，可以使那些一时头脑发热的创业者厘清思路并做出正确的选择。

有的人创业是为了生存，有的人创业是为了谋求发展，而有的人创业则是为了成就事业。创业行为相对于就业而言是一种风险更高的生活方式。创业者从"我想创业"到"我开始创业了"的动机千差万别。例如，《中国大学生就业创业发展报告（2015—2016）》指出，七成以上在校大学生创业是出于自我价值实现的需要。其中，37%的在校大学生创业主要为了"追求自由自在的工作和生活方式"，20%的在校大学生为了"实现个人理想"，纯粹为了赚钱而进行创业的在校大学生只占总体的16%。创业者不能把赚很多钱作为价值实现的标准，应该做一些对自己、对社会有意义的事情。当你做一件有价值的事时，自然能找到支持者，自然能赚到钱。

总之，就业是为了更好地实现创业，创业和就业并不是非此即彼，就业可以为未来创业积累资源和经验，而创业可以提升自己的就业能力。

 案例

宗庆后白手起家的创业史

1987年，一家校办工厂因为经营不善而亏本，宗庆后承包了这家校办工厂，开始实践他深藏在心中多年的创业梦想，那一年，他已经42岁了。

1988年，企业成功开发投产娃哈哈儿童营养液，成立杭州娃哈哈营养食品厂。儿童营养液强调真正的使用价值，解决了儿童厌食、偏食的问题。

1991年，为扩大生产规模，满足市场需要，仅有100余人的校办小厂娃哈哈以8000

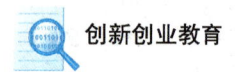

万元的代价有偿兼并了职工2000多人的国营老厂——杭州罐头食品厂。兼并后，原本亏损4000多万元的杭州罐头食品厂仅用3个月就实现了扭亏为盈。1991年，企业产值首次突破亿元大关，达到2.17亿元。

1996年，娃哈哈集团以部分固定资产作为投入与法国达能集团等外方合资成立5家公司，吸收投资4500万美元。娃哈哈占股49%，达能集团与百富勤集团合占51%。1997年亚洲金融危机之后，百富勤集团在境外将股权卖给达能集团，使其跃升到51%的绝对控股地位。达能集团立刻提出将"娃哈哈"商标权转给合资公司，遭到国家商标局拒绝。

1998年5月，娃哈哈推出碳酸饮料"非常可乐"，意在挑战可口可乐和百事可乐，凭借在渠道方面的优势，2006年非常可乐的销售量达到60万吨。

1999年，宗庆后继续西进北上，决定由职工集资持股成立的公司出面，建立一批与达能集团没有关系的公司。这些公司大多建在中国西部，到2006年，其总资产达56亿元，当年利润达10.4亿元。

2002年，娃哈哈利用自身品牌和实力优势，高起点进军童装业。

2003年5月，非典疫情结束后，宗庆后抢在竞争对手之前将大批饮料送到零售终端，使销售额实现了16%的年增长，公司营业收入突破100亿元大关，成为全球第五大饮料生产企业。

2004年，娃哈哈实施"全面创新"战略，不断推出营养快线、爽歪歪等新产品，使企业摆脱了同质化竞争。

2007年，在宗庆后的带领下娃哈哈的营业额超过250亿元。

2010年，娃哈哈推出旗下高端奶粉，产品由合作企业荷兰百年皇家乳企生产，原装进口，此举开创了让国外企业为中国贴牌生产的先河。这一年，宗庆后被《福布斯》杂志评为中国首富，财富总额为534亿元。

2011年，娃哈哈集团公司实现全年营业收入678.55亿元，同比增长23.65%。

2012年，67岁的宗庆后再次成为中国首富，财富总额为630亿元。

分析：宗庆后坚持发展主业，坚守实体经济，踏实做好饮料主业，小步快跑，提高技术水平，不断创新，把国外的技术和产品引进来，进行本土化改造，并打开国内市场，实现了娃哈哈的稳健发展。

创业人物访谈

一、活动目标

通过访谈，学生可以了解不同创业人物的创业过程，感受创业者的素质在创业过程中的重要性，树立职业生涯规划意识。

二、程序和规则

（1）以小组为单位进行创业人物访谈。

进行一次创业人物访谈,其内容包括访谈时间、地点,被访问者的姓名、年龄、性别,创业的动机、经历,如何发现商机,成功的关键因素,如何寻找合伙人,如何融资,在初期生存阶段所经受的压力和危机有哪些,获得的外部帮助有哪些,重点是创业者的经验、体会、教训等,并将访谈结果记录下来,可参考以下访谈提纲。

①你的创业点子、创业想法是如何产生的?
②你是如何确定创业项目的?
③在创业前期,需要进行哪些筹备工作?
④如何筹集创业资金?
⑤你是单独创业,还是组建了一个团队?团队是如何建立的?
⑥在创业的过程中,如何抓住机遇、充分利用资源?
⑦创业过程中遇到了什么样的困难和风险?作为创业者该如何应对不可控的因素?在遇到困难时,你是如何树立信心的?
⑧你对自己的创业前景有何展望?接下来有何打算?
⑨你认为创业者应该具备哪些素质?
⑩哪些素质是创业者需要自己有意识地锻炼和培养的?
⑪青年学生创业应该做好怎样的心理准备?

选择你想了解的1~2位创业者或1~2家企业,可以是你心目中的典范或仰慕的榜样,也可以是你所知甚少但非常想了解的人,撰写一篇专题访谈。

(2)步骤如下。
① 3~5人为一组,每组选出一位负责人。
②自行确定访谈对象,并联系访谈对象。
③拟定访谈提纲,内容包括创业人物的教育背景、成长环境、创业动机、创业历程、创业心得等。
④访谈结束后,每组撰写一份访谈报告,分析创业者的素质、创业成功的因素及从他们身上获得的启示。
⑤将报告内容制成PPT,在课堂上以小组为单位进行交流、汇报,每个小组的汇报时间为8分钟。

(建议时间:60分钟)

(1)创业的内涵是什么?创业过程包括哪几个阶段?
(2)创业与就业有什么差别?
(3)创业者具有哪些特质?怎样培养创业素质?

4.2　创业素质和创业精神

（1）了解创业精神的概念及其内涵。
（2）了解创业潜质包含的内容。
（3）掌握创业潜质提升的方法。

陶华碧创业故事：身价 36 亿元的"老干妈"

在中国，相信没有多少人不知道"老干妈"（公司全名为贵阳南明老干妈风味食品有限责任公司）。一则消息让"老干妈"成为焦点：老干妈集团获得政府奖励"贵AA8888"车牌，奖励原因是其创下了3年缴税18亿元、产值68亿元的成绩，并且直接或间接带动了800万名农民致富。

她不识字，不懂任何财务知识，但喜欢钻研，且记忆力惊人，做事执着，不畏艰难，绝不涉足自己不熟悉的行业，每次扩大企业规模都慎之又慎。2012年，她以36亿元身家登上胡润中国富豪榜。她，就是"老干妈"陶华碧。老干妈到底是怎么成功的呢？

陶华碧出生在贵州省湄潭县一个偏僻的山村，由于家里贫穷，她从小到大没读过一天书。陶华碧曾到南方打工，因吃不惯也吃不起外面的饭菜，就从家里带了很多辣椒，做成辣椒酱拌饭吃。经过不断调配，她做出一种很好吃的辣椒酱，就是现在"老干妈"仍在使用的配方。

在丈夫去世后，陶华碧为了维持生计，开始晚上做米豆腐（贵阳常见的一种廉价凉粉），白天用背篼把米豆腐背到龙洞堡的几所学校里卖。

陶华碧用自己做的豆豉麻辣酱拌凉粉，很多客人吃完凉粉后，还买一点麻辣酱带回去，甚至有人不吃凉粉，专门来买她的麻辣酱。后来，她的凉粉生意越来越差，可麻辣酱却是做多少都不够卖。

1994年，贵阳修建环城公路，昔日偏僻的龙洞堡成为贵阳南环线的主干道，途经此处的货车司机日渐增多，成了她的实惠饭店的主要客源。陶华碧开始向货车司机赠送自家制作的豆豉辣酱、香辣菜等，这些赠品大受欢迎。

货车司机的口头传播显然是最好的广告形式。对于慕名登门而来的人，陶华碧都是半卖半送，但渐渐地，来的人实在太多了，她感觉送不起了。1994年11月，实惠饭店更名为贵阳南明陶氏风味食品店，米豆腐和凉粉没有了，辣椒酱系列产品开始成为这家小店的主营商品。尽管调整了产品结构，但是小店的辣椒酱依旧供不应求。大家游说陶华碧放弃经营餐馆，办厂专门生产辣椒酱。

1996年8月，陶华碧办起了辣椒酱加工厂，牌子就叫老干妈。刚成立的辣椒酱加工厂是一个只有40名员工的简陋手工作坊，没有生产线，全部工艺都采用原始的手工操作。

作坊时代的老干妈产量少，光靠龙洞堡周边的凉粉店是无法增加产量的，必须开拓市场。陶华碧第一次感受到经营的压力，她用了一个"笨办法"——用提篮装辣椒酱，走街串巷向各单位的食堂和路边的商店推销。一开始，食品商店和单位食堂都不肯接受这名不见经传的辣椒酱，于是她跟对方协商，将辣椒酱摆在商店和食堂柜台，卖出去了再收钱，卖不出就退货，对方才肯试销。

一周后，商店和食堂纷纷打来电话，让她继续送货，辣椒酱竟然很快又脱销了。陶华碧开始扩大生产规模。

无论是收购农民的辣椒还是把辣椒酱卖给经销商，陶华碧永远都是现款现货，"我从不欠别人一分钱，别人也不能欠我一分钱。"从第一次买玻璃瓶的几十元，到现在日销售额千万元，她始终坚持这个原则。"老干妈"既没有库存，也没有应收账款和应付账款，只有高达十数亿元的现金流。

陶华碧的记忆力和心算能力惊人，财务报表之类的东西她完全不懂，老干妈也只有简单的账目，由财务人员念给她听，她听上一两遍就能记住，然后自己心算财务进出的总账，立刻就能知道数字是不是有问题。

1998年，在儿子李贵山的帮助下，陶华碧制定了"老干妈"的规章制度。所谓的规章制度其实非常简单，只有一些诸如"不能偷懒"之类的规定，更像是长辈的教诲而非员工必须执行的制度。就靠这样一套简单的制度，"老干妈"11年来的销售额始终保持稳定增长，公司内部从来没有出过问题。

陶华碧有自己的一套管理方法，可以称其为"干妈式管理"。例如，龙洞堡离贵阳市区比较远，附近也没有吃饭的地方，陶华碧决定所有员工的吃住一律由公司负责。从当初200人的小厂开始，"老干妈"就有宿舍，一直到现在2000人，员工的工资和福利待遇在贵阳市是处于高水平的。

在陶华碧的公司，没有人称她董事长，全都喊她"老干妈"。公司2000多名员工，她能叫出60%员工的人名，并记住了其中许多人的生日，每位员工结婚她都要亲自当证婚人。

除此之外，陶华碧还一直坚持她的一些"土原则"：隔三差五地跑到员工家串门；每位员工生日当天都能收到她送的礼物和一碗长寿面加两个荷包蛋；有的员工出差，她像送儿女一样亲手为他们煮上几个鸡蛋，一直送到他们出厂坐上车后才转身回去。

分析：陶华碧身上有哪些创业者的基本素质？

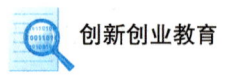 创新创业教育

一、提升创业素质

（一）创业者的必备素质

创业素质是指个体在创业过程中应具备过硬的身体素质、心理素质、知识素质和能力素质。我们可以借用弗洛伊德的冰山理论来描述，把大中专学生的全部才能看作一座浮在水面上的冰山，水平面之上的是他们拥有的可以通过各种职业证书或专业考试来证明的资质、知识、行为和技能等；而藏在水平面之下的却是一种隐性素质，包括职业道德、职业意识、职业态度和职业心理等。水平面之上的和水平面之下的总和构成了一名大中专学生所具备的全部职业技能，在创业过程中，这就是他们可以充分调动的创业素质。

创业应具备什么样的素质呢？有人认为需要健康的身体、远大的抱负、优秀的思想品质、良好的个性心理和扎实的专业基础。美国创业家格伦德认为，创业者应具备"九大素质"才能取得成功，选择一个爱好、制定你的目标、上岗带薪学习、和成功者做朋友、充分相信自己、努力创造财富、勇敢提问、不墨守成规、刻苦努力工作。大中专学生创业需要具备以下6个方面的素质：身体素质、心理素质、知识素质、道德素质、人格素质、能力素质。

1. 健康的身体素质

俗话说："身体是革命的本钱。"创业与经营企业都十分艰辛，创业者往往压力大，工作繁忙、复杂，没有健康的身体就难以承受创业的重压。创业者应该身体健康、体力充沛、精力旺盛、思维敏捷，这样才能在创业之路上走得更远。

创业者良好的身体条件是指身体健康、体力充沛、精力旺盛、思维敏捷。几乎所有的企业家都认为健康的身体是创业成功的重要前提。创业是艰苦而复杂的，在创业之初，受资金、环境等各方面条件的限制，许多事情需要创业者亲力亲为。创业者工作繁忙、压力大、工作时间长，若无充沛的体力、旺盛的精力、敏捷的思维，必然会力不从心，难以承受创业的压力。舒尔茨的人力资本投资理论认为，体现在物质产品上的资本被称为物力资本，体现在人身上特别是劳动者身上的资本是人力资本，如智力、知识、技能和健康状况等。身体的健康既是人健康的基本条件之一，也是创业者的必备条件。

2. 过硬的心理素质

心理素质是指创业者应该具备的心理条件，包括自我意识、性格、情感、气质等心理构成要素。作为创业者，其自我意识包括自信和自主；性格上应开朗、坚持、果断、刚强。成功的创业者应该能做到"不以物喜、不以己悲"。在漫长的创业过程中随时会出现意想不到的问题，在遇到挫折和困难时，创业者要有充分的心理准备，既要有艰苦奋斗的精神，又要有面对失败的勇气。

国内学者认为，创业者应该具备6个方面的良好心理素质，包括能独立思考、自主判断与选择，善于沟通、交流与合作，勇于担责、敢于冒险、积极行动，善于自我控制、敢于克服盲目冲动，百折不挠、坚持不懈、顽强拼搏，善于自我调适。

3. 丰富的知识素养

虽然有关调查结果显示，学历与创业成功率成反比，并非学历越高，取得创业的成功率就越大。但在知识经济时代，在商业竞争日益激烈的今天，创业已转向科技和知识创业，知识素养对创业有着举足轻重的作用。创业者要进行创造性思维，要做出正确决策，必须掌握广博的知识，具有"一专多能"的能力。

创业者的知识结构包括3个方面：一是与创业活动密切相关的专业性知识，创业者在某一领域创业，就应熟悉掌握这一领域的相关知识；二是常识性知识，包括政治常识、经济常识、社会常识、法律常识等，这些常识可以帮助创业者少犯错误，少走弯路，有利于提高科学决策水平；三是经验性知识，包括商业经验、社会经验、生活经验等，这是创业者的人生经历及在工作实践中积累的知识。

创业者应具备所从事行业或领域的相关专业知识和技能，除了依靠科技进步和创新来增强竞争力，还应学习经营管理、财务管理、市场营销等方面的知识，熟悉相关的法律法规。创业者不仅要有丰富的知识储备，还要具有较强的学习能力。

当然，强调知识素养的重要性，并不是要求创业者必须完全掌握了知识才能去创业，而是希望创业者有不断完善知识结构的自觉性和实际行动。

4. 良好的道德素质

商海变幻莫测，市场千变万化，机会和风险并存。创业者要有家国情怀，敢于承担责任。创业者要时刻谨记整体利益、国家利益和民族利益，加强自己对社会、民族、国家的责任意识和奉献精神，面对诱惑不忘初衷，不做任何有损国家或他人利益之事。良好的道德素质是创业者走得更长远的法宝。

当然，成功的创业者还少不了较强的社交能力和沟通能力，具有自信、自强、自主、自立的创业精神，对自己的事业充满信心。

5. 优秀的人格品质

1）强烈的创业追求

要想取得创业的成功，创业者必须有实现自我、追求成功的强烈欲望。现实中，"无欲"是不存在的，"欲"是一种生活目标，是一种人生理想。我们将创业者的这种欲望称为职业追求，他们追求个人内在的满足，追求得到社会的尊重，希望拥有财富。创业者的追求往往超过他们的现实，一旦目标明确，往往伴随着新动力和牺牲精神。

2）诚信和责任

诚信是人的立足之本和发展的源泉。创业者的诚信品质决定着企业的声誉和发展空间，不守诚信或许可以赢一时之利，但必然会失长久之利。创业者的诚信应体现在平等基础上和他人的合作与竞争上，体现在对企业和企业产品质量的保障上。除了诚信，创业者更重要的是承担社会责任。创业者要重视树立良好的企业形象，不贪图眼前的暂时利益，自觉地把个人的事业、企业的发展和社会的需要有机统一起来。

3）创新精神

创业的过程，其实质就是一个不断创新的过程。例如，运用创新方法生产老商品，开拓新的产品销路，改革生产模式，等等。金利来品牌创始人曾宪梓认为，做生意要靠创意而不是靠本钱。在竞争日益激烈的市场中，不追求创新的企业很难站稳脚跟，创新和改革永远是企业保持活力与竞争力的源泉。成功的创业者追求以创造性的思维解决问题，他们一般不会墨守成规或简单重复地完成人格测试式的任务，而是不断打破常规，寻求新的、更有效率的方法去完成任务。

6. 超强的能力素质

1）学习能力

创业者要努力成为一个全才，不仅要懂产品、懂技术、懂市场，还要知道怎么带团队。但是在创业之初，你可能只是某一方面比较强，而其他方面会比较弱（比如对营销的了解、怎么建立品牌、怎么发展客户、对公司财务的掌握等）。因此，创业者要不断地学习，不断地努力汲取养分。

2）领导与管理才能

创业要有一个领袖、一个灵魂人物。这个领袖自身应有明晰的使命、愿景、价值观，有很强的感召力，有高瞻远瞩的战略思维，有百折不挠的意志力和胸怀，有随机应变的灵活性和决策力，有统揽全局和明察秋毫的能力。同时，创业还需要有管理者来整合、利用各项生产要素，形成合力，发挥它们的最大效用。管理者必须有脚踏实地的执行能力，具备高超的管理艺术，必须对自己经营管理的事业了如指掌，对生产和消费趋势有预测能力，必须善于选择合作伙伴，有组织或领导他人、驾驭局势变化的能力。

3）交往协调能力

交往协调能力是指能够妥善地处理创办企业内部团队成员之间关系，企业与同业人员合作伙伴、竞争对手之间关系，企业与公众（政府部门、新闻媒体、客户等）之间关系的能力。创业不是单兵作战，它需要有人脉，有广泛的人际关系网及由此形成的强大支撑系统。因此，创业者要进行积极有效的沟通，团结各界力量，既要做到坚持原则，又要做到求同存异，共同协调发展。

4）机会捕捉能力

机会就是商机，成功总是属于那些善于捕捉机会的创业者。在创业过程中，机会往往稍纵即逝，只有嗅觉敏锐、决断果敢的创业者才能捕捉到机会。有些创业者经常抱怨："别人机遇好，我运气不好，没有机遇。"这其实是一种误解，很多时候我们缺的不是机会，而是发现并捕捉机会的能力。因此，创业者要多看、多听、多想，广泛获取信息，要有独特的思维,有独立见解,善于发现别人没发现的机会,并对机会做出快速反应。

5)创新能力

抓创新就是抓发展,谋创新就是谋未来。面对全球新一轮科技革命与产业变革的重大机遇与挑战,面对新时代的各种的趋势变化和特点,创业者唯有追求创新才能取得成功。因此,创业者需要有创新意识、创新思维和创新技巧,要敢于提出新思想、新理论、新方法并做发明的创造者。在这里,创业者不能单纯地为创新而创新,而应以解决问题为导向,在解决问题中发现创新的题材和内容、方法,只有这样才能体现创新的真正价值。

6)决策能力

决策能力是创业者根据主客观条件,正确地确定创业的发展方向、目标战略及具体选择实施方案的能力。在创业过程中,决策是一项重要工作内容,是创业顺利进行并取得成功的前提,诸如创业团队组建、机会选择、创业融资、商业模式及发展战略等重大决策,都与创业的成败直接相关。因此,创业者的决策能力很重要。创业者要有很强的分析能力和判断能力,要以调查为基础,以事实为根据,以创新思维进行科学决策。

7)执行能力

对成功的创业者来说,执行力非常重要,不管你有千条万条想法,光说不动是没有用的。想法必须要付诸实践,并且要被很好地贯彻执行。

以上仅是基本的素质要求。我国学者提出创业者素质由特质、知识素质和能力素质3个方面构成,其中特质是创业者创业成功的内驱动力,而知识素质和能力素质是创业成功的外延保障,形成"我国创业者的素质模型",如表4-2所示。

表4-2 创业者的素质模型

指分类	指标	具体描述	
特质	事业心	具有强烈自我实现的愿望、明确的生活目标和人生理想	
	风险意识	具有风险精神,敢于承担风险	
	情绪稳定	在面对压力与挫折情境下保持情绪稳定,保持注意力和效率的能力	
	自信	在面对面的情景下占据主动权的能力,并且机智与老练	
	诚信	忠诚正直,责任心强	
知识	技术知识	行业发展技术知识和现代科技知识。特别是对现代计算机网络技术知识的掌握	
	管理知识	企业战略、市场营销、人力资源管理、财务管理和生产运营等方面的知识	
	其他知识	交叉学科知识等	
能力	特殊能力	发现和识别市场需求的能力	识别市场机会,发现市场需求
		整合组织资源的能力	构建人际网络或社会网络,获取和组织各种所需资源的能力
		迅速反应决策能力	对商业机会的快速反应,及时做出准确决策的能力
		业务扩展能力	发展业务、拓展经营、吸引投资的能力

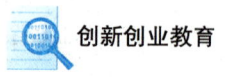

续表

指分类	指标		具体描述
能力	一般能力	团队合作能力	作为群体中的一个成员，与群体中的其他人一起协作完成任务，而不是单独地或采取竞争的方式从事工作
		学习能力	在工作过程中积极地获取与工作相关的信息和知识，并对获取的信息进行加工和理解，从而不断地更新自己的知识结构、提高自己的工作技能
		战略规划能力	对整个行业市场发展的宏观把握，为企业发展做出明确的、具有前瞻性规划的能力
		人际沟通能力	了解他人的态度、兴趣、情绪、感觉、需求和观点，能够解释他人的非语言行为，了解他人行为的原因，知道如何激励他人等能力
		观察判断能力	个人对于问题的分析、归纳、推理和判断等一系列认知能力
		影响能力	在与他人的交往中，影响和改变他人心理和行为的能力

（二）提升创业素质的渠道和方法

少数创业精英具有创业天赋，这是不争的事实，但不具有代表性，不能片面夸大具有先天特质的成功创业者。很多人可以通过后天的培养和艰苦实践积累雄厚的创业素养，成为成功的创业者。

1. 提升创业素质的渠道

1）强化创业意识，提升创业意愿

提升自身创业素质是创业者成功创业的基石，对此创业者必须拥有强烈的主观愿望，提高认识，端正态度，高度重视，形成内在的、自发的、潜意识的诉求，强化创业意识。

2）参加创新创业培训

积极参加校内外创新创业类培训，如"我能飞"、SYB、KAB等创业培训。通过系统学习创业步骤，提升自身创业基础能力。

3）参加创新创业大赛

组建团队，挖掘项目，积极参加各级各类创新创业大赛，以赛促学，以赛促创，在赛事实践中不断提升创新创业素养。

4）参加校园创业文化活动

积极参加校园创业文化活动，自觉创业启蒙，普及创业政策，遵守职业道德，增强创业法律意识，提升创业诚信品行，树立新时代创业观念。

5）入驻创业虚拟交流社区

通过注册创业者论坛、创业沙龙、企业家论坛等社区成为社员，同时关注创业公众号，加入创业群，从中获取创业信息，寻找合作伙伴，广泛交流，资源共享，增强自信。

6）创建小微企业实战练兵

物色一个好点子，锁定一个小成本或无成本项目创业，比如微信创业（即微创业）。做微商成本低、风险小，特别适合青年学生创业。青年学生不妨从做代理业务起步，从中积累实战经验。

7）挖掘好项目入驻创业园

积极参加校内外大中专学生创业园的各类创业活动，开阔视野，丰富知识，然后伺机付诸行动，努力挖掘一个小而精的项目入驻创业园，从创业实践活动中汲取创业素养。

8）参加导师创业课题研究

积极参加创业导师关于创业课题的研究活动，能够提升大中专学生创业的综合素养，因为创业课题研究是一项理论联系实际的活动过程，既能提升参与者的创业理论素养，又能提高其创业实践能力。

2. 提升创业者素质的方法

1）选修各类创业课程

在校学生无论何时创业，都应该选修各类创业课程，比如创业方法类、创业管理类、创业实战类等课程，丰富自己的知识结构，提升创业综合素养。

2）阅读课外创业书籍

通过实体图书馆、电子图书馆，以及网络教学系统，创业者广泛阅读创业书籍，如企业家传记、创业案例分析等，学习间接经验，降低创业成本，提升学习能力。

3）关注媒体创业信息

创业者应该通过各种媒体广泛涉猎创业信息，比如借助报刊与杂志、电台与电视台、互联网媒体与移动新媒体获取创业资讯，并去伪存真，加工处理管理信息，提升决策力。

4）聆听专家报告讲座

创业者应积极参加商界名流和专家学者的创业专题讲座、创业报告会、创业项目研讨会、创业咨询会等，这种交流活动能够开阔创业者的视野，激发创业者的创业热情，坚定创业者的创业信念。

5）加入创业协会组织

创业者应该加入创业协会，比如创业者协会、校友创业协会、青年创业联合会等，进而成为会员。创业协会既是创业者抱团取暖的行业协会，又是创业者心灵慰藉的家园，创业者可以从中构建人脉，互助互利，互通有无，提高优化整合创业资源的能力。

6）认知创业相关机构

创业者需要学会与风险投资机构、创业资质评定机构、创业培训机构、创业资源开发机构，以及工商部门、税务部门、监管部门等打交道，学会与其相处，提高交际力、融资力、抗风险力，提升创业情商。

二、涵养创业精神

（一）创业精神

1. 创业精神的概念

创业精神是由哲学层面的创业思想和创业观念、心理学层面的创业个性和创业意志、行为学层面的创业作风和创业品质构成的整体。它是由多种精神特质（如创新精神、拼搏精神、进取精神、合作精神等）的综合作用形成的。一般来说，创业精神的特征主要表现为自信执着、主动坚强、包容柔韧、激情创新、稳健应变5个方面。

我们应当加深理解创业精神的内涵，掌握自己学习并具有创业精神的途径，明确创业精神的本质就渗透在我们日常生活的点点滴滴中，进而从现在做起，从小事做起，这样就能逐步把自己培养成为一个拥有创新意识和创业精神的人。

2. 创业精神的含义

创业分为广义创业和狭义创业，同样，创业精神也可以从广义和狭义两方面加以理解。广义的创业精神是指创业者在创立基业、开创新事业的过程中具有的心理过程和心理特征。在这里，创业精神代表了一种以创新为基础的做事与思考方式，具体包括创新创业意识、创新精神、合作（或团队）意识、进取意识、风险意识、创业动机等。

狭义的创业精神是指企业家精神，不同的专家学者对狭义的创业精神做了不同的阐述。熊彼特认为，企业家精神是一种经济首创精神，即创新精神；企业家精神就是做别人没做过的事，或是以别人没用过的方式做事。

创业精神的内涵可以从以下3个方面理解。

第一，创业精神表现为一种心理过程或心理特征。在创业实践中，创业者的心理过程往往表现出创新、冒险、领先行动等心理特征或行为特征。

第二，创业精神的形成是一个动态的由量变到质变的过程，是一个由不明确、不稳定到明确、稳定的内化过程。创业者在创业文化环境的影响下，不断积累创业相关的知识和经验，认知和意志不断变化，实现创业精神从量的积累到质的变化，将不明确、不稳定的创业精神内化为明确的、稳定的创业精神。

第三，创业精神的形成可能与创业者的天赋有关，但主要是与创业者的后天知识和经验相关。创业者先天具有的诸如对创业机会的洞察力和敏感性等天赋，对创业精神的形成有着一定影响，但是创业精神主要是通过后天的教育和实践，随着创业者认知水平的提高及其在实践活动中相关经验的积累，不断内化而形成的。

（二）创业精神的特征

某期《企业家》杂志扉页有一段话："我是不会选择去做一个普通人的。如果我能够做到，我有权成为一位不寻常的人。我寻找机会，但我不寻求安稳。我不希望在国家的照顾下成为一名有保障的公民，那将被人瞧不起，而我会感到痛苦万分。我要做有意义的冒险。我要梦想，我要创造，我要失败，我也要成功。"这段话说明了创业精神内涵。所以，创业精神具有创新性、冒险性、领先行动、长期性、合作性、社会责任等特征。

1. 创新性

创新性是指创业者以强烈的创新愿望、动机和意图，在创业过程中具有强烈的事业心和成就欲，具有战略眼光，开拓进取，力图创造出新的、不同的价值或把现有的资源组合成新的更具生产力的形态。创新性是创新精神的内在本质。熊彼特提出了创造性破坏理论，也是率先提出业务创新对公司具有重要性的人物之一。无论是引进新的产品、新的生产方法、开拓新的市场、追求新资源，还是开发和执行新主意、新行为、创造新组织、创造新财富，都是创新的体现。创业者把"变"看成一种准则，把变化作为一个可供开发的机会，寻求变化并对其做出反应。

2. 冒险性

冒险性之所以被包括在创业精神中，源于创业型企业家与工人的比较。卡米伦曾提出，区别企业家与工人的主要因素是冒险性。从主体角度来看，创业者的冒险是向创新结果的不确定性挑战，并在挑战中得到高峰体验的心理特质；从客观过程来看，创业者的冒险活动是以尽可能多的信息为基础，进行谨慎周密判断，独具慧眼，发现别人还没有发现的获利机会，或抓住别人虽已发现但不敢决断的获利机会；从概率上讲，创业者的冒险，是与创新活动相伴而生的无法克服的偶然性。任何一项创新活动，不可能自始至终保持一帆风顺。从某种程度来说，不敢冒险，就不会有创新；怕犯错误，只能因循守旧、墨守成规。失败是成功之母，只有从失败中爬起来，才有可能取得成功。但必须指出的是，创业者的冒险与那种盲目的、无方向和无目的的胆大妄为有着根本区别。

3. 领先行动

创业型企业家的领先行动，即发现、运用新机会和刚出现的市场机会，对公司的成长起着很大作用，是公司保持竞争优势以获取稳定高收益的最好战略。毫无疑问，获得利润、实现利润最大化是创业者的直接目的，但创业者不能只把利润的多少作为检验自己成功与否的外在标准，其根本目的是通过营利多少来衡量自己为社会贡献多少及作为人的价值的大小，去体验生命的意义。

4. 长期性

长期性是创业精神的基本元素，它使个体具有主动性，不仅仅等待问题的发生，更多地考虑将来或长期的工作效率。创业精神既不是上司要求的，也不是岗位职责规定的，是创业者主动的、自发的心理特征和行为过程，具有明显的坚定性，一旦形成，便会长期存在。

5. 合作性

一个人单枪匹马，可以成就一番事业，但是团结任何有利于成功的力量，成功的概率会很大。在创业精神中，个人英雄主义并不能占主导地位，反而团队意识、合作精神是其价值核心，个人在创业活动中经常会通过团队的资源去实现价值创造。将不同的人组合在一起，开发各自的优势资源，从而达到利益最大化的合作过程，是创业精神的一个重要体现。

6. 社会责任

伟大的创业者不是完全为了实现个人的财富梦想，而是为了帮助普通人实现梦想，创业精神包括创业者必须承担的社会责任及甘于奉献的精神。一个人创业，应该把实现社会价值和赚取阳光财富结合起来，成功的创业者应该是一个有社会责任感的人。随着"90后""00后"的涌现，年轻一代在创业中最重要的变化之一就是他们对精神层面的追求更为纯粹，社会责任成为他们在构建新的商业模式时主动考虑的重要组成部分。

（三）青年学生创业精神的培养

创业不一定是自己办一家企业或公司。创业是一种人生，是一种态度，是一种经历，是一种精神。只要你有了这种精神，在任何环境下通过众多可能的形式或方式，你总能在社会上闯出一片展现你独特个性、人格、能力和魅力的新天地。

1. 青年学生应具备的创业精神

1）创新创业意识与创业激情

创新创业意识是青年学生创业的一个重要素质，在瞬息万变的环境中推陈出新是培养青年学生创业精神的重要环节。创业的激情不是一时冲动，而是持久的追求与坚持不懈的努力，是支持青年学生创业的内在驱动力。创业是一个长期努力奋斗的过程。立竿见影、迅速见效的事情是极少的。创业需要百折不挠、坚持不懈的意志。青年学生在确定方向和目标后，要朝着既定的目标一步步迈进，纵有千难万险、迂回曲折，也不要轻易改变或半途而废。培养创新创业意识，保持创业激情，是青年学生创业成功的关键因素之一。

2）坚定的创业信念

坚定的创业信念表现为自信、自强、自主、自立的创业精神。自信是对自己充满信心。自信能赋予人主动积极的人生态度和进取精神，不依赖、不等待。要成为一名成功的创业者，就必须坚持自己的信念，拥有使命感和责任感。自强是在自信的基础上，不贪图眼前的利益，不依恋平淡的生活，敢于实践，不断增长自己各方面的能力与才干，勇于使自己成为生活与事业的强者。自主是具有独立的人格，具有独立思考能力，不受传统和世俗偏见的束缚，不受舆论和环境的影响，自己选择自己的道路，善于设计和规划自己的未来,并采取相应的行动。自主还需要有远见、敢为人先的胆略和实事求是的科学态度,能把握自己的航向,直至达到成功的彼岸。自立是凭借自己的头脑和双手,凭借自己的智慧和才能,凭借自己的努力和奋斗,造就壮丽的创业人生。

3)一定的创业知识素养

创业知识是青年学生创业的基本要素。创业需要专业技术知识、经营管理知识、综合性知识。创业实践证明,良好的知识结构对创业成功具有决定性作用,创业者不仅要具备必要的专业知识,还要掌握综合性知识和管理科学知识。

4)鲜明的创业个性

大多数创业成功者,一般都有鲜明、独特的个性品质。创业者的个性品质是青年学生创业的原动力和精神内核。创业是开创性的事业,尤其在困难和不利的情况下,个性品质的魅力在关键时刻往往具有决定性作用。在创业人格品质中,使命责任、创新冒险、创业意志、正直诚信等意识品质与创业成败息息相关。

(1)使命责任。创业活动是社会性活动,是各种利益相关者协同运作的系统。青年学生培养自己的使命感和责任感,只有上为国家做贡献,下为自己谋出路,才能创业成功,才能全面推进社会进步。

(2)创新冒险。创新意味着打破常规,冒险意味着能够承担各种不确定性,能够承受潜在的风险和失败。创新和冒险是创业精神的核心要素,也是创业的内在要求。对于青年学生而言,创新冒险是他们内在动力的源泉,只有勇于创新,敢于承担一定的风险,才能做别人没有做过的事情,才能在挫折中前行。

(3)创业意志。创业是对人的意志力的挑战。创业意志是指创业者能百折不挠地把创业行动坚持到底,以达到目的的心理品质。创业意志包括3个方面:一是创业目的明确;二是决断果敢;三是具有恒心和毅力。在面对险境、身处逆境时,创业者要有永不言败的创业精神,坚持信念,承受压力,坚持到底,这样才能取得成功。

(4)正直诚信。讲信誉,守诺言,言行一致,身体力行,胸襟广阔,厚人薄己,敢于承担责任,勇于自我否定,尊重人才,以人为本,倡导团队合作和学习,帮助团队成员获得成就感,坚持顾客价值、公司价值和社会价值的创造等品质无不体现了当代青年学生的精神风貌、人格魅力和综合素质。

5)积极的创业心态

积极的创业心态,使创业者发现潜能、激发潜能、拓展潜能并实现潜能,进而获得事业上的成就。积极的创业心态应包括3点:一是拥有巨大的创业热情;二是清除内心障碍;三是努力克服困难、创造条件,将不可能变为可能。苏轼曾说:"古之成大事者,不唯有超世之才,亦必有坚忍不拔之志。"在创业过程中,机会与风险共存。只要创业,就必然有风险,事业的范围和规模越大,伴随的风险就越大。如果创业者没有承担风险的意愿和能力,在创业时就会缩手缩脚,裹足不前,创业就会成为空谈。愿意并且能够承担风险,具有非常强的心理调控能力,能够持续保持积极、处变不惊、沉稳的心态,是创业者必须具有的一种积极的心理状态。

6）经营管理能力

创办一家企业，不仅需要处理大量的事务性问题，还要为企业建章立制、整合团队乃至企业的资源、协调内外部环境，因此，青年学生需要具备一定的经营管理能力和领导决策能力，以保证及时处理遇到的一切问题。

2. 青年学生创业精神的培养

教育是使人的身心得到发展的主要途径，人们总是在教育中成长，在成长中受教育。创业者的创业精神和能力是可以通过系统或非系统的创业教育活动加以培育的。

创业精神的形成可能与个体的天赋有关，但主要与后天的学习或经验相关。创业精神的培养过程是一项非常系统或复杂的工作。就青年学生创业精神的培养途径而言，可以是家庭教育、学校教育、社会教育，但创业精神的培养主要是3个系统共同作用的结果。

创业教育的目标，对于个体而言，是培养创业者的创业精神或者培养创业者"以创业精神为核心"的创业综合素质，最终形成和提高创业能力。通过创业教育的反复实施或者个体的学习和实践，人们领会并掌握相关的知识、技能和经验；随着个体知识、经验的不断累积，由量变到质变，内化为个体的创业精神；具备创业精神的主体和创业环境互动，使创业动机转变为一种创业行为。创业行为的结果反过来又强化其动机，促使创业者不断去掌握、领会相关知识技能和经验，推进创业教育的开展，对创业精神的培养发挥积极的作用。

史玉柱的第一桶金

1989年，史玉柱认为自己开发的M-6401桌面文字处理系统作为产品已经很成熟了，便用手中仅有的4000元承包了天津大学深圳电脑部。该部虽名为电脑部，却没有一台计算机，仅有一张营业执照。当时，在深圳一台计算机比较便宜也要8500元。为了向客户演示、宣传产品，史玉柱决定赌一把，以加价1000元的代价获得推迟付款半个月的"优惠"，赊得一台计算机。以此方式，如果史玉柱在半月之内没有收入，就不能付清买计算机的剩余款项，不但赊购的计算机需要交回，1000元的电脑押金也将鸡飞蛋打。为了尽快打开软件销路，史玉柱想到了做广告。他再下赌注，以软件版权做抵押，在《计算机世界》报上先做广告后付款，推广预算共计17550元。1989年8月2日，史玉柱在《计算机世界》报上打出半个版的广告——"M-6401，历史性的突破"。广告刊出后，史玉柱天天跑邮局看汇款单。直到第13天上午，史玉柱终于收到汇款单，不是一笔，而是同时来了数笔。史玉柱长出一口气。此后，汇款便如雪花一般飞来，至当年9月中旬，M-6401桌面文字处理系统的销售额已突破10万元。史玉柱付清全部欠账，将余下的钱重新投向广告宣传，4个月后，M-6401桌面文字处理系统的销售额突破100万元。这是他获得的第一桶金。

分析：史玉柱的第一桶金来得恰逢其时，又显得步步惊心，上演了软件领域的破釜沉舟大戏。创业是极具挑战性的事情，创业是与风险并存的，创业成功与否有很大的不确定性，而对于这种风险，创业者必须做好充分的心理准备。创业者在关键时刻只有敢拼才会赢。创业自信是基于优质的产品，在营销环节充分发挥媒体广告的优势，其后便达成持续增长的销售额。

课后活动

"你具备创业素质吗"问卷调查

一、活动目标

通过问卷调查，了解个人是否具备创业素质及如何提高创业素质。

二、程序与规则

请回答下列问题，以便深入了解自己是否具备一名创业者应有的素质，选出你认为符合自身实际情况的选项。

（1）在一个聚会上，你的朋友告诉你那个衣着奢华的人最近投资了另一位朋友的企业。你会怎么做？

  A．快速走向他，向他介绍自己，告诉他你的商业构想的所有细节，同时询问他是否对你的构想感兴趣并准备投资。

  B．请你的朋友把你介绍给他，你向潜在的投资人递上你的名片，并且礼貌地询问对方能否在某个时间给他打电话并向他说出你的创业计划。

  C．你认为在聚会上打扰这个人可能不是一个好办法，毕竟，他是来这里聚会的，你可能还会在其他地方遇到他。

（2）你的老板让你负责寻找办公用品供应商的工作，并让你选择一家你认为最好的企业作为公司的供应商，你会有什么反应？

  A．你觉得自己终于有机会向老板展示能力了，此外，你还可以让少数供应商为自己的公司服务。

  B．你很兴奋，因为这是给老板留下好印象的机会，你还可以学会怎么比较供应商及如何与供应商谈判（这都是你做企业时需要做的）。

  C．你感到恐惧，这对你而言责任太重。如果因你的失误让公司受到损失，怎么办？你不希望自己表现得很差。

（3）当你得到一份兼职工作时，你已经开始在学校上全日制学习班了，这份兼职工作与你明年毕业后准备创立的企业正好属于一个行业。

　　A．选择工作。实际上，这会占用你额外的时间，但可以赚取一些外快，即使休息时间少又有什么关系呢？

　　B．你在与学习导师讨论如何更好地平衡学习和工作计划之后，选择工作。因为你相信自己即将获得的经验和关系对创业来说是无价的。

　　C．放弃工作。你不希望自己的成绩太差，工作和学习很难兼顾。

（4）你获得了一份市场营销公司调查员的工作，这份工作的薪水很高，但是它需要你与很多人谈话。

　　A．选择工作。这样你可以进行一些自己的市场调查，向被调查者询问一些有关创业计划的想法。

　　B．选择工作。你喜欢与人交往，而且这份工作是你了解消费者需求的一个很好的机会。

　　C．放弃工作。你只要一想到与陌生人接触，就会不自在。

（5）你即将获得的工作薪水很高，工作也很有趣，但是你需要投入更长的工作时间，有时周末也不能休息。你会有什么反应？

　　A．你近乎狂热地工作并让自己精疲力竭，因为慢节奏并不适合你。

　　B．你毫无怨言地投入你额外的时间，你这样做主要是因为你觉得获得的奖励值得自己这样做。

　　C．你辞职了。你是一个习惯朝九晚五工作的人，工作不是你生活的全部。

（6）你是一个出色的吉他弹奏者，你的朋友总是想付费请你上课。你有什么反应？

　　A．你花了一些钱在本地报纸上登了6周的广告，并且宣布你现在可以授课了，费用与本地教师的收费一样。

　　B．你开始给少数朋友上课并且看发展方向如何。你询问他们准备如何付费、希望学些什么。

　　C．你教了少数朋友一些课程，但是拒绝收费。

（7）你最好的朋友创建了一家网站设计公司，他需要你的帮助，因为公司在不断成长。他承诺让你成为公司的合作伙伴，尽管你对电脑一窍不通。你有什么反应？

　　A．你立即加入公司，你认为可以很快学会相应的知识。

　　B．你让朋友为你保留合作伙伴的位置，但是要求朋友先为你推荐一个可以让你提高自身技能且符合公司发展要求的课程。

　　C．你同意了。由于你对公司一无所知，所以你不知道如何开展工作。

三、总结

分值：A 项分值为 2，B 项分值为 1，C 项分值为 0。

分析：

12 分及以上：你是一位天生的风险承担者，可以承受巨大的压力。你的选择是一位成功创业者应具备的重要特征。你愿意努力工作，但是你有将警告当耳边风的倾向。通过使用成本/收益分析法仔细评价你的企业决策，以避免这种倾向。在做任何决策前都不要忘记考虑机会成本。

6~12 分：你在风险承担与仔细评价之间做了出色的平衡。创业者需要这两方面的素质，你没有受到急于赚钱的欲望的驱动。你知道成功的企业在获得回报之前需要艰苦工作。你应确保将自己的本能和品质用于最有可能的商业机会，使用成本/收益分析法评价你有意创建的不同企业。

6 分或 6 分以下：你对成为一名创业者过于谨慎，但是你在了解许多企业经营知识后，可能会有所改变。你关心财务安全，所以你可能不会投入更多的时间来启动你的事业，这并不意味着你不会成为一名成功的创造者。只要你确信决定创建的企业正是你梦想的企业，你就会受到激励并取得成功，使用成本/收益法评价你的商业机会，选择一个财务安全和有效激励两方面结合得比较好的企业。

复习思考

（1）创业精神的内涵是什么？

（2）创业潜质包括哪些内容？

（3）青年学生提升创业素质的方法有哪些？

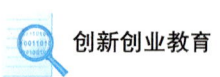

模块 5　创业环境分析

导读导学

创业环境分析是发现创业机会的基础，是进行创业可行性分析的前提。随时变化的环境能给创业者带来机遇，也能给创业者造成威胁。创业者必须清楚宏观的、微观的、行业的各种环境因素及其发展趋势，以及对具体行业、企业的影响是限制性的还是促进性的，只有这样，创业者才能抓住机遇，避免严重威胁，成功创业。

本模块主要阐述了创业环境的基本内涵与现状，创业环境的类型主要包括社会环境与自然环境、内部环境和外部环境、融资环境与投资环境、生产环境与消费环境等，同时，还介绍了宏观创业环境、微观创业环境及创业环境分析方法（PEST 分析法、SWOT 分析法）。

本模块开头以案例导入的形式展开，理论联系实际，同时，还安排了一些针对性的训练游戏和活动，学生可以通过游戏掌握创业环境的分析方法，如果能认真实践，并利用这些方法勤加练习，一定能成为具有创造力的人才。

思维导图

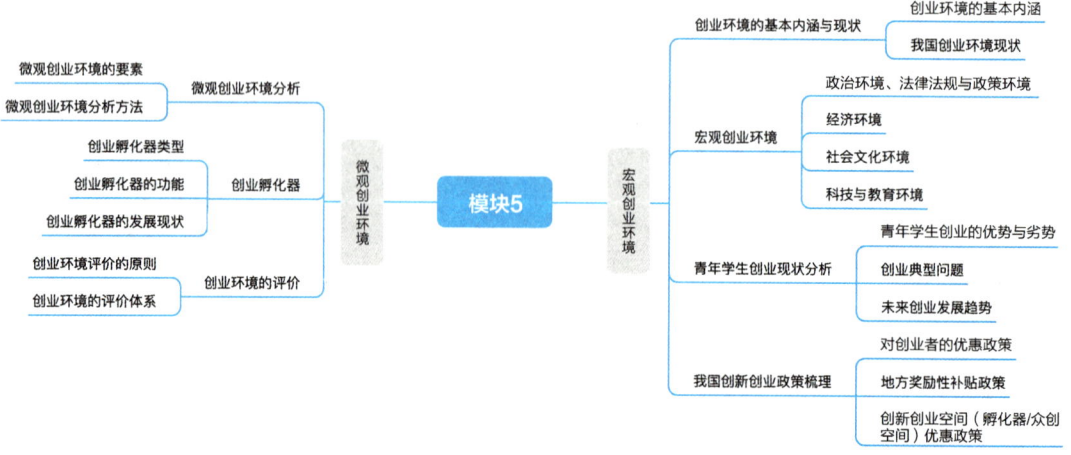

5.1 宏观创业环境

能力目标

（1）了解创业环境的基本内涵。
（2）了解当前创业环境的现状及以后的发展趋势。
（3）能利用 PEST 分析法分析宏观创业环境对创业的影响。

案例导读

科大讯飞

1999 年，刘庆峰联合 18 位同学和老师创立科大讯飞股份有限公司（以下简称科大讯飞）。公司成立之后，起初他们将市场营销委托给福建的一家公司，由于福建的这家公司不懂技术，经常更改需求，弄得团队做不出成果就要换方向，试错一年后刘庆峰任总经理并收回市场权限。2000 年，公司起初想做面向个人用户的语音产品，做了个安装在电脑上能听会说的软件，盗版猖獗加上产品不是刚需，导致失败。公司转向做企业客户的生意，为企业提供技术，当时全国电信公司在做 114 呼叫平台，能用到科大讯飞的语音技术，但当时科大讯飞的员工都还是学生，电信公司怕学生集体出国，产品没人维护，不敢用。有语音技术的科大讯飞找到了为电信公司提供产品和服务的华为，借助华为背书，获得了电信、银行、政府等多个客户，并且年底拿到安徽信托、美岭集团、合肥永信 3 家公司的 3000 万元投资，公司估值 5000 万元。2001 年，科大讯飞的客户量翻倍，拿到联想、Intel、复星集团的投资，公司估值 2.2 亿元。2005 年，科大讯飞荣获了中国信息产业自主创新的最高奖励——国家信息产业重点技术发明奖。2019 年又获世界制造业大会创新产品金奖。2020 年，科大讯飞入选"2020 福布斯中国最具创新力企业榜"。2021 年，科大讯飞通过 2021 年国家技术创新示范企业复核评价。2022 年，科大讯飞入选福布斯中国发布的 2022 中国创新力企业 50 强榜单。

分析：通过上述案例我们可以感受并了解到创业环境对企业的重要性。当今社会，市场风起云涌，特别是科技行业，市场经常对企业提出技术更新的要求。在创业初期，企业对市场环境的判断及在创业过程中的不断调整对企业来说至关重要。

目前，创业成为全球关注的大事，各国政府都给予普遍关注，学术界也不断进行研究。创业能否成功取决于我们能否清楚地认识到创业环境的变化。当今社会的创业环境与中国改革开放初期的创业环境相比已经发生了翻天覆地的变化，现在不再是仅依靠一个想法、一腔热情就能取得成功的时代了。如果不对环境进行分析，创业就难以获得成功，即使有些企业能在短期内侥幸生存，最终也会因为没有充分考虑环境因素，而创业失败。

一、创业环境的基本内涵与现状

（一）创业环境的基本内涵

创业环境是一般环境的特定层面和组成部分。现如今越来越多的人开始创业，无论是在校学生还是工薪阶层，抑或是职场精英，都时刻关注着创业环境，因此青年学生创业所面临的宏观环境和微观环境十分复杂。而创业环境，实际上就是创业活动的舞台。创业环境是创业者自身难以把握且不好控制的变化因素，它是一个复杂的、多层次的、多主体的立体结构系统，创业者可以利用从内部环境、外部环境中获取的信息进行战略思考与决策。创业成功的企业往往能按照环境大趋势不断地评估行业内发生的各种变化，以便根据自身状况及时对环境变化做出反应。

按照不同的分类方法，创业环境有以下几种类型。

1. 社会环境与自然环境

社会环境主要是指国情；而自然环境是指创业者面对的地理、资源、气候等自然状况。它们作为创业活动的宏观背景，对创业活动起着巨大的不可抗拒的影响。创业者只能利用它们，却无法改变它们。

2. 内部环境和外部环境

内部环境是指创业组织内部各种创业要素和资源的总和，它是创业者的家园，同时也是创业活动的根基；外部环境是指创业组织外部的各种创业条件的总和，它对创业组织的发展具有广泛的影响，是创业组织发展的保证，创业组织要适应这种环境。

3. 融资环境与投资环境

融资环境是创业者为了扩大创业实力而需要聚集资金的社会条件；投资环境特指创业者资金投向的项目、行业及地区的情况。

4. 生产环境与消费环境

生产环境是指创业者的资金在转化为产品的过程中所需要的各种要素；消费环境是指创业者的商品转化为货币的过程。

（二）我国创业环境现状

2015年，国务院出台了推进"大众创业、万众创新"的政策措施，例如发展电子商务、开展创业教育、支持返乡创业。以青年学生创业为例，我国加强了创业培训，在资金方面给予支持，同时出台了税费减免政策，进行落户政策支持，提供创业服务等。

完善创业扶持政策，鼓励以创业带就业，建立面向人人的创业服务平台。这是面对全球新一轮科学技术革命与产业变革、面对我国经济发展新常态下的趋势变化和长期存在的就业压力提出来的。对于创新创业，国家还将大力支持。要想更好地实现以创业带就业，从政府角度讲，需要进一步深化商事制度改革，降低创业门槛，打造众创空间，拓宽融资渠道，加大减税降费的力度。

案例

有效利用创业政策

邓河南，男，他是在广州长大的潮汕人，1992年11月出生，2015年7月毕业于广东韶关学院经济与管理学院，其座右铭是"十年河东，十年河西，十年河南"，于2016年创办了韶关市创世前沿文化传播有限公司。他的公司目前拥有2项知识产权、12项软件著作权，是国家高新技术企业的入库对象。

自2011年9月考上韶关学院后，邓河南充分利用国家和地方政府制定的创业优惠政策，一方面，自主申请小额创业担保贷款；另一方面，积极参加各级各类创业比赛，累计获创业扶持奖金40余万元。例如，2012年他所负责的校园餐桌广告项目获国家级创新创业实践项目立项，项目立项资金4万元，韶关联通再奖励他5000元；2015年，他公司旗下产品"创世帮"荣获中国首届"互联网+"创新创业大赛优胜奖；2015年，邓河南荣获广东省"我要去创业"三等奖；在他荣获中国第五届创新创业大赛优胜奖后，科技局补贴10万元；2015年，他申请韶关市创业免息贷款，额度10万元，一次性补贴5000元，租金补贴6000元。

再如，2016年，他荣获清远市大学生创业比赛一等奖，奖金1万元；2017年，他荣获首届全国青年"乐创"杯创业创富大赛二等奖，奖金1万元；2018年，他荣获韶关市"丹霞杯"返乡创业比赛三等奖，奖金2万元；2018年，他荣获中国第八届创新创业大赛优胜奖，科技局补贴2万元用于企业宣传片制作；2018年，他申请广东省中小企业服务券，获批2万元用于公司管理咨询；2018年，他的子公司申请韶关政府扶持创业免息贷款，获批10万元。另外，邓河南入选2017年全国大学生创业英雄百强。

分析：在当前严峻的就业形势下，青年学生创业受到国家和地方政府的鼓励。目前，国家出台多种优惠措施鼓励青年学生创业。邓河南有效利用国家和地方政府制定的创业优惠政策，一方面，他自主申请小额创业担保贷款，这是国家鼓励青年学生自主创业的主要政策之一；另一方面，他通过参加各级各类创业比赛获得丰厚的创业培训基金，这笔基金是其创业资金的主要来源。

二、宏观创业环境

一个国家或地区的市场开发程度、政府的国际地位和信誉、政府的工作效率、金融市场的有效性、劳动力市场的完善性、法律制度的健全性,形成了新的创业企业的外部宏观环境,对新的创业企业的生存和发展产生了重要影响。目前,一些地方政府解决这一问题通常采取专项资金扶持和贴息贷款的方法。通过这种方法可以在短期内扶持多数创业人员。政府积极为青年学生自主创业提供各方面的保障,主要采用经济行政及法律的手段。例如,简化不必要的程序,建立创业教育培训中心,免费为青年学生提供项目风险评估和指导。尽快落实国家相关政策,对青年学生创业减免税收,凡是青年学生创办的企业被认定为青年就业见习基地,都可享受市级有关补贴等。一般来说,创业的宏观环境包括政治环境、法律法规、政策环境、经济环境、社会文化环境、科技与教育环境。宏观环境的分析方法被称为 PEST 分析法,P 是政治(Politics),E 是经济(Economic),S 是社会(Society),T 是技术(Technology)。在分析一家企业所处的背景时,通常是通过这 4 个因素来分析企业集团面临的状况。

(一)政治环境、法律法规与政策环境

政治环境是指对组织经营活动具有实际或潜在影响的政治力量和有关的法律法规等。当政府对组织所经营业务的态度发生变化时,当政府发布了对企业经营具有约束力的法律法规时,企业的经营战略必须随之做出调整。法律环境主要包括政府制定的对企业经营具有约束力的法律法规,例如,《中华人民共和国反不正当竞争法》《中华人民共和国环境保护法》《中华人民共和国对外贸易法》等,实际上政治环境、法律环境和经济环境密不可分。处于竞争中的企业必须仔细研究政府在商业方面的政策和思路,例如研究国家的税法、反垄断法及取消某些管制的趋势,同时了解与企业相关的一些国际贸易规则、知识产权法规、劳动保护和社会保障等,这些相关的法律法规和政策能够影响各个行业的运作。

党和国家制定的相关法律与政策,可分为大政策环境、小政策环境,大政策环境是针对所有创业者而言的,小政策环境则是针对某一特定人群,如大中专学生创业者。大政策包括民营企业的地位转变,大力扶持高新技术企业,大中专学校的技术转让收入免征营业税,大中专学校服务于各行业的技术成果转让、技术培训、技术咨询、技术服务、技术承包所取得的科技性服务收入暂免征收企业所得税,税收优惠政策向西部倾斜,颁布《中华人民共和国中小企业促进法》等。小政策包括国家和各级政府为鼓励支持大中专学生自主创业,相继出台的一系列有利于大中专学生自主创业的政策,包括教育部、财政部、发改委、人力资源和社会保障部、国家市场监督管理总局、团中央等针对青年学生自主创业出台的相关政策和措施。

（二）经济环境

经济环境是国家或地区的整体经济状况，包括一个国家的经济制度、经济结构、经济体制、宏观经济政策、产业布局、资源状况、经济发展水平、物价水平、劳动力情况及未来的经济走势等。构成经济环境的关键要素包括 GDP 的变化发展趋势、利率水平、通货膨胀程度与趋势、失业率、居民可支配收入水平、汇率水平、能源供给成本、市场机制的完善程度、市场需求状况等。由于企业是处于宏观大环境中的微观个体，经济环境决定并影响其自身战略的制定，经济全球化使国家之间在经济上相互依赖，企业在各种战略的决策过程中需要关注、搜索、监测、预测和评估本国以外其他国家的经济状况。

例如，为了科学协调发展我国经济，当前我国的经济结构正处于调整时期。大力扶持高新技术企业已被列为我国政府新时期的主要任务之一，国家已经相继出台了多项政策扶持措施。国务院还批准设立了用于支持科技型中小企业技术创新项目的政府专项基金。这类技术创新项目是青年学生创业具有优势的项目。

 案例

好产品总会遇到伯乐

深圳新生科技发展有限公司（以下简称深圳新生）是集科研、开发、生产于一体的科技型股份制民营企业。在产品研发方面与深圳交通大学紧密合作，在充分研究国内外节电产品的基础上博采众长，开发出具有国际国内先进水平的九大系列节电产品，基本可涵盖所有用电领域，可针对各种复杂用电单位提供整体节电改造方案。该公司的节电产品在市场上很有销路，但由于缺乏资金，一直无法实施企业扩张计划。但深圳新生认为深圳的金融支持环境相对于其他城市是比较好的，他们坚信只要产品销路好、市场前景好，就会有风险投资为深圳新生注入活力。命运向来偏爱有远大目光的人，2019 年年底，国内一家科研投资机构看好深圳新生的发展前景，并注资 600 万元，双方以股权融资方式进行合作。虽然与海外风险投资商的注资相比，这次注资数额不是很大，但对深圳新生来说，却是雪中送炭。

分析：获得金融支持是实现创业成功的重要环节之一。很多时候，资金是创业的瓶颈，促进创业的金融支持政策仍然是改善创业政策的重点。因此专家建议政府部门应发展面向创业企业的权益融资机构，发展面向创业企业的债务融资机构和工具；开发促进创业的政府项目，需要从重视高新技术创业向兼顾高新技术产业和一般产业中的创业活动转变。对创业者而言，考察一个地区的金融支持环境就是看教授的知识在这个地区的实施情况。比如，北京市中小企业金融支持工程已经启动，北京市国有资产经营有限责任公司和北京银行、中国建设银行北京分行、中国光大银行、中国民生银行、北京中关村科技融资担保有限公司、北京首创融资担保有限公司、中投信用担保有限公司、北京市信用管理公

司等9家机构正式签订了北京市中小企业金融支持工程协议；参加金融支持工程的有关银行、担保机构还与首批已入围的优质中小企业签订了担保协议和贷款协议，帮助中小企业获得了急需的信贷资金。

此外，在商务环境考察方面，要考察一座城市的税费水平、用地价格、工资水平、生产服务成本（如员工生活消费水平、房租、水电煤气费用、交通通信费用等）等4个方面。

税费包括税收和行政性收费。我们以所得税为重点分析深圳、上海、北京3座城市的税收优惠力度。深圳的税率为15%，且生产型企业是2免3减半（意思是前两年全部免征后，连续3年减半征收），服务型企业是1免2减半；上海的税率为24%（浦东的税率为15%），2免5减半；北京则要在经营期10年以上，按24%征收，2免3减半，高新技术企业的税率为15%，3免3减半。如果出口产值比重超过70%，深圳的税率降到10%，上海和北京都是减半征收。地方政府由于参与所得税分成，所以占到40%的比例，在自己的权限范围内，还可以进一步增加优惠力度。对于地方所得税部分，深圳是全部免征；上海为3%，获利后两年免征，出口产值比重超过70%全免，高新技术产业5减3免；北京则对高新技术产业和跨国公司全部免征，对生产型企业经营期达到10年的，5免5减半。

（三）社会文化环境

社会文化环境主要是指一个国家或地区的民族特征、人口状况、社会阶层、价值观念、生活方式、风俗习惯、宗教信仰、伦理道德、文化传统等的总和。构成社会环境的要素包括人口规模、年龄结构、种族结构、收入分布、消费结构和水平、人口流动性等。社会文化环境不仅影响社会对企业产品或劳务的需要，还能改变企业的战略选择。

青年学生在创业时，要对自己的产品的消费对象有一个清晰定位，应当密切注意人群特征及发展动向，不失时机地了解和利用人口状况带来的市场机会。例如，北京调研报告表明，70%的大学生愿意创业，但真正走上创业之路的大学生不足3%，其中的原因耐人寻味，家长的约束占了很大比例。一些家庭根深蒂固的保守求稳的思想影响着大中专学生创业，随着我国民众思想的不断解放，创业的社会文化环境也不断得到改善。

（四）科技与教育环境

科技与教育环境是指一个国家或地区的科技发展水平、国民受教育程度、人力资源的开发程度及教育方式等。

例如，科技环境不仅包括引起革命性变化的发明，还包括与企业生产有关的新技术、新工艺、新材料的出现及发展趋势和应用前景。在过去半个世纪里，比较迅速的变化就发生在技术领域，如微软、惠普、通用电气等高技术公司的崛起改变着世界和人类的生活方式。同样，技术领先的医院、大学等非营利性组织也比没有采用先进技术的同类组织具有更强的竞争力。

再如，我国职业教育学校中广告设计专业的大部分学生，会选择自主创业，因为他们的学习模式是边学边做，理论课课时只占其教学计划的20%，而实践课课时占到了80%，学生走出校门已是一个有创意的职业人。

 案例

视频直播开启创业之路

2016年，高玉楼和大多数普通白领一样，过着朝九晚五的生活。直到有一天，高玉楼在一款视频类手机软件上看到一位水果商正在直播卖樱桃，直播间里很多人问如何购买，高玉楼才陷入了沉思：家乡的芒果那么好，我是不是也可以试着以这种方式推销？高玉楼萌生了返乡创业的想法。高玉楼的家乡是素有"晚熟芒果之乡"美称的丽江市华坪县。回乡后，他开始到华坪县各个芒果园实地考察、记录、拍照、收集资料。7月份正是芒果成熟的季节，高玉楼开始尝试第一次视频直播。他在自家的芒果园里，一边向收看直播的观众介绍芒果的品种、口感，一边从树上摘下新鲜的芒果放到纸箱里。"当时直播间有很多人问这些芒果的产地、价格、购买方式，我一边回复他们的问题，一边加对方微信填订购信息。"高玉楼说。让他没想到的是，20分钟就售出3箱芒果，与以往花费人力、物力到小镇市场上销售的方式相比，这种方式使销售效率提高了很多。高玉楼特别开心，直播结束后他就立刻发货。高玉楼通过直播方式销售芒果，其2016年销售额达20多万元，2017年，仅仅3个月就达到40多万元的销售额。每年7月到10月芒果成熟，高玉楼就在直播间卖芒果，其余的时间就卖其他水果、农特产品。说到未来的规划，他想开一家无添加的食品公司，让更多的人吃到健康的家乡美食，同时也为家乡做宣传。

分析：高玉楼的创业迎合了当前的创业环境。在人人用手机、拍短视频盛行的今天，以直播的方式进行产品推广不失为一个好方法。

三、青年学生创业现状分析

目前，我国青年学生的自主创业还处于起步探索阶段。在谈到创业话题时，学生们的热情非常高涨，然而真正实际行动起来参与创业的人却不多。相关报告显示，目前76.7%的在校大学生对创业感兴趣，希望通过创业来实现自己的理想和人生价值；25.8%的大学生打算毕业后创业，但是真正走上创业之路的人仅占1.2%。真正创业的成功率也不高，不到3%，这与美国等一些西方国家大学生的创业成功率20%相比，仍有很大差距。

当今世界正处在大发展、大变革、大调整的时期，世界范围内生产方式和生活方式正发生知识化、信息化的深刻变革。在这样的时代背景下，国家发出了"大众创业、万众创新"的号召，这是我国国民经济和社会发展在新的历史阶段的必然要求。近年来，我国各级政府推出了一系列利于创新创业的政策，支持力度空前。对青年学生创业更是有工商注册绿色通道、创业证照、创业贷款、税收减免等诸多层面的优惠措施。同时，大中专院校的毕业生人数持续增长，就业压力逐年攀升，创业作为就业的方法之一在大中专院校中初具规模，已成为推动大中专院校提高就业率和就业质量的重要动力。

由于过去历史的局限性，创新创业未得到应有的重视。作为创新创业的重点人群，青年学生创新创业汇聚了社会各界的众多目光，其原因是青年学生创新创业必然会对社会和经济的发展产生巨大的推动作用。

（一）青年学生创业的优势与劣势

青年学生创业具备独特的优势：青年学生身体素质较好，精力充沛；具有较强的专业知识素养和学习能力，科学技术水平较高，并善于运用新鲜事物。但青年学生创业也存在经验有限、实践能力不够强、经济基础薄弱和行业认知不清等劣势。

（二）创业典型问题

相关报告显示，青年学生在创业过程中暴露出很多问题，如目标宏伟但不现实导致无法"落地"，团队各成员因目标不一致而分道扬镳，盲目扩张抢占市场使服务质量下降等。这些问题归根结底是因为思维方式的错误，反映出学校创业教育还是不够系统化、全面化。帮助青年学生走出创业思维误区，提升创业能力，需要学校进一步认清青年学生创业的现状和未来趋势，构建学校创新创业培养体系。

（三）未来创业发展趋势

青年学生创业在大中专院校中的发展趋势有着鲜明的特点，具体表现如下。

1. 对创业的兴趣增加

经调查发现，不同专业的学生均对创业表现出浓厚的兴趣，想要自主创业的意愿明显增强，同时各所大中专院校的创业项目数量剧增。

2. 创业项目类型多元化

目前，青年学生创业主要还是以传统的服务类为主。放眼未来，青年学生创业项目将越来越多地运用最新的科学技术、电子信息等方法，实现互联网类、智能生活类、节能环保类、新兴科技类等多种类型并存。

3. 团队成员选择理性化

团队成员的选择由身边比较熟悉的同学、亲属变为不同年龄、不同地域、不同专业优势、优势互补的人，他们拥有坚定的信念、共同的目标、清晰的定位、明确的分工，这更有利于创业项目的发展。

4. 创业视野开放化

由于创业机遇增多，青年学生不再局限于校内的资源，创业视野呈现开放化的趋势，如充分利用社会资源与政策、获得免费使用的场地、税收减免、积极与投资机构接洽、知识产权意识增强、运用法律武器维护自身权益等。

可以预见，在未来一段时期内，我国中西部地区及二线城市会因为经济改革的辐射作用而提供更多的就业机会；但从中长期来看，在互联网经济、智能经济浪潮的影响下，还是由东部地区及一线城市继续发挥引领和先导作用。在国家提出"大众创业、万众创新"，限制大城市发展规模，以及引导毕业生到中小城市就业等举措的大背景下，民营企业的吸引力将越来越大，青年学生创业的比重将会有所增加。

四、我国创新创业政策梳理

创新创业政策是创业企业所面临的外部宏观环境。创业法规与政策环境的好坏必然直接影响企业发展的前景。为了大力推进"大众创业、万众创新"，我国各级政府在城建、民生工程、区级经济等方面，拥有土地、资金、市场准入（信贷与上市机会等）的控制权。目前，我国的创新创业政策包括国家和各地政府对创业者的优惠政策、地方奖励性补贴政策、创新创业空间（孵化器/众创空间）优惠政策3类。

（一）对创业者的优惠政策

对创业者的优惠政策，可以从融资政策、人才政策、创业保障政策等方面来解读。例如，2019年《政府工作报告》就如何扶持中小型企业明确了多项政策措施，实施更大规模的减税，普惠性减税与结构性减税并举，重点降低制造业和小微企业税收负担；深化增值税改革。将制造业等行业现行16%的税率降至13%，将交通运输业、建筑业等行业现行10%的税率降至9%，确保主要行业的税负有明显降低；明显降低企业社保缴费负担。稳定现行征缴方式，各地在征收体制改革过程中不得采取增加小微企业实际缴费负担的做法，不对历史欠费进行集中清缴；着力缓解企业融资难、融资贵问题。加大对中小银行定向降准力度，释放的资金全部用于民营企业和小微企业贷款。从政策的角度来说，对中小型企业的发展是相当利好的，那么未来的发展是否更有利于创业呢？

作为一个创业者，虽然政策环境越来越好，越来越有利于创业，但是决不能把希望寄托在扶持政策和优惠政策上。因为创业不同于已经取得成功的企业投资项目，已经取得成功的企业在去异地投资项目时，希望得到的政策扶持越多越好，能享受的优惠政策也越多越好，因为那些都有可能成为利润，可转化成投资收益。因此，扶持政策多多益善。

如果在创业起步阶段有政策的扶持和优惠，对于较快地度过创业期，更好地运用技术、开发产品、拓展市场等能够起到一定的促进作用，能够帮助企业克服一些困难，也更有利于创业者尽早步入良性轨道。所以一定的政策扶持是必须的，尤其是高科技企业、创新型企业在创业初期更需要得到政策的扶持和优惠。

国家在税收、资金等方面出台了一系列措施，对起步阶段的创业者予以更大的支持。如果创业者具备较强的创业能力，有良好的技术和产品，就能比较好地步入创新创业轨道，比较顺利地克服各种创业困难。所以，给予创业者更多的政策扶持是必须的，是符合创业规律的。

1. 融资政策

近年来，部分民营企业在经营发展中遇到了一些困难和问题，有的民营企业家将它们形容为"三座大山"：市场的冰山、融资的高山、转型的火山。当前，随着高等教育的发展和高校招生的扩张，每年我国高校毕业生人数呈上升趋势，就业形势日益严峻。自2014年首次提出"大众创业、万众创新"之后，青年学生自主创业逐渐成为解决就业难的重要途径，国家不断出台相关的创业贷款及税收扶持政策。

1）青年学生自主创业

2017年，国家规定符合青年学生自主创业条件申请创业担保贷款的，额度为10万元，且超过贷款基础利率3%部分由国家财政补贴。2018年，鼓励各地对个人创业担保贷款额度从10万元上调至不低于30万元；创业的税收优惠也比2017年有了更大的减免额度。总体而言，我国的创业环境得益于各类政策的实行而日益宽松。但是从实际数据来看，我国青年学生自主创业成功的还是少数，失败者仍居多数。一项调研显示，缺乏创业资金、社会关系和管理经验是青年学生创业面临的共同难题，而61.37%的受访者认为缺乏创业资金是最大的困难之一。一方面创业成功与否的不确定性影响了金融机构的贷款意愿；另一方面创业者自身未能很好地把握和运用政策、诚信缺失等也导致他们难以申请贷款。因此，对青年学生创业金融支持体系进行创新已成为一个现实问题。

2）优化资本市场

综合运用征信管理、账户管理、外汇管理等手段，支持具有良好发展前景的创业企业在证券交易所、全国中小企业股份转让系统、股权交易中心上市并挂牌。充分发挥创业板对创业创新融资的重要平台作用，积极探索特殊股权结构类创业企业到创业板上市的制度设计，研究推动符合条件但尚未盈利的互联网和科技创新企业到创业板发行上市。规范发展省内服务于中小微企业的区域性股权市场，推动其建立与全国中小企业股份转让系统的转板机制。建立工商登记部门与区域性股权市场的股权登记对接机制，支持股权质押融资。支持符合条件的创业企业在银行间发行超短期融资券、短期融资券、中期票据、企业债、资产支持票据等债务融资工具，募集资金用于创新项目建设。鼓励具备高成长性的创业企业，依托高新技术产业开发区、产业基地、科技企业孵化器，以"区域集优"的模式发行集合票据。支持符合条件的创业企业赴香港发行人民币债券。支持符合条件的发行主体发行小微企业增信集合债等企业债券创新品种。

3）创新银行支持方式

鼓励银行业金融机构针对创业创新企业资金需求和四众（众创、众包、众扶、众筹等）特点积极创新信贷产品和服务模式，发展小额贷款、债务融资、质押融资等新业务。合理配置支持小微企业再贷款额度，适当向小微型创业创新企业信贷投放力度较大的城市商业银行、农村商业银行、村镇银行倾斜，引导地方法人银行业金融机构加大对创业创新活动的信贷投入。鼓励银行业金融机构在科技资源集聚区域设立专门从事创新金融服务的科技信贷专营机构，通过建立贷款绿色通道等方式，提高科技贷款审批效率。支持银行业金融机构利用互联网、大数据、云计算等新技术，构建金融公共云服务平台，积极向创业企业提供融资理财、资金托管、债券承销、信息咨询、财务顾问、并购贷款等一站式系统化金融服务。

4）丰富创业融资模式

深入推进"互联网+"众创金融示范区建设，鼓励互联网金融平台、产品和服务创新。升级建设创业创新金融街，引导互联网金融企业与创业创新资源无缝对接，实现集聚发展。鼓励互联网企业依法合规设立网络借贷平台，为投融资双方提供借贷信息交互、撮合、资信评估等服务。大力发展政府支持的融资担保机构，加大创业担保贷款支持力度，加强政府引导和银担合作，综合运用资本投入、代偿补偿等方式，促进融资担保机构和银行业金融机构为符合条件的创业企业和四众平台企业提供快捷、低成本的融资服务。探索开展二次担保贷款业务，支持有条件的地区开展"信用贷款"。加快完善科技保险市场，探索在珠三角地区开展全国专利保险试点，支持保险公司创新科技保险产品及服务，支持符合条件的社会资本在广东省设立相互保险公司。实施知识产权金融服务促进计划，编制广东省知识产权质押评估技术规范，完善知识产权估值、质押和流转体系，设立知识产权质押融资风险补偿基金，鼓励银行业金融机构推广专利权、商标权、著作权等知识产权质押贷款业务。

2. 人才政策

1）支持青年学生创业

搭建大中专学校创业信息交流平台，建设大学生创业创新示范基地、大学生创业创新教育示范校、大学生创业创新园、创业创新模拟实验室、创业孵化基地等创新实践平台。实施大学生创业素质提升、创业政策助推、创业服务优化和创业文化培育工程，提升大学生的创业意识和能力，扩大大学生创业规模。鼓励高校成立创业创新俱乐部，聘请创业成功者、企业家、投资人等兼任创业创新导师，推行大学生创业校企双导师制，为大学生创业创新提供培训和辅导。全面推进高校学分制管理改革，实行弹性学制管理，支持大学生保留学籍休学创业。

2）健全创业人才培养与流动机制

支持高校开设创业创新教育课程，推动创业创新教育与专业教育有机融合。大力发展现代职业教育，坚持产教融合，校企合作，积极推动现代学徒制试点，着力培育技术技能人才。加快推进社会保障制度改革，适应人才流动的需要，实现社会保险关系顺畅转移接续。健全职称评审分类评价机制，完善激励科技成果转化的职称评审导向机制。对符合条件的创业失败者可认定为就业困难人员，按规定落实社会保险补贴、岗位补贴、培训补贴、费用减免、公益性岗位安置、职业介绍补贴、职业技能鉴定补贴等扶持政策。

3. 创业保障政策

1）创新体制机制，实现创业便利化

第一，优化市场准入制度。试行市场准入负面清单制度，市场准入负面清单以外的行业、领域、业务等，各类市场主体皆可依法平等进入。深化行政审批制度改革，进一步取消妨碍"大众创业、万众创新"的行政审批事项，全面推行行政审批标准化，逐步实现同一事项同等条件无差别办理。推广"一门式""一网式"政府服务管理模式，实现行政审批及服务事项便捷办理。推进工业产品生产许可证行政审批制度改革，实现从事前审批向事中事后监管转变。

第二，深化商事制度改革。全面落实工商营业执照、组织机构代码证、税务登记证"三证合一、一照一码"登记制度及"先照后证"改革，推进全程电子化登记和电子营业执照应用。在中国（广东）自由贸易试验区试点实施电子营业执照，支持有条件的地市开展企业登记全程电子化改革试点，推动建立全省统一的全程电子化网上登记业务平台。支持各地级以上市开展住所（经营场所）登记改革，放宽登记条件限制，推动"一址多照"、集群注册等住所登记改革。积极开展企业简易注销改革试点，建立便捷的市场退出机制。

第三，完善公平竞争市场环境。加强公平竞争审查，打破地方保护主义，推动形成统一透明、有序规范的市场环境。完善反垄断执法办案机制，拓宽反垄断执法领域，对重点领域不正当竞争行为进行集中整治。清理规范行政审批中介服务及收费，取消政府部门设定的区域性、行业性或部门间中介服务机构执业限制和限额管理。清理规范涉企收费项目，完善收费目录管理制度。依托企业信用信息公示系统建立小微企业名录，增强创业企业信息透明度。

第四，健全市场监管机制。建立健全以信用为核心的新型市场监管模式，加强跨部门、跨地区协同监管，完善守信激励机制和失信联合惩戒机制。完善企业信用信息管理目录，建立和规范企业信用信息发布制度，制定严重违法企业名单管理办法，把创业主体信用与市场准入、享受优惠政策挂钩，完善以信用管理为基础的创业创新监管模式，建立健全事中事后监管体系。充分利用大数据、随机抽查、信用评价等手段加强监督检查和对违法违规行为的处置。

第五，加强知识产权保护。积极推动知识产权交易，强化知识产权运营公共服务，满足创业创新需求。以展会、大型商场、专业市场及商品批发集散地等流通环节及食品、药品和家电等产品为重点，严厉打击侵犯知识产权的行为。加大网络知识产权执法力度，积极探索在线创意及研发成果的知识产权保护机制。

2）优化财税政策，强化创业扶持

第一，加大财政支持力度。统筹用好各类支持小微企业和创业创新的财政资金，加大对创业创新人才和项目的支持力度，引导社会资源支持四众加快发展。设立省级创业引导基金，通过阶段参股、跟进投资、风险补偿等方式，重点支持以初创企业为主要投资对象的创业投资企业发展及大学生创业创新活动。对经认定并按规定为创业者提供创业孵化服务的创业孵化基地，按每户不超过3000元标准和实际孵化成功户数给予创业孵化补贴；对入驻政府主办的创业孵化基地（创业园区）的初创企业，按第一年不低于80%、第二年不低于50%、第三年不低于20%的比例减免租金。落实创业培训补贴、一次性创业资助、租金补贴、创业带动就业补贴等各项扶持政策。

第二，落实普惠性税收政策。落实高新技术企业和创业投资企业税收优惠、研发费用加计扣除、股权奖励分期缴纳及科技企业孵化器、大学科技园、固定资产加速折旧等创新激励税收优惠政策。落实促进高校毕业生、残疾人、退役军人、登记失业人员等创业就业税收政策。探索实施科技成果转化股权激励的个人所得税递延纳税政策、天使投资税收支持政策、新型孵化机构适用科技企业孵化器税收优惠政策。将线下实体众创空间的财政扶持政策惠及网络众创空间。切实加强对国家税收扶持政策的解读、宣传，进一步公开和规范税收优惠政策的申请、减免、备案和管理程序，加强对税收扶持政策执行情况的监督检查。

第三，发挥政府采购支持作用。修订完善中小企业认定标准，落实促进中小企业发展的政府采购政策。建立首台（套）重大技术装备推广应用制度，对经认定的首台（套）重大技术装备，在产业化后对研制企业进行奖励，对装备制造企业投保费用给予补贴。

3）拓展城乡创业渠道，实现创业带动就业

第一，支持返乡创业集聚发展。中华人民共和国国家发展和改革委员会、中华人民共和国教育部等19个部门和单位联合印发的《关于推动返乡入乡创业高质量发展的意见》（发改就业〔2020〕104号），支持返乡入乡创业的政策体系更加完善，返乡入乡创业环境进一步优化，市场主体活力进一步迸发，产业转移承接能力进一步增强，带动就业能力进一步提升。到2025年，打造一批具有较强影响力的第一产业、第二产业、第三产业融合发展的返乡入乡创业产业园和示范区（县），全国各类返乡入乡创业人员达到1500万人，带动就业人数达到6000万人。

第二，支持依托电子商务创业就业。推动出台促进农村电子商务发展的指导意见，支持电商企业积极开展农村电子商务，鼓励地区建设特色产业电子商务平台，推动县域电子商务发展。引导和鼓励集办公服务、投融资支持、创业辅导、渠道开拓于一体的市场化网商创业平台发展。鼓励龙头企业结合乡村特点建立电子商务交易服务平台、商品集散平台和物流中心，推动农村依托互联网创业。鼓励电子商务第三方交易平台渠道下沉，带动城乡基层创业人员依托其平台和经营网络开展创业。

第三，完善基层创业支撑服务。加快完善覆盖城乡的公共就业创业服务体系，推动服务网点向基层延伸。推进城乡基层创业人员社保、教育、医疗等基本公共服务均等化，完善跨区域创业转移接续制度。强化农村劳动力专业就业培训和职工技能晋升培训，开展远程公益创业培训，提升基层人员创业能力，从新型职业农民、农村实用人才、技术能手、大学生村官等群体中培养农民创业创新带头人。鼓励中小商业银行设立社区支行、小微事业部，加快发展农村普惠金融，支持社区和农村创业者创业。选择一批知名农业企业、合作社、农产品加工和物流园区等作为基地，为创业创新农民提供见习、实习和实训服务。

4）促进线上线下融合，推动四众健康发展

第一，全面推进众创。汇众智搞创新，通过创业创新平台汇集众智，整合资源，实现人人都可参与创新。大力发展专业空间众创，鼓励各类科技园、孵化器、创业基地、农民工返乡创业园等与互联网融合创新，推动基于"互联网+"的创业创新活动，鼓励创客空间、创业咖啡、创新工场等新型众创空间及线上虚拟众创空间发展。推进网络平台众创，支持大型互联网企业、行业领军企业通过网络平台向各类创业创新主体开放技术、开发、营销、推广等资源，鼓励各类电子商务平台为小微企业和创业者提供支撑。积极培育壮大企业内部众创。在确保公平竞争前提下，鼓励对众创空间等孵化机构的办公用房、用水、用能、网络等软硬件设施给予适当优惠，减轻创业者负担。

第二，积极推广众包。汇众力增就业，借助互联网手段，将传统由特定企业和机构完成的任务向自愿参与的所有企业和个人进行分工、分包。大力发展研发创意、制造运维、知识内容、生活服务等众包，鼓励服务外包示范市、技术先进型服务企业和服务外包重点联系企业积极应用众包模式。支持有能力的大中型制造企业通过互联网众包平台满足大规模标准化产品订单制造需求。推动交通出行、快件投递、旅游、医疗、教育等领域生活服务众包。推动整合利用分散闲置社会资源的分享经济新型服务模式。

第三，立体实施众扶。汇众能助创业，通过政府和公益机构支持、企业帮扶援助、个人互助互扶等多种方式，共助小微企业和创业者成长。加快公共科技资源和信息资源开放共享，提升各类公益事业机构、创新平台和基地的服务能力，鼓励行业协会、产业联盟等对小微企业和创业者加强服务。鼓励大中型企业通过生产协作、开放平台、共享资源、开放标准等形式带动上下游小微企业和创业者发展。支持开源社区、开发者社群、资源共享平台、捐赠平台、创业沙龙等各类互助平台发展。鼓励通过网络平台、线下社区、公益组织等途径辅助"大众创业、万众创新"。

第四，稳健发展众筹。汇众资促发展，通过互联网平台向社会募集资金，拓展创业创新投融资新渠道。鼓励消费电子、智能家居、健康设备、特色农产品等创新产品开展实物众筹。稳步推进股权众筹试点，鼓励小微企业和创业者通过股权众筹融资方式募集早期股本。对投资者实行分类管理，切实保护投资者合法权益，防范金融风险。规范发展网络借贷，支持互联网企业依法合规设立网络借贷平台，运用互联网技术优势加强风险防控。发展互联网与实体相结合的众创金融平台，探索推出创业创新融资价格指数，为互联网项目提供网上融资支持。

第五，推动四众平台持续健康发展。以更包容的态度、更积极的政策营造四众发展的宽松环境，鼓励各类主体积极探索四众的新平台、新形式、新应用，在更大范围、更高层次、更深程度上推进"大众创业、万众创新"。坚持公平进入、公平竞争、公平监管，破除限制四众新模式新业态发展的不合理政策和制度瓶颈。积极探索交通出行、无车承运物流、快递、金融、医疗等领域的准入制度创新，针对四众资产轻、平台化、受众广、跨地域等特点，放宽市场准入条件。创新与四众发展相适应的支付、征信和外汇服务，促进四众平台加快发展。推动相关行政管理部门与四众平台企业加强互联共享，推进公共数据资源开放，推行电子签名、电子认证，推动电子签名国际互认。适应新业态发展要求，建立健全行业标准规范和规章制度，创新监管方式，强化平台企业内部治理，明确四众平台企业在质量管理、信息内容管理、网络安全等方面的责任、权利和义务，发挥四众平台企业内部治理和第三方治理作用，健全政府、行业、企业、社会共同参与的治理机制。建立四众平台企业的信用评价机制，公开评价结果。加强行业自律规范，推行守信激励机制和失信联合惩戒机制，对违法失信者依法予以限制或禁入。四众平台企业应切实提升技术安全水平，保障信息安全和用户权益。

推进"大众创业、万众创新"是培育和催生经济社会发展新动力、激发全社会创新潜能和创造力的重大举措，各地各部门要高度重视，积极探索，形成政策合力，及时总结形成可复制、可推广的经验，全力打通政策部署的"最先一公里"和政策落实的"最后一公里"，确保各项政策措施落到实处。积极营造大力推进"大众创业、万众创新"的良好社会氛围。

（二）地方奖励性补贴政策

1. 鼓励企业吸纳就业

小微企业吸纳就业予以担保贷款及贴息，如浙江省支持小微企业，对企业招用重点人群（是指毕业5年以内的高校毕业生、登记失业半年以上人员、就业困难人员、持证残疾人、自主择业军转干部和自主就业退役士兵）达到企业现有在职职工总数15%以上（超过100人的企业达到8%），与之签订1年以上劳动合同并依法缴纳社会保险费的，可按每人不超过20万元的标准发放创业担保贷款，贷款总额不超过300万元。

2. 支持自主创业

对于自主创业给予一次性创业资助，如广东省对普通高等学校、中等职业学校、技工院校学生（在校及毕业5年内）和毕业5年内的出国（境）留学回国人员创办企业的，给予一次性10000元的补贴。

3. 发放求职创业补贴

例如，四川省某市对毕业年度内有就业创业愿望并积极求职创业的省内普通高校、中等职业学校（含技工院校）、特殊教育院校的低保家庭、脱贫残疾人家庭、原建档立卡贫困家庭，以及残疾、特困、获得国家助学贷款的高校毕业生，按规定给予每人1500元一次性求职创业补贴。

（三）创新创业空间（孵化器/众创空间）优惠政策

科技企业孵化器（以下简称孵化器）是以科技创业企业为主要服务对象，通过提供办公空间和孵化服务，提高企业的存活率和成长率的各类科技创业服务载体。众创空间是以科技型创业项目为主要服务对象，以团队孵化为主要任务，通过提供联合办公和"前孵化"服务，提高创业团队素质和技能，降低创业成本和门槛，引导和帮助创业团队将科技创业点子转化为实业创业的各类科技创新创业场所。

孵化器、众创空间是"众创空间—孵化器—加速器"科技创业孵化育成链条中的重要环节。财政部、国家税务总局、科技部、教育部曾出台《关于科技企业孵化器、大学科技园和众创空间税收政策的通知》（财税〔2018〕120号），明确科技企业孵化器、大学科技园、众创空间有关税收优惠政策，鼓励创业创新，实施期限自2019年1月1日至2021年12月31日，后来国家出台新政，延期实施至2023年12月31日。

 经典分享

中国路桥在肯尼亚市场的PEST分析

"中国交建"和"中国路桥"两个品牌在全球范围内具有广泛的品牌知名度和美誉度。中国路桥作为中国交建在海外的平台公司，自1984年进入肯尼亚市场以来，建设了多个精品工程，积极履行社会责任，赢得了当地政府和人民的信任和称赞。

政治方面。肯尼亚地处东非门户，自1963年独立以来政局一直保持稳定。2017年5月，肯尼亚总统肯雅塔应邀出席"一带一路"国际合作高峰论坛，中肯两国领导人共同决定将两国关系提升为全面战略合作伙伴关系。2018年，肯雅塔总统先后赴华出席中非合作论坛北京峰会和中国国际进口博览会。2019年4月，肯雅塔总统应邀出席第二届"一带一路"国际合作高峰论坛。

经济方面。肯尼亚被喻为东非经济的"火车头"，在东非共同体国家中排名首位。从2010—2018年，肯尼亚的GDP增长平均增速为5%。2018年，内罗毕（肯尼亚首都）被联合国列为非洲的四大投资城市之一，肯尼亚政府也推行积极的财政政策，提出了以粮食安全、医疗保障、制造业、保障性住房为抓手的"四大发展目标""2030远景规划"，与中国"一带一路"倡议及八大行动有着巨大的契合度，为中国路桥在肯尼亚进一步发展带来了新机遇。

社会方面。中国路桥在肯尼亚经营35年来，所建造的公路、港口及铁路以优异的工程质量在当地享有很高的品牌知名度和美誉度，几乎是家喻户晓。中国路桥重视人员属地化，仅蒙内铁路建设及运营为肯尼亚提供了近5万个就业机会，在建设及运营过程中培训了上万名技术工人，2000多名建设及运营技术、管理人才，为下一步发展提供了充足的人员储备。

技术方面。肯尼亚对中国技术标准越来越认可，肯尼亚"2030远景规划"的旗舰项目蒙内铁路作为肯尼亚百年来最大的基建项目之一，完全采用中国技术标准建设及运营。蒙内铁路作为东非铁路网的第一段，其成功建设及运营将中国铁路标准推向整个东非。

课后活动

创业环境分析大比拼

一、活动目标

进一步熟悉国家创业政策，掌握PEST分析法。

二、程序和规则

（1）将班级学生分成4组，每组6~8人。

（2）为每组指定两个创业领域，进行PEST分析。

提示：创业领域可以是传统的业态，也可以是新的业态，例如，工业机器人、新能源汽车、餐饮连锁业、互联网金融等领域，也可从2019年人力资源和社会保障部公布的13个新职业中选择对应的领域。

（3）学生分组完成分析报告，每组制作一个PPT（包含两个创业领域的PEST分析）。

三、总结

每组派一人展示PPT，然后教师点评。

（建议时间：30分钟）

（1）简述创业环境的内涵。

（2）收集你所在区域的创业政策。

5.2 微观创业环境

 能力目标

（1）了解微观创业环境的内涵。
（2）掌握并应用 SWOT 分析法。
（3）能够科学、准确地评价某个地区或某个行业的创业环境。

 案例导读

"双向奔赴"的青春之花

"从大山走出来又回到大山"的彝族小伙立克拢拢，帮助所在村庄的 115 户 612 名贫困群众脱贫，推动村集体资产从 0 增至 231.7 万元；"90 后"返乡创业青年袁小梅从城市回到农村老家，发展养蜂业，帮助乡亲致富；湖南省花垣县十八洞村的苗家女孩施林娇在大学毕业后主动回到村里创业，通过拍摄短视频、直播等方式，让家乡的风景、美食、民俗、建筑为更多人所知……如今，越来越多的年轻人选择返乡创业，在实现自身梦想的同时带动乡亲们就业致富。

推动乡村全面振兴，离不开各类人才。广袤的田野，蕴藏着无限的机遇与希望，为许多人提供了人生出彩的舞台。农业农村部数据显示，截至 2022 年 4 月，全国各类返乡入乡创业人员超过 1100 万。《"十四五"农业农村人才队伍建设发展规划》明确提出，到 2025 年，培育 100 万名农村创业带头人，返乡入乡创业人员 1500 万人。从发展种植养殖业、开办农家乐，到成为非遗传承人、发展农村电商，再到开发乡村旅游、创办小微企业……近年来，越来越多返乡创业人员用坚持、专业和热爱在农村挥洒汗水，为乡村振兴注入了强劲动能。

栽好梧桐树，自有凤凰来。各地政府也在不断落实引才政策的力度和温度，创造良好的创业环境，吸引更多有抱负、有能力的年轻人返乡创业。从大力发展乡村产业、成立创业园、搭建创业平台，到回应返乡创业人员具体诉求，出台各类支持政策；从在项目落地、资金筹措、精细服务、技术护航等方面提供保障，到完善人才服务乡村激励机制，让农村的机会吸引人，让农村的环境留住人。在这场乡村与返乡创业青年的"双向奔赴"中，青春之花必将在田间地头绚丽绽放，共同绘就产业兴旺、生态宜居、乡风文明、治理有效、生活富裕的美好图景。

分析：党中央、国务院高屋建瓴，以双创启民智、展民力，深挖中国未来发展潜力。全国各省市双创生态逐步完善，良好的创业环境催生了许多创业梦想并使其走向成功。

一、微观创业环境分析

（一）微观创业环境的要素

新创企业的微观环境包括行业环境、竞争环境、中介环境、顾客环境、公众环境、内部环境六大环境要素。

1. 行业环境

创业者创业不论进入哪个行业都会遇到很多方面的行业壁垒，一定程度的规模经济、投入巨资的风险程度、行业周期不同阶段供货商和消费者的议价能力，这些都是创业者需要考虑和分析的行业环境影响因素。

2. 竞争环境

竞争环境是影响新创企业生存和发展的关键因素。创业者需要考虑新创企业所入行业可能需求的产品或服务差异化程度、生产的产品或经营的商品是否有替代品、行业现有竞争者的强弱、行业潜在进入者的潜能大小，这些都是竞争环境影响因素。

3. 中介环境

创业者面临的行业中的中介环境是由中间商和服务商两个群体及其行为要素形成的。一是由中间商，即代理商、批发商、零售商三方的业务水平高低、渠道冲突大小、管控难易程度等因素形成的。二是由服务机构，即调研公司、咨询公司、策划公司、广告公司、金融机构（银行、信用社、信贷公司、保险公司、孵化器等）服务水平的优劣形成的。

4. 顾客环境

创业者及其新创企业需要分析所进入的行业的顾客需求及其消费状况，即分析消费者市场，发现潜在需求，锁定目标市场，尤其要关注和分析潜在消费者对处在行业周期不同阶段的产品或服务的不同需求，满足顾客需求是新创企业经营活动的起点和归宿。

5. 公众环境

创业者及其新创企业面临的公众环境包括政府机构（主管部门、工商、税务、财政、物价等）、媒体（报纸、杂志、电台、电视台、网络）、社会团体（行业协会、权益保护组织、环保组织等）、地方大众（地方官员、居民群众、社区组织等）、网民群体。

6. 内部环境

新创企业的内部环境影响因素包括创业者自身的能力和素质、新创企业成员的整体素养、组织结构、激励机制、公关水平、企业文化等。

知己知彼，方能百战百胜。比"知彼"更为重要的是"知己"。因此，创业者在寻找和分析外部机遇时，时刻不能忘记自身的优势与劣势。只有将优势与外部的机遇有机地结合起来，才能创业成功。内部环境是创业组织内部各种创业要素和资源的总称，如人员、资金、设施、技术、产品、生产，管理环境分析与创业选择运行等方面的情况。内部环境是创业者的家园，是创业活动的根基，创业者要从创业团队、资金及其来源、产品竞争力、技术开发水平、生产工艺、市场渠道能力、货源等方面找出自身的优势和劣势。

（二）微观创业环境分析方法

SWOT（Strengths 优势、Weakness 劣势、Opportunities 机会、Threats 威胁）分析是一种综合考虑企业内部条件和外部环境的各种因素后进行系统评价，从而选择最佳经营战略的方法。SWOT 分析实际上是对企业内外部条件各方面内容进行综合和概括，从而分析企业的优势和劣势、面临的机会和威胁，进而帮助企业进行战略选择的一种方法。因此，可以将 SWOT 当作分析微观创业环境的工具。

1. 优势—机会（SO）

增长型战略是一种发展企业内部优势与利用外部机会的战略，是一种理想的战略模式。当企业具有特定方面的优势，而外部环境又为发挥这种优势提供有利机会时，便可以采取该战略。例如，良好的产品市场前景、供应商规模的扩大和竞争对手有财务危机等外部条件，配合企业提高市场份额等内在优势可成为企业收购竞争对手、扩大生产规模的有利条件。

2. 劣势—机会（WO）

扭转型战略是利用外部机会弥补内部劣势，使企业改正劣势从而获取优势的战略。这种战略存在外部机会，但由于企业内部存在一些劣势而妨碍其利用机会，可先采取措施克服这些劣势。

3. 劣势—威胁（WT）

防御型战略是一种旨在减少内部劣势，从而回避外部环境威胁的防御性战略。当企业处于内忧外患时，往往正面临生存危机。企业可在此时调整业务，设法避开威胁，消除劣势。

4. 优势—威胁（ST）

多元化战略是指企业利用自身优势，回避或减轻外部威胁所造成的影响。例如，竞争对手利用新技术大幅度降低成本，给企业很大的成本压力，使材料供应紧张，导致产品价格可能上涨、消费者要求大幅度提高产品质量或企业要支付高额环保成本等，但若企业拥有充足的现金、熟练的技术工人和较强的产品开发能力，便可利用这些优势开发新工艺，简化生产工艺过程，提高原材料利用率，从而降低材料消耗和生产成本。另外，开发新技术产品也是企业可选择的战略。新技术、新材料和新工艺的开发与应用是最具潜力的降低成本的措施之一，同时它也可以提高产品质量，回避外部威胁和影响。

 案例

海底捞"无人餐厅"

随着消费升级、信息化、大数据、人工智能等新科技新理念的发展，"跨界"和"智能"成为近几年餐饮业的关键词。2018年10月28日，海底捞斥资1.5亿元打造的全球首家"智慧餐厅"在北京正式营业。所谓"智慧餐厅"，是指从等位点餐到厨房配菜、调制锅底和送菜，都融入了一系列"黑科技"，高度实现了"无人化"。海底捞的"智能餐厅"从"智能大脑""智能定制""智能出菜""智能体验"4个部分诠释了从生产到服务的全过程，给消费者带来全新的视听享受和就餐新体验。

海底捞的"智慧餐厅"为国内智能餐饮打造了"样板间"，事实上不只海底捞，多家企业均不约而同地瞄准了"智慧餐厅"。例如，快餐行业的德克士"要开2300家'未来店'"、碧桂园"要开1000家机器人餐厅"、家电行业的长虹"要开机器人餐厅"。餐饮行业的迭代正在驶入"快车道"，智慧餐厅具有"人力成本低、出品水平稳定、大数据加持"等竞争优势，未来"餐饮智能化"会成为行业趋势，蔓延至整个行业，传统餐厅可能会逐渐消失。

分析：科技改变着我们的生活，海底捞的智慧餐厅可以优化经营模式和链条，受益于低人力成本、高质量产品、全新智能体验。人工智能改变传统经营模式，顺应餐饮智能化的趋势，许多餐饮企业相继涌现，从阿里巴巴、盒马鲜生到五芳斋、庆丰包子铺等都开始了智慧餐厅的试验，利用移动互联网技术改变运营模式，改善服务质量。

二、创业孵化器

创业孵化器是微观创业环境的重要组成部分，是一种专门为扶持新创小企业而设计的新型社会经济组织，为初创企业提供办公场地、设备，甚至是咨询意见和资金的支持，降低创业企业的创业风险和创业成本，提高创业的成功率。

在国外，创业孵化器已经有比较长的发展历史，自1956年世界上第一家创业孵化器在美国诞生，至今已有60多年的发展历史。孵化模式的成熟，获得了众多创业者的青睐。专门扶持初创企业并为其提供创业指南的美国创业孵化器——YC（YCombinator），平均每分钟就会收到一个创业者加入孵化器的申请。孵化器在帮助新创企业获得融资方面发挥着越来越重要的作用。同时，孵化器像一所学校一样为创业者提供创业导师、投资人、各领域专家的指导，以降低创业的风险。

在中国，第一家创业孵化器——武汉东湖新技术创业中心于1987年诞生；第一家民营创业孵化器——南京民营创业中心于1999年创立。到现在，我国的创业孵化器已经经历了30多年的发展，但是与美国、以色列等国家相比，仍然处于发展中阶段。

（一）创业孵化器类型

国家提出"大众创业、万众创新"，以简政放权的改革为市场主体释放出更大空间，让国人在创造物质财富的过程中实现精神追求。可以说，我国正处于创业的最好历史时期，无论是国家还是地方政府都全力支持大众创业。对初创企业来说，孵化器能够为企业诊断问题；为企业规划财务；可以降低创业企业的创业风险和创业成本，并提高创业的成功率。创业孵化器一般可以分为以下两种类型。

1. 托管型孵化器

托管型孵化器面向的人群为初次创业者或高科技及互联网创业者。其提供的典型服务包括免费或付费的办公场所、定期的创业培训、投资人对接等。托管型孵化器为有想法的年轻人提供了良好的创业平台，初创企业在进入平台之后，可以借助平台的资源快速度过"婴儿期"，有机会使企业获得投资并发展壮大。目前，很多大学为支持和促进大学生创业活动，建立了自己的创业园。此外，还有很多企业家和投资人为了支持创业、孵化优质的高科技及互联网项目，成立了私营的托管型孵化器。例如，李开复先生创办的创新工场、联想控股旗下的联想之星孵化基地等。

2. 策划型孵化器

策划型孵化器一般依托于大型的咨询策划公司，面向人群为有一定经济基础的多次创业者或传统的中小微企业家。入驻策划型孵化器的企业可以分为两类：一类是在初创阶段找不到合适的商业模式，需要进行资源对接的企业；另一类是由于社会环境、经济环境的变化，遇到瓶颈并需要转型的企业。这些企业往往在某一领域内拥有一定的人脉、技术等资源，但是由于行业的局限或未能及时顺应时代潮流而陷入困境。策划型孵化器依据其多年的企业服务经验，为企业提供一对一的咨询服务，通过自有基金直接投资或对接外部投资机构投资；同时，策划型孵化器以企业联盟的形式搭建企业资源平台，共享孵化器的资本、咨询和人脉等资源。

（二）创业孵化器的功能

创业孵化器可以帮助中小企业缩短创业时间，让新创企业少走弯路；富有经验的创业孵化器管理人员及有关专家的咨询服务，可以及时帮助新创企业做出正确的选择，使企业朝着正确的方向发展。创业孵化器可以创造条件，为创业者提供良好的创业环境和优质的创业服务，使被孵化的创业者可以方便地进行交流，分享经验和信息，互相鼓励，甚至结成业务合作伙伴。此外，还可以加快新创企业的发展，提高创业的成功率，让他们在孵化器中快速成长。

（三）创业孵化器的发展现状

创业孵化器发展到现在，逐渐形成了以科技创业服务中心、大学科技园、留学生创业园、省市级科技园、各类专业型孵化器、创意园等为主要形式的创业孵化器体系。我国创业孵化器的发展已形成了自己的特色并开始呈现多种形态，创业孵化器正朝着形式多样化、投资主体多元化、功能专业化、孵化服务网络化和发展模式国际化的方向发展。

（1）在形式多样化方面，不但有高新技术创业服务中心，而且发展了一批形式多样、富有特色的创业孵化器。例如，留学生创业园、大学科技园和海外创业园等。如今，已有一些重点高等院校建立了大学科技园孵化器；北京、上海、苏州等地依托创业中心和高新区建立了多家留学生创业园，为海外留学生和海外华人提供创业的全程服务。

（2）在投资主体多元化方面，越来越多的社会资本进入创业孵化领域，除了有政策性孵化器，商业性孵化器的发展也呈现良好态势。管理体制已从以事业型为主向着企业型和事业单位企业化管理并重的模式转变。一批国有企业、民营大中型企业、风险投资机构、跨国公司已经在中国创建了企业孵化器，这使创业孵化器的建设实现了从政府单一投资向社会各界多元化投资的转变。

（3）在功能专业化方面，我国专业型创业孵化器正在蓬勃发展，已兴建了一批专门面向生物医药、信息技术、农业、环保等技术领域的专业型创业孵化器。

（4）在孵化服务网络化方面，为了促进各孵化器之间优势互补、协同发展，创业孵化器的孵化服务网络也应运而生。中国高新技术产业开发区协会创业服务中心专业委员会，是第一个全国性的科技企业孵化器网络，每年都举办研讨或交流活动，并与国外同行建立联系。

（5）在发展模式国际化方面，近年来我国创业孵化器开始进入人才跨国培养、企业跨国孵化等合作阶段，为海内外留学生和海外华人提供创业的全程服务。在美国、俄罗斯、新加坡、英国等国家建立了海外创业园，为我国中小企业进入国际市场发展提供服务。

三、创业环境的评价

在对创业环境的宏观层面和微观层面都进行了科学分析之后，就可以对创业环境进行整体评价。

（一）创业环境评价的原则

1. 全面性原则

影响创业环境的因素有很多，既有内部因素，也有外部因素；既有宏观因素，也有微观因素；既有社会因素，也有自然因素。这些因素涉及市场、行业、经济、环境、政治、社会等各个方面，因此在评价创业环境时，我们要全面考虑，综合评价。

2. 科学性原则

创业环境评价的科学性体现在评价指标的科学性和评价方法的科学性。对于评价指标而言，科学性表现在两个方面：一方面，评价指标是在实证的基础上确定的；另一方面，评价指标是在参考相关评价指标体系的基础上，结合创业实际确定的。评价方法的科学性体现在对关键指标要采取定性分析法，然后结合定量分析法进行评价。

3. 重要性原则

在坚持全面性原则的基础上我们对影响创业环境的指标进行分类，对影响创业机会的关键指标采用定性的方法，这也是创业环境评价的第一步；同时，考虑不同地区、不同地域、不同历史阶段的差异性，对创业环境指标体系进行调整，保留那些影响创业环境的关键要素，去掉对创业环境影响不大的因素。

4. 可操作性原则

创业环境的评价最终要落实到操作层面。评价指标要在结合中国实际的基础上，通过实证取得。创业环境评价指标体系由定量指标和定性指标组成，无论是定量指标还是定性指标，指标的赋值都必须容易取得。另外，评价的过程在追求科学性的基础上不宜太复杂，无论是创业主体还是投资商都容易操作。

（二）创业环境的评价体系

对创业环境的评价，可按照创业环境评价指标体系（见表 5-1）进行系统分析与评价。

表 5-1　创业环境评价指标体系

一级指标	二级指标	三级指标	判定方法或单位
与创业相关的宏观经济景气指标	经济增长拉动创业	近 3 年 GDP 年均增长率	%
		当年通货膨胀率	%
		近 3 年城镇居民可支配收入年均增长率	%
	市场扩张刺激创业	近 3 年消费年均增长率	%
		近 3 年出口年均增长率	%
	投资活跃推动创业	近 3 年投资年均增长率	%
鼓励创业的环境指标	教育鼓励创业	中小学教育是否有关于创业创新的内容	是或否
		创业管理教育是否进入大学课堂	是或否
	宣传鼓励创业	发布可操作的《鼓励创业条例》手册数	册
		举办创业宣传周（月）宣传次数与参与人数	次或人
		奖励优秀创业者的人数或金额	人或万元

续表

一级指标	二级指标	三级指标	判定方法或单位
鼓励创业的环境指标	舆论鼓励创业	互联网创业网站个数	个
		互联网上检索创业新闻条数	条
		专业核心期刊研究创业的文章数及其影响因子	篇或影响度
	文化鼓励创业	个人冒险意识	强或弱
		团队合作精神	强或弱
		对收入差距的态度	接受或改变
支持创业的环境指标	人才支持创业	吸引海外留学生回国创业的人才数	人
		重点扶持国内具有潜力的创业者人数	人
		免费提供劳动力就业培训的结业人数	人
	金融支持创业	银行提供的创业小额信贷总额	万元
		政府设立创业投资基金总额	万元
	技术支持创业	研究与开发支出	万元
		技术成果交易和转让价值	万元
	信息支持创业	安排商务访问团次数或人数规模	次或人
		定期公布有效创业信息条数	条
	项目支持创业	政府为创业者直接提供的资金或政策项目数或规模	个或万元
		政府组织社会力量为创业者提供的项目数或规模	个或万元
	网络支持创业	是否开放式创业网络	是或否
		投资家网络是否健全	是或否
		产业地域聚集程度高低	高或低
	政策支持创业	税收减免与优惠估计值	万元
		创业企业承担税收外各项费用的平均值	万元
		政府采购对创业企业产品的购买额	万元
服务创业的环境指标	"一站式"服务创业	审批一家新办企业所需工作日天数	天
		审批一家新办企业所需交纳的费用	万元
	"孵化器"服务创业	创业中心有形基础设施的配套状况	好或偏差
		创业中心在孵企业数	个
		创业中心在孵企业总收入	万元
	"创业板"服务创业	风险投资资本供给总额	亿元
		创业板证券市场的上市企业数或规模	个或亿元
	中介组织服务创业	组建分行业创业者协会	个

续表

一级指标	二级指标	三级指标	判定方法或单位
保护创业的环境指标	法律保护创业	知识产权保护	好或偏差
		财产和人身安全保障	好或偏差
	道德保护创业	社会信用状况	好或偏差
	社会化保护创业	建立创业失败企业的退出通道	好或偏差
综合体现创业环境水平的成果指标	创业景气指数	中小企业开市率	%
		中小企业闭市率	%
		前两年创业企业成功率	%
	创业类型	机会拉动型创业比重	%
		贫穷推动型创业比重	%
	创业企业经营状况	创业企业资产总额	万元
		创业企业销售收入	万元
		创业企业就业人数	人

 经典分享

小围挡的"蝶变"

钱事成是一名普通的高职院校在校生，毕业于成都职业技术学院。他在2018年成立了一家公司，从事围挡研发、租赁和销售。作为一名"95后"，钱事成的眼光放得更远、视野更宽，想法也更超前，2020年，他投入300万元的研发经费，开发系列新型环保材料，对传统围挡进行提档升级，对不环保、污染大、不便回收的问题进行了改进，使自己的公司成为引领市场的"龙头企业"。现在公司占地约46亩，生产设备100多台，拥有61项专利，先后承接了成都天府国际机场、天府广场、成都地铁等大型工程的打围项目，公司年产值超过2300万元。

他的团队积极响应国家"大众创业、万众创新"的号召，立足"绿色发展理念"，整合资源，对传统的PVC主材的围挡不断进行工艺升级、材料的合成研发，深受基建领域的喜爱。

在创业的路上，他的母校的双创学院对其进行了孵化与扶持，助力钱事成的小围挡进行大"蝶变"。学校为其配备了创新创业导师，并对其合作模式、营销推广、客户资源、产品研发等进行全方位辅导，同时，提供了工商代理、法律咨询、创新创业竞赛申报、投资对接等服务工作。新材料研发不但耗时长，而且投入大，钱事成团队听取导师的建议，采取新的商业模式进行经营，收入所得又投入新材料研发中，客户资源和公司业务不断拓展。

分析：创新创业环境对企业的发展起着巨大的作用，尤其是对初创企业的影响非常大。因此，创新创业者在创业前必须了解或熟悉相应的创新创业环境因素，对创业行业状况进行分析，对创业市场进行调查、预测和调研，寻找合适的行业商机。

课后活动

创业项目分析

一、活动目标

学会运用 SWOT 分析法分析创业计划。

二、程序和规则

1）选定创业项目

全班分两组进行，选定创业项目并对其进行分析。

2）介绍分析报告

结合 PPT 介绍分析报告出发点、分析过程、分析结果等。

3）讨论创业项目的问题与改进

三、总结

通过分析报告得出结论，并提出改进措施等。

（建议时间：60 分钟）

创业思考

（1）微观创业环境的内涵是什么？

（2）应用 SWOT 分析法分析你的学校所在地的创业环境。

（3）结合自己所学的专业知识评价某一行业的创业环境。

模块 6 　创业机会与风险

导读导学

创业因机会而存在。机会是具有时效性的有利情况，是未明确的市场需求、未充分使用的资源或能力。创业机会是指在市场经济条件下，社会的经济活动过程中形成和产生的一种有利于企业经营成功的因素，是一种带有偶然性并能被创业者认识和利用的契机。创业主要有普遍性、偶然性和消逝性三大特征。创业机会的本质来源是存在的问题、不断变化的环境、创造发明、竞争、新知识和新技术的产生等。识别正确的创业机会是创业者应当具备的重要技能。只有用科学的方法和手段去寻找和识别创业机会，才能少走弯路。

不是每个创业机会都一定会给创业者带来益处，每个创业机会都存在一定的风险，因此，创业者在利用创业机会之前要对创业机会进行科学的分析与评价，然后做出是否创业的决策。

本模块旨在让学生熟练掌握评估和选择创业项目的方法，熟悉创业模式的情况。

思维导图

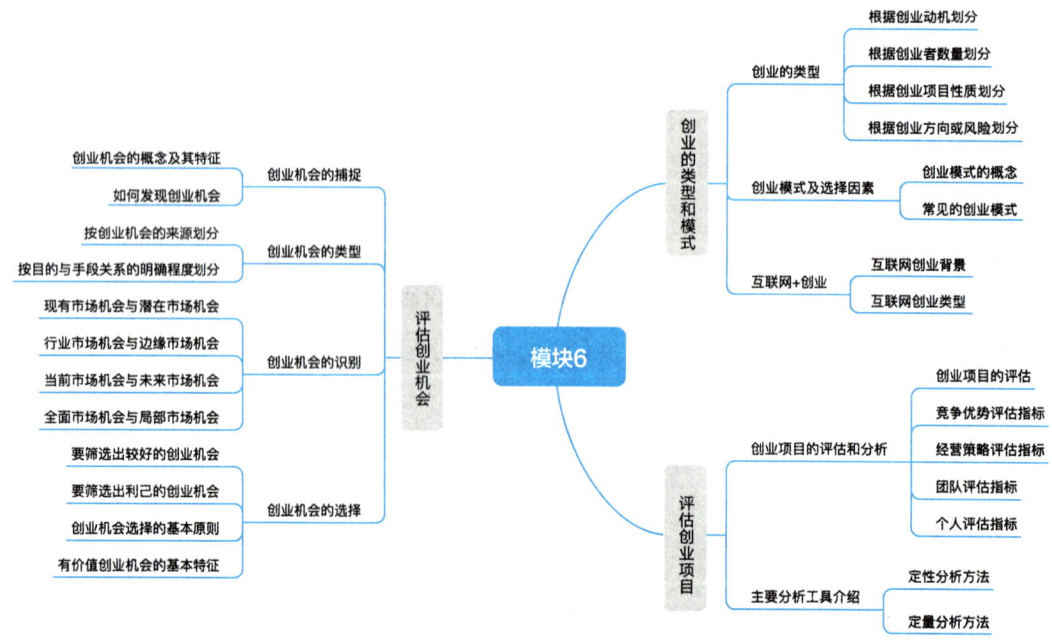

6.1 创业的类型和模式

能力目标

（1）了解创业的类型。
（2）掌握创业的常见模式。
（3）掌握互联网创业的背景、类型和模式。

案例导读

坚持做跨境电商，年收入百万

刘欢出生于 1992 年，湖北黄冈人，2013 年 9 月，他进入武昌职业技术学院，并成为该学校电子商务专业的一名学生。进入学校后，刘欢在他的专业课程中学到了很多专业知识。在学校举办的电子商务讲座和研讨会上，他获得了很多新的见解和经验。在学校建立电子商务孵化基地后，刘欢对创业项目产生了开始新业务的冲动。

创业之路并不顺利，这对刘欢造成了很大的打击，但他没有放弃，坚持了下来。在出现问题时，他需要解决问题。最后，他发现物流服务对于跨境电子商务非常重要。刘欢在意识到问题后逐步解决与物流公司的谈判问题。他的创业之路终于在 6 个月后迎来了第一个订单。

刘欢的创业之路已逐渐走上正轨，他还多了两名助手，这两名助手也成为与他继续创业的合作伙伴。现在他的工作目标比以前更加明确，公司的出口范围正在逐步扩大，包括美国、俄罗斯和欧洲的一些国家。回顾创业之路，刘欢觉得最重要的是坚持。无论如何，只要坚持下去，就会取得成功。他希望那些有创业梦想的人可以坚持下去，要相信自己，坚持下去就会有所收获。

分析：企业竞争始于商业模式，好的商业模式是创业成功的保证。刘欢依托电子商务，开展特定产品的销售，取得了阶段性成果，值得肯定。设计模式首先要考虑战略，然后结合内外部环境、市场、资源、产品（服务）等因素，整合资源，匹配价值。创业模式不但为顾客带来实际的好处和用处，促使他们购买商品，而且购买者付的钱使创业者获得利润。

在实际创业时，青年学生应根据自身的情况，综合考虑各种因素，选择合适的创业领域和创业类型。

 创新创业教育

一、创业的类型

创业从不同的角度、不同的标准可以做不同的分类。

（一）根据创业动机划分

根据创业动机划分，可分为机会型创业与就业型创业。

1. 机会型创业

机会型创业是指创业的出发点并非谋生而是为了抓住和利用市场机遇。它以市场机会为目标，能创造出新的需要，或满足潜在的需求。因而会带动新的产业发展，且会加剧市场竞争。

2. 就业型创业

就业型创业是指为了谋生而走上创业之路。这一类型的创业是在现有的市场上寻找创业机会，并没有创造新需求，大多属于尾随型和模仿型，因而往往小富即安，很难做大做强。

虽然创业动机与主观选择相关，但创业者所处的环境及其所具备的能力对于创业动机类型的选择有决定性作用。因此，通过教育和培训来提高创业能力，可以增加机会型创业的数量，不断增加新的市场，减少低水平竞争。

（二）根据创业者数量划分

根据创业者数量划分，可分为独立创业与合伙创业。

1. 独立创业

独立创业是指创业者独立创办自己的企业。其特点在于产权是创业者个人独有的，企业由创业者自由掌控，决策迅速。但它需要创业者独自承担风险，创业资源准备也比较困难，还受个人才能的限制。

2. 合伙创业

合伙创业是指与他人共同创办企业。其优势和劣势与独立创业相反，优势是资源准备相对容易、风险均摊、决策制衡、可以发挥集体智慧。劣势是权力多头、决策层级多、响应速度慢。

（三）根据创业项目性质划分

根据创业项目性质划分，可分为传统技能型创业、高新技术型创业、知识服务型创业。

1. 传统技能型创业

传统技能型创业是指使用传统技术、工艺的创业项目，它具有永恒的生命力。尤其是酿酒、饮料、中药、工艺美术品、服装与食品加工、修理等与人们日常生活紧密相关的行业，这类行业独特的传统技能项目表现出经久不衰的竞争力，许多现代技术都无法与之竞争。国内外均是如此。

2. 高新技术型创业

高新技术型创业是指知识密集度高，带有前沿性研究开发性质的新技术、新产品项目。

3. 知识服务型创业

知识服务型创业是指为人们提供知识、信息的创业项目。当今社会，信息量越来越大，知识更新越来越快，各类知识性咨询服务的机构将会不断细化和增加，如律师事务所、会计师事务所、管理咨询公司、广告公司等。这类项目投资少、见效快。如在北京有人创办剪报公司，把每天主要媒体上与该企业有关的信息全部收集、复印、装订起来，其年收入达100万元，且市场十分稳定。

（四）根据创业方向或风险划分

根据创业方向或风险划分，可分为依附型创业、尾随型创业、独创型创业和对抗型创业。

1. 依附型创业

依附型创业分为两种情况：一是依附于大企业或产业链而生存，为大企业提供配套服务，如专门为某个或某类企业生产零配件，或生产、印刷包装材料；二是特许经营权的使用，如利用麦当劳、肯德基等的品牌效应和成熟的经营管理模式，减少经营风险。

2. 尾随型创业

尾随型创业，即模仿他人创业、学着别人做。其特点：一是短期内只求能维持下去，随着学习的成熟，再逐步进入强者行列；二是在市场上拾遗补阙，不求独家承揽全部业务，只求在市场上分得一杯羹。

3. 独创型创业

独创型创业是指提供的产品或服务能够填补市场空白。大到商品独创性，小到商品的某种技术的独创性。如生产的洗衣粉比市场上卖的同类产品环保性好且去污力强；中国改革开放后首家搬家服务公司、婚介公司等。但其也有一定的风险性，因为消费者对新事物有一个接受的过程。独创型创业也可以是旧内容新形式，比如产品销售送货上门，经营的商品并无变化，但在服务方式上扩大了，从而更具有竞争力。

4. 对抗型创业

对抗型创业是指进入其他企业业已形成垄断地位的某个市场，与之对抗较量。这类创业风险最高，必须在知己知彼、科学决策的前提下，抓住市场机遇，乘势而上，把自己的优势发挥得淋漓尽致。比如，针对 1990 年初外国饲料厂商在中国市场大量倾销合成饲料的背景，希望集团运用对抗型创业，建立了西南最大的饲料研究所，定位于与外国饲料争市场，从而取得成功。

此外，依据创业主体，可将创业分为青年学生创业、失业者创业和兼职者创业；根据创业行业的融资形式，可分为独资创业、合资创业、引进各类投资基金创业等；根据创业者与事业的关系，可分为个人创业、家族创业、合伙创业、参与创业等；根据创业机遇的选择，可分为先学习后创业、先深造后创业、先就业后创业、边学习边创业、休学创业等；根据创业的行业领域，又可以分为餐饮、娱乐、批发零售、广告艺术设计、装饰装潢、信息咨询、法律服务、电子信息技术、金融衍生服务等各行业领域的创业。

在选择创业机会后，创业者要根据创业机会选择合理的创业模式。所谓合理，一是创业风险较小；二是创业成功率较高；三是创业收益较大；四是创业见效快，创业时间成本低。

二、创业模式及选择因素

（一）创业模式的概念

创业模式是指创业者为保障自身的创业理想与权益，而对各种创业要素的合理搭配、创业的组织形式、创业的方式确定、创业的行业选择组成了创业模式。在创业之初第一个重要选择就是寻找一个适合自己的创业模式，对一个创业者来说，一个真正好的模式应该是适合自己的，即其有能力操作，而且能把现有的资源有效整合的模式。进入不同的创业模式要求的素质是不同的，准确判断自己的优势和劣势，选择适合自己的创业模式，可以克服很多不利因素。创业者在创业过程中，根据自身特点和现实情况，合理选择适合自身的创业模式，对创业取得成功至关重要。因此在创业之前，创业者要对各类创业模式有初步了解。

（二）常见的创业模式

提起创业，人们想到最多的是开店、办公司、做企业。随着时代的发展，创业方式正在不断发生变化，特别是信息技术的崛起，令创业模式层出不穷，从而出现了网络创业、加盟创业、兼职创业、团队创业等多种创业模式。

1. 兼职创业

对上班族来说，如果头脑活络，有钱又有闲，想"钱生钱"又不愿意放弃现有工作，那么兼职做老板应该是最佳选择了。兼职创业，无须放弃本职工作，又能充分利用在工作中积累的商业资源和人脉关系创业，可实现鱼和熊掌兼得的梦想，而且进退自如，大大减少了创业风险。

兼职创业，需要在主业和副业、工作和家庭等几条战线上同时作战，对创业者的精力、体力、能力、忍耐力都是极大的考验，因此创业者要量力而行。此外，兼职创业最好选择自己熟悉的领域，但要注意不能侵犯受雇企业的权益。

2. 代理模式

代理是一种很常见的创业方式。代理商是生产商的经营延伸，做代理商虽然是为他人作嫁衣，但同时也是在为自己积累经验。通过代理可以完成自己的原始资本积累，同时还能学习营销知识，建立渠道网络。寻找那些品牌信誉好、发展潜力大的产品做代理，是一桩本小利大、事半功倍的买卖，适合初始创业者，北京中关村就有很多品牌电脑代理商通过代理别人的品牌发展自己。在代理模式下，要注意以下几点。

（1）选择大品牌、品牌信誉好、发展潜力大的公司的产品。

（2）代理最大的危险是被厂家卸磨杀驴，因此只能依附，不能依赖。

（3）要建立自己的品牌，维护自己的渠道，不能将自己的命运始终交给别人掌控。

3. 加盟创业

可以分享品牌近况，可以分享经营诀窍，可以分享资源支持，连锁加盟凭借诸多的优势成为极受青睐的创业新方式。目前，连锁加盟有直营、委托加盟、特许加盟等形式，投资金额根据商品种类、店铺要求、技术设备的不同从几万元至几百万元不等，可满足不同需求的创业者。

加盟创业的最大特点是利益共享，风险共担。创业者只需支付一定的加盟费，就能借用加盟商的金字招牌，并利用现成的商品和市场资源，还能长期得到专业指导和配套服务，创业风险也有所降低。但是，随着连锁加盟市场规模的不断扩大，鱼龙混杂现象日趋严重，一些不法者利用加盟圈钱的事件屡有曝光。因此，创业者在选择加盟项目时要有理性的心态，事先进行充足的准备，包括收集资料、实地考察、分析市场等，并结合自身实际情况再做决定。

4. 团队创业

如今，创业已非纯粹追求个人英雄主义的行为，团队创业成功的概率要远高于个人独自创业。一个由研发、技术、市场、融资等各方面人才组成且优势互补的创业团队，是创业成功的法宝，对高科技创业企业来说，更是如此。优势是一群人同心协力，集合各自的优势，共同创业，其产生的群体智慧和能量将远远大于个体创建团队时的智慧和能量，最重要的是考虑成员之间知识、资源、能力或技术上的互补，充分发挥个人的知识和经验优势，这种互补将有助于强化团队成员间彼此的合作。一般来说，团队成员的知识、能力结构越合理，团队创业的成功率就越大。

5. 概念创业

概念创业，顾名思义就是凭借创意、点子、想法创业。当然，这些创业概念必须标新立异，至少在打算进入的行业或领域是个创举，只有这样，才能抢占市场先机，才能吸引风险投资商的眼球。同时，这些超常规的想法还必须具有可操作性，而非天方夜谭，概念创业具有点石成金的神奇作用，特别是本身没有很多资源的创业者，可通过独特的创意来获得各种资源。创业需要创意，但创意不等同于创业，创业还需要在创意的基础上，融合技术、资金、人才、市场经验、管理经验等各种因素，如果仅凭点子贸然行动，基本上是行不通的。

6. 内部创业

内部创业，是指一些有创业意向的员工在企业的支持下，承担企业内部某些业务或项目，并与企业分享成果的创业模式。创业者无须投资就可获得丰富的创业资源，由于内部创业具有"大树底下好乘凉"的优势，因此受到越来越多创业者的关注。员工在企业内部创业，可获得企业多方面的支援。同时，企业内部所提供的创业环境较为宽松，即使创业失败，创业者所需承担的责任也较小。内部创业的受众面有限，只有那些大型企业的优秀员工才有机会一试身手。此外，这是一种以创造双赢为目的的创业方式，员工要做好周密的前期准备，选择合理的创业项目，保证最大化地创造利润，这样才能引起企业高层的关注。

7. 网络创业

目前，网络创业主要有两种形式：一种是网上开店，在网上注册成立网络商店；一种是网上加盟，以某个电子商务网站门店的形式经营，利用母体网站的货源和销售渠道。网络创业的优势是门槛低、成本少、风险小、方式灵活，特别适合初涉商海的创业者。如阿里巴巴、淘宝、京东等知名商务网站，有较完善的交易系统、交易规则、支付方式和成熟的客户群，每年还会投入大量的宣传费用。

 案例

"网络祭奠"之风悄然兴起

清明祭扫，以尽对逝者的"思时之敬"，是中华民族延续几千年的传统习俗，伴随"互联网+"时代的到来，中国传统的祭奠方式在近几年发生了很大改变，网络直播"代扫"、微信远程祭扫、网上纪念堂等以互联网为载体的各种祭奠服务悄然兴起。

远在苏州的邓华轻点鼠标，为逝去的亲人建起一座"网上纪念堂"，弥补了清明期间无法赶回老家祭拜亲人的遗憾。邓华还将"网上纪念堂"的链接发给亲友，亲友通过点击网页上设置的送花、鞠躬等按钮，在网络上缅怀亲人，寄托哀思，"互联网+"颠覆传统模式的"网络祭奠"风悄然兴起。

"现代人生活节奏加快，加上各种因素的限制，很难在每年清明节等祭祖日子亲临现场祭扫。"邓华说，如今通过网络祭奠，可让人们不再受时间和地域的限制，随时随地在网络平台上实现对亲人的祭扫和缅怀。

微信公众号"烛光会"创始人之一的姜波（化名），在2014年和朋友创建了这个以微信为依托的线上祭奠平台，用户关注该微信公众号，就可以在这个平台上为逝去的亲友建立网上纪念堂，并在线上进行祭奠，追思悼念。

姜波介绍，"烛光会"可以永久保留逝者生前的影像资料，用户在平台上能够为逝者献花、敬酒、点烛、留言、祈祷等。人们还可以转发给亲友或分享到朋友圈，让散居各地的人们随时随地去祭奠，以表达对已故亲友的思念情怀。

事实上，与"烛光会"类似的线上祭奠平台近年来在网络上频频涌现。通过观察发现这些网络祭奠平台大多属于公益性质，用户创建网上纪念堂和使用网络祭品大多都是免费的。

"流传几千年的祭奠习俗本就应因时而异，在互联网如此发达的今天，祭奠习俗也需与时俱进。"姜波认为，人们在现代社会传承"祭祖追思"传统文化的同时，应该用更文明、绿色的祭奠方式来表达对逝者的哀思之情。

三、互联网+创业

（一）互联网创业背景

互联网创业时代的到来催生了一批新兴产业和创业青年，如今，互联网服务功能的转变及"互联网+"的时代变革像一块敲门砖，敲开了又一扇创新时代的大门。在"大众创业、万众创新"的大潮下，创业也成了当前我国一道亮丽的风景线。如今在互联网之风的劲吹下，各行各业都在掀起革命，互联网金融、互联网教育、互联网医疗遍地开花。大众创业是完全有可能的，我们已经迎来了一个创新创业的新纪元。若能把握创业环境，将创意转化为创新创业的利器，挖掘商机，那将是另外一番天地。凭着对互联网新技术的敏感和青春的激情，越来越多的年轻人加入"互联网+创业"的大军。

（二）互联网创业类型

互联网所提供的商机对所有人都是均等的，究竟如何才能让一粒创业的种子不仅在互联网上萌芽，还能生根发芽，并长成一棵百年常青树呢？

1. 工具 + 社群 + 电商 / 微商

互联网的发展，使信息交流越来越便捷，志同道合的人更容易聚在一起，形成社群；同时，互联网将散落在各地的星星点点的分散需求聚拢在一个平台上，形成新的共同需求并形成规模，解决了重聚的价值。

如今互联网正在催熟新的商业模式，即"工具 + 社群 + 电商 / 微商"的混合模式。比如微信最开始就是一个社交工具，先是通过各自工具属性 / 社交属性 / 价值内容的核心功能过滤海量的目标用户，加入了朋友圈点赞与评论等社区功能，继而添加了微信支付、精选商品、电影票、手机话费充值等商业功能。

工具在此处特定的语境中主要指的是社交方面的范畴，也就是互联网之中人与人交流沟通的手段。例如时下比较流行的微信、微博是这一互联网社交工具的典型代表。在微信这一社交工具平台上，人们可以通过其所具有的社交属性及价值内容等核心功能，对庞大的海量用户进行合理化筛选，从而从中寻找到目标客户群。另外，微信里还具有评论和点赞等各项功能，这些功能可以吸引到无数用户热情地参与其中，那么就可以借助这些功能，将商品购买、微信支付及充值等各项商业内容融入其中，让客户在娱乐的同时又可以感受到消费的极大便利。

社群特指互联网上的各类社群团体，在移动互联网时代，信息的传递和交流呈现极大的便捷性和活跃特质，天南海北的人们都可以通过网络实现沟通的目的。在这样的一个基础上，那些有着共同理想目标追求的人便能够聚集到一起，从而组建属于自己的一个社群团体，在这个平台上能够实现互通有无的目的。

显然，有了工具、社群，就可以将其和电商或微商有机地结合起来，从而形成"工具 + 社群 + 电商 / 微商"这一高效、独特的商业模式。在这一商业模式中，工具、社群及电商或微商都可以发挥各自的优势，以便推动其他两者的发展。

从深层次上理解，三者之间既有分工协作，又可以取长补短。例如，从工具的角度看，工具就好比是这一商业模式中一把锋利的刀，借助工具这一社交手段能够准确地寻找到客户需求的最佳切入点；但是工具也有着自身的不足之处，这就是它不能够有效地沉淀粉丝用户，这个时候就需要借助社群这一关系属性来对粉丝客户进行充分的沉淀，从而使目标客户群更加精准到位；而具体到电商或微商上，它们通过商业交易的属性，可以实现价值的有效传递。

 **案例**

一根网线连接小城和世界

32 岁的陈俊璋家住祁连山下的甘肃省武威市天祝藏族自治县。从小生活在这里的他渴望走出大山。大学期间，他首次"触网"，尝试在电商平台销售家乡的中药材。电商销售不仅为陈俊璋赚来人生的"第一桶金",还让他意识到"一根网线+特色产品"的商业潜力。"家乡有不少品质优良的土特产,却被'困'在深山里走不出去。"他说。

2014年,陈俊璋决定返乡创业,创立了甘肃金农商电子商务科技有限公司,吸引了设计、运营、策划、销售等专业的本地人才,组建起一支电商团队。团队挖掘本地农产品特点,精心策划、传播推广,借助电商平台,让大山里的特色农货走向大江南北。2017年,天祝开始引种藜麦,如今已成规模。在"爱折腾"的陈俊璋眼里,这种原产自南美洲的"舶来品",不仅是富含高蛋白的健康食品,更是摇曳的藜麦花。成熟后的藜麦花田像调色板,黄色、青色、红色,籽粒饱满,极具观赏价值。"藜麦花好看,花期却很短。怎么才能留住它的美丽呢?"陈俊璋日思夜想。在与云南一家花卉企业达成合作后,陈俊璋引进永生花技术。2021年,金农商公司打造的藜麦永生花在第十届中国花卉博览会上惊艳亮相,荣获多个奖项,藜麦永生花也为公司带来近700万元的销售额,并且走出国门,出口到韩国、荷兰、日本等国家和地区。

分析:陈俊璋用一根网线连通了家乡和世界,在他的带动和影响下,越来越多懂技术、善经营的返乡青年站上了乡村振兴的舞台,他运用"互联网+创业",扎根电商行业,努力实现了自己心愿,让家乡的产品走出大山、走向世界。

2. 长尾商业模式

长尾概念由克里斯·安德森提出,这个概念描述了媒体行业从面向大量用户销售少数拳头产品,到销售庞大数量的利基产品的转变,虽然每种利基产品相对而言只产生小额销售量。但利基产品销售总额可以与传统面向大量用户销售少数拳头产品的销售模式媲美,通过C2B实现大规模个性化定制,核心是"多款少量"。所以长尾商业模式需要低库存成本和强大的平台,并使得利基产品对于兴趣买家来说容易获得。

这种商业模式在于少量多种地销售自己的产品:致力于提供相当多种类的小众产品,而其中每一种的卖出量相对很少。将这些小众产品的销售汇总,所得收入可以像传统模式销售一样可观,它不同于传统模式,以销售少数的明星产品负担起绝大部分的收益。长尾商业模式要求低库存成本和强大的平台,以保证小众商品能够及时被感兴趣的买家获得,亚马逊、淘宝等都较典型地运用了长尾商业模式。

3. 跨界商业模式

互联网为什么能够如此迅速地颠覆传统行业呢?互联网颠覆的实质是利用高效率来整合低效率,对传统产业核心要素的再分配,也是生产关系的重构,并以此来提升整体系统效率。互联网企业通过减少中间环节,减少所有渠道不必要的损耗,减少产品从生产到进入用户手中所需要经历的环节来提高效率,降低成本。因此,对于互联网企业来说,只要抓住传统行业价值链条当中的低效或高利润环节,利用互联网工具和互联网思维,重新构建商业价值链就有机会获得成功。

优秀的跨界型商业模式创新，最终目的并非简单的"旧市场+新市场"式吞并。跨界型商业模式创新的生命力，在于在这些打破和颠覆行为中，是否能够根据客户自身需求的细微变化，对它进行还原。

4. 免费商业模式

"互联网+"时代是一个信息过剩的时代，也是一个注意力稀缺的时代，怎样在无限的信息中获取有限的注意力，这成为"互联网+"时代的核心命题。注意力稀缺导致众多互联网创业者开始想尽办法争夺注意力资源，而互联网产品最重要的就是流量，有了流量才能以此为基础构建自己的商业模式，所以说互联网经济就是以吸引大众注意力为基础，去创造价值，然后转化成盈利。

很多互联网企业都是以免费、好的产品吸引很多用户，然后把新的产品或服务提供给不同的用户，在此基础上再构建商业模式，比如360安全卫士、QQ用户等。互联网颠覆传统企业的常用打法就是在传统企业用来赚钱的领域免费，从而彻底把传统企业的客户群带走，继而转化成流量，然后再用延伸价值链或增值服务来实现盈利。

天下没有免费的午餐，所有的免费最终都要通过其他渠道实现盈利。免费商业模式的盈利方式总结起来可以分为以下3点。

（1）直接交叉补贴。直接交叉补贴是指企业和商家等卖方为了在一种产品上盈利，而降低另一种产品的价格或免费进行销售的行为，从而以高获利产品补贴亏损产品。例如，在手机营业厅内，工作人员都会殷勤地向顾客推荐免费手机，当然条件是之后每个月都需要办理相应的套餐；或者向顾客赠送话费，但前提是要购买指定的某款手机。

（2）第三方市场。第三方市场是最常见的免费的商业模式之一，在这种免费模式中，第三方付费参与前两方之间的免费商品交换。企业向特定的消费者群体提供免费的服务、体验或者商品，并吸引这部分消费者感兴趣的相关品牌来投放广告，所得收入一部分用于再投入，其余作为盈利。例如，很多手机游戏，除了提供增值服务来盈利，还通过在游戏中直接插入广告，或者通过让玩家观看广告以获得一定游戏奖励的形式来投放玩家可能感兴趣的广告，将获取的广告收益作为盈利。

（3）免费+收费。这种模式在互联网背景下十分常见，向全部用户提供免费的基础服务，并开发部分增值服务让用户付费使用。例如，360安全卫士向所有用户提供电脑免费清理服务，但是如果需要额外的人工维修服务就需要收费了。

5. O2O商业模式

O2O（Online to Offline，在线离线/线上到线下）从狭义来理解就是线上交易、线下体验消费的商务模式，主要包括两种场景：一种是线上到线下，用户在线上购买或预订服务，再到线下商户实地享受服务；另一种是线下到线上，用户通过线下实体店体验并选好商品，然后通过线上下单来购买商品。广义的O2O就是将互联网思维与传统产业相融合，未来O2O的发展将突破线上和线下的界限，实现线上线下、虚实之间的深度融合，其模式的核心是基于平等、开放、互动、迭代、共享等互联网思维，利用高效率、低成本的互联网信息技术，改造传统产业链中的低效率环节。通过这种方式，可以将店铺信息和口碑在消费者中更快、更远地扩散，可以量化消费者数据，同时还能较容易地传递面对面的实体服务和品牌价值。

O2O 是互联网与传统商业模式结合的一个非常好的突破口，与传统的消费者在商家直接消费的模式不同，在 O2O 平台商业模式中，整个消费过程由线上和线下两部分构成。线上平台为消费者提供消费指南、优惠信息、便利服务（预订、在线支付、地图等）和分享平台，而线下商户则专注于提供服务。

O2O 发展至今可归纳为以下 3 个阶段。

在 1.0 早期的时候，O2O 线上线下初步对接，主要是利用线上推广的便捷性等把相关的用户集中起来，然后把线上的流量导到线下，主要领域集中在以美团网为代表的线上团购和促销等领域。在这个过程中，存在着主要是单向性、黏性较低等特点。平台和用户的互动较少，基本上以交易的完成为终结点。用户更多是受价格等因素驱动，购买和消费频率等也相对较低。

发展到 2.0 阶段后，O2O 基本上已经具备了目前大家所理解的要素。这个阶段主要的特色就是升级为服务性电商模式：包括商品（服务）、下单、支付等流程，把之前简单的电商模块转移到更加高频和生活化的场景中来。由于传统的服务行业一直处在一个低效且劳动力消化不足的状态，在新模式的推动和资本的催化下，出现了 O2O 的狂欢热潮，于是上门按摩、上门送餐、上门生鲜、上门化妆、滴滴打车等各种 O2O 模式开始层出不穷。在这个阶段，由于移动终端、微信支付、数据算法等环节的成熟，加上资本的催化，用户数量出现了井喷，使用频率和忠诚度开始上升，O2O 和用户的日常生活开始融合，成为生活中密不可分的一部分。但是，在这中间，有很多看起来很繁荣的需求是由于资本的大量补贴等导致的，虚假的泡沫掩盖了真实的状况，有很多并不是刚性需求的商业模式开始浮现，如按摩、洗车等。

到了 3.0 阶段，开始出现明显的分化，一种是真正的垂直细分领域的一些公司开始凸现。比如专注于快递物流的"速递易"，专注于高端餐厅排位的"美味不用等"。另一种就是垂直细分领域的平台化模式发展，由原来的细分领域的解决某个痛点的模式开始横向扩张，覆盖到整个行业。

对于未来，随着技术的发展，O2O 行业进入壁垒越来越严实，需专注垂直领域，线上线下并重。

6. 平台商业模式

互联网的世界是无边界的，市场是全国乃至全球的。平台商业模式的核心是打造足够大的平台，产品更为多元化和多样化，更加重视用户体验和产品的闭环设计。平台型企业利用互联网平台可以放大，原因有：第一，这个平台是开放的，可以整合全球的各种资源；第二，这个平台可以让所有的用户参与进来，实现企业和用户之间的零距离。在互联网时代，用户的需求变化越来越快，越来越难以捉摸，单靠企业自身所拥有的资源、人才和能力很难快速满足用户的个性化需求，这就要求打开企业的边界，建立一个更大的商业生态网络来满足用户的个性化需求。通过平台以最快的速度汇聚资源，满足用户多元化的个性化需求。所以平台模式的精髓，在于打造一个多方共赢互利的生态圈。

但是对于传统企业而言，不要轻易尝试做平台，尤其是中小企业不应该一味地追求大而全、做大平台，而是应该集中自己的优势资源，发现自身产品或服务的独特性，瞄准精准的目标用户，发掘用户的痛点，设计好针对用户痛点的极致产品，围绕产品打造核心用户群，并以此为据点快速打造一个品牌。

经典分享

"互联网+"特色农产品搭上网络快车走出深山

云南的松茸、鸡枞，东北的新鲜人参……把中国各地区的农产品带出深山，直接输送到城市千家万户的餐桌上。吉林大学珠海学院的云翼农业团队的项目"三营—新零售模式下的原生态农特商贸城"就是立足东莞万江，为都市家庭服务，提供新鲜、有特色的农贸商品。

云翼农业创始人周国荣在接受记者采访时表示，自己此前曾接触过物流行业，知道由于信息不畅通、销售方式单一，农产品滞销现象时有发生，而都市人希望享受到新鲜、珍贵的食材，却苦于没有购买渠道。周国荣深入原产地调研，与当地的农户、基地、政府建立合作关系，再通过互联网营销和推广，开拓有需求的买家，成功连接起农户与消费者的直接输送通道。"目前，我们已经与东莞200多户家庭建立直接联系的关系，为他们提供当季新鲜高端的农产品。通过互联网开拓客户、维护客户、联系客户，能够降低成本。"

创业的根本目的是满足顾客需求，而顾客需求在没有满足前就是问题。因此，寻找创业机会的一个重要途径是善于发现并体会自己和他人在需求方面的问题或生活中的难处。云翼农业团队借助互联网的媒介手段，链接了生产者和消费者，将高端食材推送给目标顾客。民以食为天，因为平台提供的是反复消费的食品，所以这个创业项目具有可持续发展性。此外，他们结合自身的专业特长，认真分析市场需求和自身情况而选定细分市场，根据整体市场上顾客需求的差异性，提供从田间到餐桌的精准服务。

课后活动

"寻找身边的创业机会"创意大赛

一、活动目标

通过创意活动发挥学生的想象力,结合自己的专业,利用身边的机会发现可以实际操作的创业机会,增强团队合作能力。

二、程序和规则

(1) 以班级为单位展开,发挥班级不同团队的创意能力。

(2) 设计方案并分析"吃、喝、玩、乐、住、行"等方面应该提升和改进的地方。

(3) 分析并向各位同学介绍各自媒体、电商创业的特点。

(4) 讨论将自媒体、电商创业的特点与"吃、喝、玩、乐、住、行"创业融为一体的模式。

三、讨论

分别在班级内部和班级之间进行交流,从中获得更多的经验与想法。

四、总结

发现创业机会需要保持好奇心,有好奇的冲动;要想发现创业机会,还需要平时多积累,多读书,多学习,增强个人能力的同时,也可以增加自己的阅历,开阔自己的眼界;要想发现创业机会,找到适合自己的创业项目,需要多与人交流,多获得有用信息。

(建议时间:60分钟)

复习思考

(1) 创业模式的概念是什么?包括哪些?

(2) 结合自己所学的专业分析互联网创业的背景、类型和模式。

6.2 评估创业机会

能力目标

（1）了解创业机会的含义、特征和类型。
（2）了解创业机会评估准则。
（3）掌握创业机会评估方法。

案例导读

寻找创业机会，创造复星神话

"复星四剑客"分别是郭广昌、梁信军、汪群斌和范伟。在郭广昌的带领下，他们不断创造着资本"神话"。

复星把握商机有独到的眼光，每开辟一个新领域，都选择在行业低谷时进入。复星的第一桶金是在1992年靠做市场调查赚到的，一年就赚到了第一个100万元。1994年，复星作为上海早期的房地产销售商之一，当年就赚到了第一个1000万元。1997年，复星主攻PCR试剂生产，生物制药业务又给他们带来了第一个1亿元。1998年，改制后的复星实业上市，随即募集资金3.5亿元。2001年，复星对豫园商城、友谊股份进行控股收购，真正将产业与资本对接。2002年，复星对建龙钢铁投资时，中国钢铁行业的发展和建龙自身的发展都处于低迷时期，复星以极低的成本投资了建龙。2003年，复星投资德邦证券时，证券业也正处在低潮期，没人愿意购买。2004年，复星投资招金矿业，黄金价格也处在历史低点。这样的消费理念，也逐渐形成了复星人常挂在嘴边的"快半步"文化，就连复星的上海总部大楼，都是1999年买下的烂尾楼盘，当时每平方米只有4500元。

分析："复星四剑客"成功的关键在于把握住了良好的创业机会。要创业，首先要捕捉好创业机会，把握住每个稍纵即逝的创业机会，就等于成功了一半。现在国家出台了大量的创新创业扶持政策，我们正处在一个充满机会的年代。面对机会，有的人及时抓住，事半功倍，做出了一番成就；有的人却让机会溜走了，错失良机，只能仰望他人的成功。我们能否把握住机会，其中的关键是对机会的识别和把握。只有善于发现商机，善于开创项目，找对创业的战略及技巧，才能让创业机会转化为成功的事业。

一、创业机会的捕捉

（一）创业机会的概念及其特征

创业机会是指在创业活动中能给企业和创业者带来营利性的客观存在的市场需求，是一种能够创造价值和利润的合法机遇。大量事实证明，要想成为一名成功的创业者，其关键就在于是否重视挖掘商机，是否善于透过事物的现象看本质，只有善择良机并当机立断，才能准确抓住拓展事业的绝好机会。面对机会，不同的人有不同的感受，只有正确认识创业机会的特征，才有助于创业者识别和捕捉创业机会。创业机会具有以下几种特征。

1. 时代性

机会总是与时代紧密联系在一起的，具有鲜明的时代特征。时代是机会的土壤，好的时代像肥沃的土壤，孕育着大量的机会；而不好的时代就像荒凉的土地，很少有成功的机会和可能。寻求成功的人们，要紧跟着时代的脉搏，捕捉机会，只有这样才能创造更多成功的可能。

2. 普遍性

凡是有市场、有经营的地方，客观上就存在着创业机会。创业机会普遍存在于各种经营活动过程之中。

3. 偶然性

机会在大多数情况下是偶然被捕捉到的。人们越刻意地寻找，很可能就越无法寻找到其踪影；然而在你毫无准备的时候，机会却突然出现在你的面前。由于机会具有偶然性，所以考验着人们的综合能力。

4. 风险性

机会在带来利益的同时，也给人们带来投资风险。这是因为机会本身带来的是一种新兴的事物，需要物力、财力、人力等资源的投资，同时需要一定时间的坚持与努力。

5. 隐蔽性

机会是一种无形的事物，人们只能凭感觉意识到它的存在，而无法用视觉看到它。机会往往隐藏在社会现象的背后，通常很难找到其踪迹，需要人们细心敏感地去察觉。

6. 易逝性

机会还有显著的特征——易逝性，表现为稍纵即逝和一去不复返，说明机会不可失。虽然机会可能还会有，但同样的机会是极难再重来的。

（二）如何发现创业机会

凡是能成为一名成功创业者的人，都是寻找商机的高手。所以，创业者要取得成功与发展，首先思想上必须重视寻找商机，千方百计地发现商机，并利用资源最大限度地抓住商机。有句话说"愚蠢的人等待商机，聪明的人抓住商机，卓越的人创造商机"，商机永远属于有准备的人。创业者可以从以下几个方面捕捉商机。

1. 从身边的需求和问题中捕捉机会

创业的根本目的是满足顾客需求，寻找创业机会的一个重要途径是善于发现并体会自己与他人在需求方面的问题或生活中的难处。比如，双职工家庭没有时间照顾小孩，于是有了家庭托儿所；没有时间买菜就产生了送菜公司等，这些都是把问题转化为创业机会的成功案例。

每个人的需求都是有差异的，如果我们时常关注某些人的日常生活和工作，就会从中发现某些机会。因此在寻找机会时，创业者应把顾客分类，认真研究各类人员的需求特点。

2. 从变化中捕捉机会

创业的机会大都产生于不断变化的市场环境中，这种变化可以包括政府政策的变化、人口结构的变化、居民收入水平提高、产业结构的变动、消费结构升级、价值观与生活形态的变化等方面。比如，通过分析价值观念和认识的改变，寻求商业创意。再如，居民收入水平提高，私人轿车的拥有量将不断增加，这就会派生出汽车销售、修理、配件、清洁、装潢、二手车交易、代驾等诸多创业机会。例如在国有体制改革和公共事业产业开放的调整中，可以在能源、电信、交通产业中挖掘更多的商业构思。

3. 从创造发明中捕捉商机

创造发明提供了新产品、新服务，在更好地满足顾客需求的同时，也带来了创业机会。比如随着各种新式计算机被研发出来，计算机维修、软件开发、计算机操作培训、图文制作、信息服务、网上开店等创业机会随之而来。即使你不发明新的东西，你也能成为销售和推广新产品的人，从而发现商机。

4. 从新知识、新技术的产生中捕捉机会

新知识、新技术的产生带来了许多市场机会。例如，随着健康知识的普及和技术的进步，围绕着人体保健的问题就涌现了许多创业机会；人类基因图谱的破译，可以给生物与医疗服务领域带来商机。

5. 从重大事件和热点领域中捕捉机会

重大事件和热点领域中也孕育着无限的商机，创业者应关注新闻报道，以便从中寻找"灵感"。例如，2008年北京奥运会的成功举办，不仅使中国的国际地位得到提升，还使北京"人文奥运、绿色奥运、科技奥运"三大主题带来的无限商机促进了中国经济的发

展。国家统计局有关负责人指出，2008年北京奥运会开幕前投资2800亿元建设的场馆等配套设施，每年拉动中国经济增长0.3%~0.4%，增加了200万个就业岗位。这实际上就是为众多的创业者提供了千载难逢的商机。

6. 通过分析特殊事件，寻找商业创意

例如，美国一家炼钢厂因为资金不足，不得不购买小型炼钢炉，而后竟然发现小型炼钢炉的获利率要高于大型炼钢炉的获利率，后来经过分析，钢产品的市场结构已发生变化，因此该厂将投资重点放在了小型炼钢炉的炼钢技术上。

7. 通过分析矛盾，寻求商业创意

例如，金融机构提供的服务与产品大多针对专业投资大户，而占市场很大比例的一般投资者却没有受到应有的重视。这样的矛盾显示了为一般大众的投资提供服务的市场是极具潜力的。

8. 通过分析作业程序，寻求商业创意

例如，分析很多行业的生产作业流程或服务流程，可以挖掘软件开发和信息服务方面的商业创意。

9. 通过复制外地市场，寻找创意

例如，外地市场出现了一个新奇的事物，可以将它复制到本地市场来促进商机的产生。

二、创业机会的类型

（一）按创业机会的来源划分

按创业机会的来源划分，创业机会可以分为问题型机会、趋势型机会、组合型机会。

1. 问题型机会

问题型机会是指由现实中存在的未被解决的问题所产生的创业机会。问题型机会在人们的日常生活和企业实践中大量存在。例如，顾客的抱怨、大量的退货、无法买到称心如意的商品、服务质量差等，在这些问题的解决中存在价值或大或小的创业机会，需要创业者用心发掘。

2. 趋势型机会

趋势型机会是指在变化中看到未来的发展方向，预测到将来的潜力和机会。这种机会一般容易产生在时代变迁或重要领域改革的时期。在这种环境下，各种新的变革不断出现，能够及时发现并把握这种机会的人有可能成为未来趋势的先行者和领导者。

3. 组合型机会

组合型机会是指将现有的两项以上的技术、产品服务等因素组合起来，实现新的用途和价值而获得的创业机会。这种机会好比"嫁接"，对已经存在的多种因素进行重新组合，往往能实现与过去功能大不相同的效果或倍增效果。

（二）按目的与手段关系的明确程度划分

按目的与手段关系的明确程度划分，创业机会可以分为识别型机会（目的与手段关系明确）、发现型机会（目的与手段关系有一方不明确）、创造型机会（目的与手段关系均不明确），如表 6-1 所示。

表 6-1　创业机会按目的与手段关系的明确程度进行分类

手段	目的明确	目的不明确
明确	识别型机会	发现型机会
不明确	发现型机会	创造型机会

1. 识别型机会

识别型机会是指当市场中的目的与手段关系十分明确时，创业者可以通过目的与手段关系的连接来识别机会。例如，当商品供求之间出现矛盾或冲突，不能有效满足需要时，就会出现大量的创业机会，常见的问题型机会大多属于此类型。

2. 发现型机会

发现型机会是指目的或手段任意一方的状况未知，待创业者去发掘机会。例如，一项技术被开发出来，但尚未有具体的商业化产品出现，因此，需要通过不断尝试来挖掘市场机会。

3. 创造型机会

创造型机会是指目的和手段皆不明确。创业者要比他人更具有先见之明，才能创造出有价值的市场机会。在目的和手段都不明确的情况下，创业者想要建立起连接关系的难度非常大，但这种机会通常可以创造出新的目的和手段关系，这将为创业者带来巨大的利润。在商业实践中，识别型、发现型和创造型 3 种类型的创业机会可能同时存在。一般来说，识别型机会多半处于供求尚未均衡的市场，创新程度较低，这类机会并不需要太复杂的辨别过程，反而强调拥有较多的资源，就可以较快进入市场获利。而把握创造型机会就非常困难，它依赖于新的目的手段关系，而创业者往往拥有的专业技术、信息、资源规模等都相当有限，更需要创业者的创造性资源整合与敏锐的洞察力，同时，还必须承担巨大的风险。发现型机会最为常见，也是目前大多数创业者所识别的对象。

三、创业机会的识别

识别创业机会是创业领域的关键问题之一。从创业过程角度来说,它是创业的起点。创业过程就是围绕着创业机会进行识别、开发、利用的过程。识别正确的创业机会是创业者应当具备的重要技能。创业机会以不同形式出现。虽然以前研究的焦点多集中在产品的市场机会上,但是在生产要素市场上也存在创业机会,如新的原材料的发现等。许多好的商业机会并不是突然出现的,而是对有准备的人的一种回报。在创业机会识别阶段,创业者需要弄清楚创业机会在哪里寻找和怎样寻找。

(一)现有市场机会与潜在市场机会

1. 现有市场机会

对创业者来说,在现有的市场中发现创业机会是很自然和经济的选择。一方面,它与我们的生活息息相关,能真实地感觉到市场机会的存在;另一方面,由于总有尚未全部满足的需求,所以在现有市场中创业,能减少机会的搜寻成本,降低创业风险,有利于成功创业。现有市场机会存在于不完全竞争下的市场空隙、规模经济下的市场空间、企业集群下的市场空缺等。

(1)不完全竞争下的市场空隙。不完全竞争理论或不完全市场理论认为,企业之间或者产业内部的不完全竞争状态,导致市场存在各种现实需求,大企业不可能完全满足市场需求,必然使中小企业具有市场生存空间。中小企业与大企业互补,满足市场上不同的需求。大中小企业在竞争中生存,市场对产品差异化的需求是大中小企业并存的理由,细分市场及系列化生产使得小企业的存在更有价值。

(2)规模经济下的市场空间。规模经济理论认为,无论任何行业都存在企业的最佳规模或者最适度规模的问题,超越这个规模,必然导致效率低下和管理成本的增加。产业不同,企业所需要的最经济、最优成本的规模也不同,企业从事的不同行业决定了企业的最佳规模,大小企业最终要适应这一规律,发展适合自身的产业。

(3)企业集群下的市场空缺。企业集群主要指地方企业集群,是一组在地理上靠近的相互联系的公司和关联的结构,它们同处在一个特定的产业领域,由于具有共性和互补性而联系在一起。集群内中小企业彼此间发展高效的竞争与合作关系,形成高度灵活专业化的生产协作网络,具有极强的内生发展动力,依靠不竭的创新能力保持地方产业的竞争优势。

2. 潜在市场机会

潜在市场机会来自新科技应用和人们需求的多样化等。成功的创业者能敏锐地感知社会大众的需求变化,并能够从中捕捉市场机会。新科技应用可能改变人们的工作和生活方式,出现新的市场机会。通信技术的发展,使人们在家里办公成为可能;互联网的出现,改变了人们工作、生活、交友的方式;网络游戏的出现,使成千上万的人痴迷其中、乐此不疲；网上购物、网络教育的快速发展，使信息的获取和共享日益重要。

需求的多样化源自人的本性，人类的欲望是很难得到满足的。在细分市场里，可以发掘尚未满足的潜在市场机会，一方面，根据消费潮流的变化，捕捉可能出现的市场机会；另一方面，根据消费者的心理，通过产品和服务的创新，引导需求并满足需求，从而创造一个全新的市场。

（二）行业市场机会与边缘市场机会

行业市场机会是指市场中某个行业内的市场机会，边缘市场机会是指在不同行业之间的交叉结合部出现的市场机会。一般来说，人们对行业市场机会比较重视，因为发现和识别创业机会的难度较小，但正因为难度小，参与者众多，往往竞争激烈，成功的概率较低。而在行业之间出现的边缘市场机会，往往难以发现或涉足较少，需要创业者具有丰富的知识和经验。一旦顺利开发，创业成功的概率就会很高。

（三）当前市场机会与未来市场机会

当前市场机会是指那些已经在社会经济发展中呈现出来的市场机会。而未来市场机会是指通过前期的市场调研和预测，分析将来会在某一时期内出现的市场机会。如果创业者对将来可能出现的某种市场机会具有比较清晰的认识和判断，就可以提前做好准备，并调动已有的市场资源，为创业机会的出现搭建平台，从而获取领先优势。

（四）全面市场机会和局部市场机会

全面市场机会是指在大范围市场中出现的未满足的实际需求，如国际市场或全国市场出现的市场机会，着重于拓展市场的宽度和广度。局部市场机会则是在一个局部范围或细分市场出现的未满足的需求。在大市场中寻找和发掘局部或细分市场机会，见缝插针，拾遗补阙，创业者就可以集中优势资源投入目标市场，有利于增强主动性，减少盲目性，从而增加成功的可能。

案例

小米公司的逐梦旅程

在创办小米公司时，雷军恰好40岁，在他看来，创办小米公司，更多的是因为梦想的召唤。那时的雷军在众人眼中早已"功成名就"，金山快译、画王、毒霸、游戏，都与他密切相关，金山WPS更是民族软件的脊梁；他也是天使投资人，UC浏览器、YY语音、拉卡拉、凡客诚品，这些公司的成功无不验证着雷军的眼光。可是，他更想成为一名中关村的创业者，实现年轻时候的梦想。"不是必赢就是必输"，于是他选择在40岁的时候出发，按照创业者的标准开始启程。

创业初期雷军很低调,先是悄悄成立小米公司,然后以第三方名义开发 MIUI 系统,甚至在招聘时都不说他是真正的老板。在小米公司创办初期的一年多,任何人不允许讲小米公司是雷军创办的,也不发新闻稿,拒绝接受任何采访。雷军的想法是,应该把所有的精力都集中在把产品做好上。"小米手机为发烧而生,但是未来的硬件升级空间正在逐步减少,小米手机要回到原点,回到性能本身,之后才是价格。"

创业一年后的夏天,2011 年 8 月 16 日,小米手机发布会暨 MIUI 周年粉丝庆典在 798 艺术区举行,国内首款双核 1.5G 手机——小米手机正式发布。雷军站在舞台中央,完成两个小时的演讲,正式推出小米手机。从那时开始,小米公司踏上了追逐梦想的"奇幻"之旅。

分析:小米公司的创办,实则是雷军看到了一个"势",就是手机工业的进一步互联网化。基于对未来市场机会的准确分析,他带着小米团队做好准备,调动已有资源,获得领先优势。

四、创业机会的选择

经过创业机会的识别以后,要进行机会的选择。在现实经济生活中,适合创业的机会并不是很多。创业者需要借助"机会选择漏斗",经过一层层筛选,在众多机会中筛选出真正适合自己的创业机会。

(一)要筛选出较好的创业机会

一般来说,好的创业机会主要有 5 个特点:一是在前景市场中,前 5 年的市场需求会稳步快速增长;二是创业者能够获得利用该机会所需的关键资源;三是创业者不会被锁定在"刚性的创业路径"上,而是可以中途调整创业的"技术路径";四是创业者有可能创造新的市场需求;五是特定机会的商业风险是明朗的,且至少有部分创业者能够承受相应风险。

(二)要筛选出利己的创业机会

面对较好的创业机会,特定的创业者需要回答 4 个问题:一是创业者能否获得自己缺少、但他人控制的资源;二是遇到竞争对手时,自己是否有能力与之抗衡;三是是否存在该创业者可能创造的新增市场;四是该创业者是否有能力承受利用该机会的各种风险。

(三)创业机会选择的基本原则

想捕捉到好的创业机会,选择最好的创业项目,就要遵循以下选择创业项目的基本原则。

1. 选择国家政策扶持的行业，并具有发展前景的行业为原则

青年学生创业只有激情是远远不够的，还要有理智的头脑。在创业之前，就必须先要知道国家目前在扶持、鼓励哪些行业发展，哪些行业是允许创业的，哪些是限制的。创业者选择国家政策扶持、鼓励的行业，对于企业日后的发展也将起到十分重要的作用。结合创业所在地，当地政府出台的优惠政策、发展政策，挖掘具有发展前景的行业，可以提高创业的成功率。

2. 充分了解创业的客观环境的原则

想要创业，就要充分了解创业所在地的客观环境，包括社会、经济、人文环境，要认真分析当地的发展政策、消费环境、市场竞争强度、人文特点等。深入考察创业环境能够帮助创业者开阔视野，敏锐捕捉到市场机会，增强项目选择的合理性。

3. 充分发挥自身特长与资源优势的原则

创业者在选择项目之前，应该对自己的状况有一个清楚的认识和判断，如自己的优缺点、自己的兴趣和爱好、自己有哪些专业特长和从业经验、个人社会关系如何、经济实力怎么样等。对自己情况分析越透彻，越容易找到扬长避短并适合自己的创业项目，越能提高创业的成功率。

同时，看清自身的状况，审视了创业环境之后，应从中甄选出重点利用开发的资源，其中要做到自有资源优先，如专业技术、行业从业经验、经营管理能力、个人社会关系、私有物质资产等。自有资源的取得和使用成本较低，也容易使项目获得优势。

4. 认真做好市场调研，挖掘市场需求的原则

创业者必须懂得，要确保创业的成功及新企业长盛不衰，创业项目的选择就必须以市场为导向，必须要从社会需求出发。要想知道社会需求，就必须进行市场调研。市场调研就是通过收集有关资料和数据，加以研究和分析，为市场预测提供可靠的依据。在正式实施创业项目之前，要有目的有计划地做好市场调查，对市场需求进行深入的研究分析。例如，顾客的消费特点是什么、顾客的构成特点是什么、当地该产品的年销售总量是多少、顾客数量是否在增加、顾客数量是否稳定、什么地方最适合经营、至少需要多少流动资金，把所有问题列出来，做成清单，通过调查研究逐个解决。

5. 量入为出，从小做起的原则

在创业行动之前，不少创业者对未来充满激情，于是创业时必须考虑的财务问题往往被忽略，最终发展前景很好的项目却因资金周转困难而中途夭折。所以，创业者要坚持量入为出的原则，要考虑项目启动资金是否可以承受、后续资金投入能否跟上、项目投入中固定部分和流动部分的比例是否合理等问题。若拿着自己的血汗钱或者借钱创业，就应该尽量规避风险较大的创业项目，用为数不多的资金投资到风险较小，规模较小的创业项目当中，积少成多滚动发展起来。

6. 创新与特色的原则

创新是企业的生命，也是创业成功的关键。创新的概念是世界著名经济学家熊彼特提出的，他将其定义为"企业家对生产要素的重新组合"，它包括的情况有：开发新产品或改造老产品；开辟一个新的市场；采用一种新的生产方法，获得原料或半成品的新的供给来源；实行一种新的企业组织形式。

对创业者来说，创新更具紧迫性和重要性，主要有以下两个原因。

（1）目前市场上不缺普通商品和一般的劳务，缺的是特殊的商品及有创意的服务。创业者只有加强市场调研，刺激和创造需求，生产适合需求的具有特色的产品和服务，才能使企业得以生存和发展。

（2）刚开始创业，投资较小，容易进入行业领域，但是竞争十分激烈，只有创新才能在产品和服务上形成竞争优势。坚持创新与特色的原则，就是要力求做到"人无我有，人有我优，人优我专"。

（四）有价值创业机会的基本特征

我们知道九成以上的创业梦想最后都失败了。事实上，新创业获得高度成功的概率大约不到1%。成功与失败的原因，除了不可控的各种因素，还有一些原因是创业者在开始的时候，未能对创业机会进行评估就贸然实施。当然创业本身是一种做中学的高风险行为，而且失败也可能为下一次创业成功奠定基础。

这些先天体质不良，市场进入时机不对，或者具有致命瑕疵的创业构想，如果创业者在开始创业前能先以比较客观的方式进行评估，判断出面对的创业机会是否创业价值，那么创业成功的概率也可以因此而大幅提升。有价值潜力的创意一般会具有以下基本特征。

1. 独特、新颖，难以模仿

创业的本质是创新，创意的新颖性可以是新的发明、新的技术，可以是新的解决方案，可以是差异化的解决办法，也可以是更好的措施。另外，新颖性还意味着一定程度的领先性。不少创业者在选择创业机会时，关注国家政策优先支持的领域就是在寻找领先性的项目。不具有新颖性的想法不仅将来不会吸引投资者和消费者，对创业者本人都不会有激励作用。新颖性还可以加大被模仿的难度。

2. 客观、真实，可以操作

有价值的创意绝对不会是空想，而要有现实意义，具有实用价值。简单的判断标准是能够开发出可以把握机会的产品或服务，而且市场上存在对产品或服务的真实需求，或可以找到让潜在消费者接受产品或服务的方法。同时，市场对这些产品和服务的需求的容量也要足够大。

3. 对用户的价值与对创业者的价值

有潜力的创意还必须具备对用户的价值与对创业者的价值。创意的价值特征是根本，好的创意能为消费者带来真正的价值。创意的价值要靠市场检验，好的创意需要进行市场测试。同时，好的创意必须为从业者带来价值，这是创业动机产生的前提。

经典分享

"中药鸡"年销上千万元，并且带动周边农户走向富裕

张正群，这位来自重庆的"80后""辣妹子"，正是中国百万返乡创业的青年之一。7年前，她不顾亲人朋友的反对，不畏乡村环境的艰辛，毅然跑到重庆乡村的大山里养鸡；7年间，她筚路蓝缕，从"门外汉"自学成养殖专家，独创的"中药鸡"年销上千万元，并且带动周边农户走向富裕。

近几年，不断发生的食品安全事件让她一方面担心女儿的健康会不会受到影响，另一方面更忧虑其他食物的安全问题。

"那个时候我就在想，农产品要保证安全，源头企业一定要有良知。如果有机会，我一定要做一家有良知的农产品生产企业，让全国的家庭都能吃上放心的食物！"

2012年，张正群在老家一山之隔的青峰镇牌坊坝村流转了100多亩山坡，成立了永川态聚家禽养殖股份合作社，开始了土鸡养殖。

由于坚持"良知"，她拒绝喂养添加了各类抗生素的饲料鸡，而是选择用纯粮食喂鸡。这样一来，张正群家的鸡比起同行业的饲料鸡抵抗力差不少，2013年禽流感来袭，即将出栏的两万只鸡损失惨重，导致直接亏损30多万元。

2013年4月，张正群邀请西南大学的教授作为技术顾问，用200只土鸡进行实验，以人参、山楂、当归等30多味中药以1∶20的比例添加杂粮作为主食，以昆虫及菜叶为辅进行喂养。此外，她还将过去的圈养改为竹林下散养，并且严格控制出栏时间。

半年过后，张正群将"中药鸡"送往权威机构进行检测，结果表明，中药鸡抵抗力大幅增强，抗生素、药物残留几乎为零，脂肪含量是普通土鸡的1/3，而蛋白质和钙却高出1/3。在越来越讲求食物品质的当下，张正群的"中药鸡"以高钙、高蛋白、低脂肪的特点迅速打开市场，受到消费者的欢迎。

当前，大学生回乡创业已经成为一种普遍现象，他们回到农村，不但为农村带来了新兴产业，而且为农民带来了新的知识，为农业生产带来了新的希望，大学生在创业的同时，找到了创造性的发展空间，体现了自我价值。他们有着聪明的头脑，不怕吃苦的精神，对自己的家乡怀有深厚的情谊。他们心中有乡亲，有着带动乡亲致富的初心。"知识就是力量"，乡村振兴，建设美丽新农村，需要知识，需要科学，更需要无数懂科学、有胆识、有能力的大学生。

课后活动

找寻你身边的创业机会

一、活动目标

实际参与各种调研活动,分析评估你所在城市的创业活力,考察你所在城市是否为青年一代提供了良好的创业和发展环境,多数创业者是否都是普通人。

二、程序和规则

(1) 班级随机分组,每 3~5 人为一组,并推选出一名组长。

(2) 小组讨论。

- 社会需要哪些产品与服务?
- 如何看待热门行业与冷门行业?
- 创业应该多关注哪种类型的项目?
- 创业的空间与机会在哪里?
- 项目众多,新颖而特别,容易眼花缭,如何做出选择?

三、讨论

(1) 将你列出的个人观点与组内成员相互交流,并进行讨论后,形成统一的小组观点。

(2) 列出的小组观点,每组随机抽取一名代表上台发言,正确地分析自己的优势,找到适合自己的创业类型。各小组组长和老师分别进行打分和评价,最终评价得分最高的小组为优胜组。

四、总结

教师总结和反思。

(建议采用分组课堂模式,时间为 25 分钟)

复习思考

(1) 创业机会的概念是什么?包括哪些类型?

(2) 评估创业机会的方法有哪些?

(3) 结合自己所学的专业评估并寻找合适的创业机会。

6.3 评估创业项目

能力目标

（1）理解创业项目评估的主要内容。
（2）理解创业项目评估指标体系。
（3）掌握创业项目评估工具。

案例导读

蒋磊的创业说明

蒋磊，1984年出生于四川南充，北京铁血科技有限责任公司CEO。除了学习，蒋磊平时还十分喜欢军事，读高中时他就喜欢看军事杂志、研究军事武器。2001年蒋磊就创办了一家网站。没有资金支持，刚开始蒋磊的网站只能将自己的网页挂在其他网站上，使用免费空间，直到第一桶金的到来。蒋磊的第一桶金来自国外的一家搜索引擎网站，广告费用为600多元。虽然这笔钱不是很多，却派上了大用场。蒋磊用这笔钱购买下了域名，租了一个服务器，为以后网站的发展打下了基础。随着网站的扩大发展、用户的增长，2004年蒋磊决定成立公司进行运营。在运营中，蒋磊尝试了多种方式，包括创办电子杂志、网络社区、开发网络游戏、网站广告等，其中的尝试有成功有失败，但网站的注册用户呈直线上升，也为其攒下了一批非常忠实的用户。

蒋磊发现军事迷这一群体十分庞大，他们并不简单地满足于查看军事信息、阅读军事小说，他们还有更多的需求，如购买军品服饰等。于是蒋磊联系了国外某知名品牌，购进一些服饰用于销售，那时候网购并不流行，网友纷纷来到办公地点购买产品。从国外引入的经典军服很快销售一空，这成为军品电商的起点。随着网络购物的迅速发展，蒋磊销售的军事用品越来越受到军事迷的欢迎。与此同时，蒋磊也十分注重网站的建设，努力打造军事迷喜爱的网络社区，走出一条社区电商新模式。经过12年的努力，目前蒋磊的公司拥有员工200余人，他创办的网站已成为能够提供社区、电子商务、在线阅读、游戏等产品的综合平台。

分析：蒋磊休学两次后退学创业，是因为专心做铁血网是他一直就喜欢的事情，并且愿意为它付出余生，主要原因是他对于这一创业项目做了深入细致的评估。经过梳理后发现蒋磊的创业项目有相当严密的逻辑，具有较强核心竞争力，潜在的客户群体对于项目的认可程度较高。未来发展前景广阔。

一、创业项目的评估和分析

对创业机会加以系统构思，明确了商业模式和盈利模式、达到可以实施和操作的阶段，就形成了创业项目。一个创业的机会，可以构思出不同的创业项目。创业项目分类很广，按照行业来分可以分为餐饮、服务、零售等门类，按照性质来分可以分为互联网创业项目和实体创业项目。从更大的范围来说，加盟一个品牌，开一间小店，实际上也算是一个创业项目。创业项目的评估是多方面的，包括对项目的评估、竞争优势评估指标、经营策略评估指标，也包括对团队的评估、对个人的评估等。

（一）创业项目的评估

对于创业项目的实施性，可以从市场与效益两方面进行评估。我国这方面的研究专家提出了一套准则，可以作为创业者评估创业机会及项目投入的决策参考。

1. 市场效益

1）市场定位

市场定位问题包括市场定位是否明确、顾客需求分析是否清晰、顾客接触通道是否流畅及产品线是否可以持续衍生。

2）市场结构

市场结构问题包括进入障碍、上游供应商、顾客、销售商的实力、替代性竞争产品的威胁及市场内部竞争的激烈程度。

3）市场规模与成长速度

市场规模大的行业，虽然进入相对容易，但是需要的资金很多，竞争的激烈程度相对较低，如传统制造业；如果进入一个十分成熟的市场，市场规模虽大，但是利润空间很小，如个人计算机市场；而正在成长中的市场，通常是一个充满商机的市场，如公关行业和消费娱乐业。

4）市场渗透力

聪明的创业者知道选择适当的时间进入市场，既不成为哺育市场的先驱，也不成为最后赴宴的人，而是做那个一入市就能接到订单的人。

5）市场占有率

要成为市场的领导厂商，最少要拥有20%的市场占有率。如果低于5%的市场占有率，创业的成功率不会太高，尤其是独霸一方的高科技产业，新事业必须拥有成为市场前几名的能力，或者有与众不同的地方。

6）计算产品的成本

比如，物料与人工成本所占比重的高低、可变成本与固定成本的比重及经济规模与产量，都可以用于判断自己的利润空间与附加价值。

2. 财务效益

1）合理的税后净利

一般来说，具有吸引力的创业机会，至少需要能够创造15%的税后净利。如果创业预期的税后净利是在15%以下，那么这就不是一个好的投资机会。

2）达到损益平衡所需的时间

合理的损益平衡时间应该能在两年以内达到，但如果3年后还达不到，恐怕这就不是一个值得投入的创业机会。不过，有的创业机会确实需要经过比较长的耕耘时间，此时可以将前期投入视为一种投资，以容忍较长的损益平衡时间。

3）投资回报率

考虑创业可能面临的各项风险，合理的投资回报率应该在25%以上。一般来说，15%以下的投资回报率是不值得考虑的。

4）资本需求

创业资本是创业者的一个"拦路虎"，但在创业开始的时候，不要募集太多资金。而且比较低的资本额有利于提高每股盈余。

5）毛利率

毛利率高的创业项目相对风险较低，也比较容易达成损益平衡。反之，风险较高的创业项目容易遭受损失。一般来说，理想的毛利率是40%。当毛利率低于20%的时候，创业项目就不值得考虑。

6）策略性价值

能否创造新创业在市场上的策略性价值，也是一项重要的评价指针。一般来说，策略性价值与产业网络规模、利益机制、竞争程度密切相关，而新创业机会对于产业价值链所能创造的价值效果，也与所采行的经营策略与经营模式密切相关。

7）资本市场活力

当新创业处于一个具有高度活力的资本市场，他的获利回收机会相对也会来得比较高。不过资本市场的变化幅度极大，因此在市场高点时投入，资金成本较低，筹资相对容易。但在资本市场低点时，投资新创业开发的诱因则较低，好的新创业机会也相对较少。不过对投资者而言，市场低点的取得成本较低，有的时候反而投资报酬会更高。一般来说，新创企业在活络的资本市场比较容易创造增值效果，因此，资本市场活力也是一项可以被用来评价新创业机会的外部环境指针。

8）退出机制与策略

所有投资的目的都是回收，因此退出机制与策略就成为一项评估新创业机会的重要指针。企业的价值一般由具有客观鉴价能力的交易市场来决定，而这种交易机制的完善程度也会影响新创业退出机制的弹性。由于退出的困难度普遍要高于进入，所以一个具有吸引力的新创业机会，应该要为所有投资者考虑退出机制及退出的策略规划。

（二）竞争优势评估指标

1. 成本竞争力

一个好的新创业开发案，通常都具有可以经由持续降低成本来创造竞争优势的能力。除了以发挥经济规模来降低成本，良好的品质管理、高效率的生产管理、优越的采购能力、快速的产品设计、比较高的自制率等，也都是有助于降低成本的有效手段。因此一项具有吸引力的新创业机会，应该能够对于物料成本、制造成本、营销成本等拥有掌控与持续降低成本的能力。总之，新创业机会所呈现的成本竞争力，将是评价这项创业最后能否获得成功的重要指针。

2. 市场控制力

对于市场的产品价格、客户、渠道、零件价格的控制力，攸关企业的竞争优势，因此市场领导厂商通常都具有比较高的市场控制力。因此，一个缺乏市场控制力的新创业机会的投资吸引力也比较弱。如果一家创业企业对于关键零件来源与价格缺乏控制力，对于经销渠道与经销商也缺乏控制力，同时订单几乎完全依赖少数一两个客户，那么这个创业面临的经营风险一定很高，要想持续获利也会非常困难。不过，如果新创业机会具有持续推进产品创新的能力，那么就有机会摆脱这种为他人所控制的市场困局。

3. 进入障碍

高进入障碍的市场，与新创业开发的市场相比不具有吸引力。同样的，新创业如果无法制造进入障碍，也不是一个好的投资机会。制造进入障碍的方式，包括专利、核心能力、规模经济、商誉、高品质低成本、掌握稀有资源、掌握通路、快速创新缩短生命周期，等等。在一个处处存在障碍的市场中，通常发掘好的创业机会比较困难。不过缺乏进入障碍的新市场，却往往容易吸引大量的竞争者，而使毛利快速下降。因此，所谓具吸引力的新创业机会，进入的应该是一个障碍还不太高的新市场，但进去以后需要具备制造进入障碍能力，以用来保护自身的市场利益。

（三）经营策略评估指标

1. 服务品质

由于顾客服务品质攸关企业的市场竞争力，所以新创业的经营模式能在服务品质方面具有差异化特色，并且能够创造明显的竞争优势，是评价新创业机会的重要考量。

2. 定价策略

一个好的定价策略是采取略低于市场领导厂商产品的价格，而不是以过低的价格进行市场竞争。以低价位低毛利抢占市场，通常不是一种可取的竞争策略。因此在进行新创业机会评估时，也需要评量他的定价策略是否具有能够创造优势的特色。

3. 策略弹性

成熟的大型企业的最大弱点就是决策缓慢，尤其在需要调整策略方向的时候，往往要经过长期的内部折冲。反之，新创企业组织的包袱较少，决策速度与弹性相对较快，因此策略弹性将成为新创业企业发展的竞争优势。对于一项新创业机会的评估，我们当然也要看他在面临经营环境变化之际，其经营决策方面能做出怎样快速弹性的应对。

4. 技术优势

新创业拥有的技术领先程度、技术专利、技术授权、技术联盟关系等，都可能成为一种可以创造优势的策略特色。

5. 进入时机

能掌握市场机会窗口打开的时机，采取适当的进入策略，这项新创业成功的概率自然也将会大幅提升。因此新创业机会对于市场进入时机的判断水准，也将成为一项重要的策略特色。

6. 销售渠道

销售渠道是一个经常被忽略的议题，但销售渠道却可能对新创业发展产生致命影响的因素之一。技术背景创业者通常会有一种错误的认知，他们以为只要产品精良，自然顾客就会上门。但实际上，许多优秀的产品却从来没有接触消费者的机会，而原因就是它们缺乏适当的销售渠道。所以新创业是否在销售渠道规划方面具有一定程度的创新优势与策略特色，也应该是评估新创业机会不可忽视的重点。

7. 误差承受力

由于所有的创业规划都是属于预估，因此未来的实况必定与假设情境有极大的出入。所谓新创业规划误差承受力，是指在实现创业目标前提下，执行创业计划的弹性，以及创业团队与创业资源能够承受变动的程度。如果一项新创业对于未来情境预测误差有比较高的承受力量，就应该被视为是一项具有策略特色的新创业机会。

（四）团队评估指标

1. 最佳团队组合

由声誉卓著的创业家领军，结合一群各具专业背景成员所组成的创业团队，再加上紧密的组织内聚力与共同的价值观分享，这种所谓最佳团队组合可以被视为新创业成功的最佳保证。因此评价新创业机会，不能忽视创业团队组合的成分及团队整体能够对外发挥的程度。

2. 产业经验与专业背景

创业者与他的团队成员对于所要投入产业的相关经验与了解程度多寡，也会影响新创业是否获得成功的概率。一般可以经由产业内专家对于创业团队成员的背景经验与专业能力的评价，来获得这项信息。再好的新创业机会，如果创业团队不具备相关产业经验或专业背景，那么对投资者恐怕不具有任何吸引力。

3. 诚信正直的人格

创业者的人格特质也是一项会影响新创业成败的关键因素，尤其针对创业者的人品与道德观。在业界具有良好声誉，重视诚信、正直、无私、公平等基本做人处世原则的创业者，对于评价新创业机会通常具有显著加分的效果。许多绝佳的创业机会，最后都因为内部争权夺利而功败垂成，这也突显领导者人格特质对于创业成功的重要性。

4. 专业坦诚

一个好的创业者与他的团队成员，在各项经营管理与技术专业工作上，通常能够以理性客观的态度，坦诚面对各项问题，不刻意欺骗客户与投资者，不逃避事实，不否认自己的不足，并且创业团队成员也知道应该如何去做，才能克服自己的缺失。在许多创业失败个案中，都可以看到创业团队生怕别人看穿自己的缺失，因此强烈防御他人质疑，一味掩饰问题，以及推诿责任的态度，不但没有面对缺失的勇气，也没有解决问题的智能。精明的投资者经常在访谈的过程中判断创业团队的专业坦诚度，并将自己的判断作为是否支持该项创业的重要决策参考。

（五）个人评估指标

1. 与个人目标契合程度

创业过程中遭遇的困难与风险极大，因此有必要了解创业者的创业动机，以利于判断他愿意为创业活动付出的代价程度。一般来说，新创业机会与个人目标的契合程度越高，则创业者投入意愿与风险承受意愿自然也会越大，新创业目标最后获得实现的概率也相对较高。因此，一个具有吸引力的新创业机会，一定是一个能充分与创业者个人目标相契合的创业计划。

2. 机会成本

一个人一生的黄金岁月大约只有 30 年，可分为学习阶段、发展阶段与收获阶段等，而为了这项创业机会，你将需要放弃什么？可以由其中获得什么？得失的评价如何？在决定进行创业之前，所有参与创业的成员都需要仔细思考创业所要付出的机会成本，必须经由机会成本的客观判断，才可以得知新创业机会是否真的对于个人生涯发展具有吸引力。

3. 对于失败的底线

古人说："留得青山在，不怕没柴烧。"创业必然需要面对可能失败的风险，但创业者也不宜将个人声誉与全部资源都压在一次的创业活动上。理性的创业者必须要自己设定承认失败的底线，以便保留下次可以东山再起的机会。因此在评估新创业机会的时候，创业者需要了解有关创业团队对于失败底线的看法。通常铤而走险与成王败寇的创业构想，也不会被投资者视为是一个好的新创业机会。

4. 个人偏好

评估新创业机会的时候，也需要考虑新创业的内容与进行方式是否能够符合创业者个人的偏好，包括工作地点、生活习惯、个人喜好等。

5. 风险承受度

由于每个人的风险承受度不一样，因此这也将成为影响新创业机会评估的重要因素。一般来说，风险承受度太高或太低均不利于新创业的发展。风险承受度太低的创业家，由于决策过于保守，所以相对拥有的创新机会比较少。但风险承受度太高的创业家，也会因为孤注一掷的举动，而常使企业陷入险境。一个能以理性分析面对风险的人，才是比较理想的创业家，由他来执行的新创业机会才会比较具有吸引力。

6. 负荷承受度

创业团队的耐压性与负荷承受度，也是评量新创业机会的一项重要指针。负荷承受度与创业团队成员愿意为新创业投入工作量多寡，以及愿意忍受的辛苦程度密切相关。一般来说，由负荷承受度较低的创业团队所提出的创业构想，成功的概率也比较低。

二、主要分析工具介绍

如何评价创业机会？目前还没有一种公认的方法，创业者在进行正式评价时，往往不考虑评价指标体系和评价方法，仅凭直觉做出判断，往往出做错误的决策。综合考虑国内外的一些研究，创业机会的评价方法可以分为定性分析和定量分析等方法。

（一）定性分析方法

定性评价创业机会的流程，它包括 5 个步骤：第一步，判断新产品或服务将如何使购买者创造价值，判断新产品或服务的使用的潜在障碍，如何克服这些障碍，根据对产品和市场认可度的分析，得出新产品的潜在需求，早期使用者的行为特征，产品达到创造收益的预期时间；第二步，分析产品在目标市场投放的技术风险、财务风险和竞争风险，机会的分析；第三步，在产品的制造过程中是否能保证足够的生产批量和可以接受的产品质量；第四步，估算新产品项目的初始投资额，使用何种融资渠道；第五步，在更大的范围内考虑风险的程度，以及如何控制和管理那些风险因素。

SWOT 分析法是一种值得推荐的定性分析法。SWOT 方法能帮助创业者分析企业自身的竞争优势、竞争劣势、机会和威胁，从而将公司的战略与公司内部资源、外部环境有机地结合起来的一种科学的分析方法。利用SWOT分析法,创业者可以更加方便地抓住机会、发挥优势、克服不足、回避威胁。

1）S——企业的优势

不仅仅是你会什么或你有什么,更重要的是竞争优势。例如,你的产品比竞争对手的好,你的商店的位置非常有利,你的员工技术水平很高,拥有核心的技术、大量现成的用户、先发优势,符合用户的消费习惯,行业中的地位等。

2）W——企业的弱势

企业的弱势包括自己的产品比竞争对手的贵,没有足够的资金按自己的愿望做广告,无法像竞争对手那样提供综合性的系列服务,有想法但没有技术实现的能力,没有维持项目启动和发展的资金,还没有组建起团队,等等。

机会和威胁是在需要了解时存在于企业外部的、个人无法施加影响的因素,如国家政治、经济、科学技术及地区变迁等因素。

3）O——市场上存在什么机遇

市场上存在的机遇一般是指周边地区存在的对企业有利的事情。例如,你想制作的产品越来越流行；附近没有和你类似的商店；因为许多新的住宅小区正在这个地区建设,潜在顾客的数量将会上升；你是处于行业的创新期还是成熟期,等等。

4）T——周边地区存在的对自己企业不利的因素

周边地区存在的对自己企业不利的因素包括政策风险,在这个地区有生产同样产品的其他企业,原材料价格上涨将导致自己出售的商品价格上升,不知道自己产品还能流行多久,人员流失或生存压力,等等。

（二）定量分析方法

1. 标准打分矩阵

通过选择对创业机会成功有重要影响的因素,再由专家小组对每个因素进行最好（3分）、好（2分）、一般（1分）3个等级（或者5个等级）的打分,最后求出对于每个因素在各个创业机会下的加权率均分,从而可以对不同的创业机会进行比较。蒂蒙斯的商业机会评价框架就是一种典型的标准打分矩阵。

2. 公式法

技术成功概率×商业成功概率×（价格－成本）×投资生命周期/总成本＝机会优先级

在上面的公式中,技术和商业成功的概率是以百分比表示的,平均年销售数量以销售的产品数量计算,成本以单位产品的成本计算,投资生命周期是指可以预期的年均销售数保持不变的年限,总成本指预期的所有投入,包括研究、设计、制造和营销费用。对于不同的创业机会,将具体数值带入计算,特定机会的优先级越高,该机会越有可能成功。

创新创业教育

经典分享

在生活中选择创业机会

在"大众创业、万众创新"的时代,创业创新的机会在哪里?换句话说,去哪里寻找有市场、能创富、有大好发展前景的项目?

人之需万千,不能尽由己足,方有商。人们的生活需求就是商机发达国家之"发达",往往意味着市场的饱和,人们生活所需的一切产品和服务都被开发和经营,有人用"城市的每寸草坪都被人工修剪过"来形容这种饱和市场,于是就有创新,苹果公司就是用自己研发的新产品创造出新的市场需求,也创造了发展奇迹。

我国作为发展中国家,市场离饱和还差得远,人们生活中的不如意还有很多,差距和不如意就蕴含着商机。假冒伪劣商品从城市"转战"农村,"山寨货"大行其道,表明低价商品仍大有市场,等待物美价廉的正品去占领农户;分散养殖是食品质量监管的难点,也是食品安全问题时有发生的重要原因,同时也意味着工厂化养殖业发展的美好前景;入托难、打车难、找保姆难、找对象难等生活中的难题,蕴含着城市生活服务业发展的巨大空间;当许多产品和服务让人"信不过"时,诚信经营本身就有极高的市场价值……中国经济要迈向中高端水平,需要以人们生活消费水平的升级为基础对正品、品牌、方便、舒适、优良品质等的追求,正孕育着"大众创业、万众创新"的无限商机。

现实生活中已有大量这样的实例。外卖盒饭,本来平常,可近年来的网络订餐,盯准了没精力买菜、做饭的都市白领,对接名店、提前点餐、线上支付,让上班族到家就能吃上热热乎乎的饭菜,既赢得了利润,又改变了生活。打车软件及依托这种软件出现的"专车服务",其实也是开发新商机的实例,虽然还不成熟、有待规范,但思路是对的。

有些领域,人们以前可能想也不敢去想,如今却可能成为创业的"新蓝海"。比如市场监管,本是政府的职责,但市场经营活动量大、活动面广,监管任务极其繁重,仅靠政府部门很难监管到位,而制售假冒伪劣商品,偷排污染物等现象又是久治不愈的顽症,为什么不能发动群众、依靠社会力量、打一场监督治理的"人民战争"?政府购买服务已纳入转变政府职能的改革事项。鼓励社会力量组成网络化组织,针对制假售假、违规排污等开展监测、监督、举报,从政府购买服务中获得收益,这对政府而言是一种监管创新,对有志者来说则是开辟了一个就业创业的新领域,谁敢说这里不会成长起以守护公共安全为己任、做政府监管执法的好助手、公正无私、专司监测监督的"金字招牌"?

分析:创业可以模仿和移植,从发达国家的经验中学习是一条路子,人家有的我们这里还没有,可以拿来试试,例如打车软件。但更需要创新,乔布斯曾说:"一家企业的目标就是去创造那些消费者需要但无法形容和表达的需求。"创新的本质不仅在于

- 162 -

创造人们没见过、没用过的实物,更包括那些未听过、未见过的未来,以此刺激新的消费热点,创造新的生活方式。相对竞争惨烈、渐如夕阳的传统产业和已知市场,未知的新业态、新市场必将超越陈旧的产业边界,打破落后的游戏规则,绽放后发优势,实现后来居上。

创业机会识别与评估

一、活动目标

学会创业机会识别与评估的基本方法。

二、程序与规则

(1) 在以下主题(但不限于以下主题):中国高铁、杂交水稻、小米手机、iPad、iPhone、百度、如家、QQ、微信、人人车、5G、物联网、云计算、大数据中,分小组选择2~3个热点做创业机会分析。

(2) 将全班按照6~8人一组进行分组。运用头脑风暴法讨论主题中的创业机会,并投票决定选择哪个创业机会,利用有价值创业机会的基本特征来分析这个创业机会。这个机会可能带来什么样的创新?并用表格(见表6-2)进行打分评估。

表6-2 创业机会评估表

评估框架	评估因素	评估结果(5分制) 1—2—3—4—5
行业与市场	1. 市场容易识别,可以带来持续收入	
	2. 顾客可以接受产品或服务,愿意为此付费	
	3. 产品的附加价值高	
	4. 产品对市场的影响大	
	5. 将要开发的产品的生命周期长	
	6. 项目所在的行业是新兴行业,竞争制度不完善	
	7. 市场规模大,销售潜力达到1000万~10亿元	
	8. 市场成长率在30%~50%之间,甚至更高	
	9. 现有厂商的生产能力几乎完全饱和	
	10. 在5年内能占据市场的领导地位,达到20%以上	
	11. 拥有低成本的供货商,具有成本优势	

续表

评估框架	评估因素	评估结果（5分制）1—2—3—4—5
经济因素	1. 达到盈亏平衡点所需要的时间在1.5~2年之间	
	2. 盈亏平衡点不会逐渐提高	
	3. 投资回报率在25%以上	
	4. 项目对资金的要求不是很大，能够获得融资即可	
	5. 销售额的年增长率高于15%	
	6. 有良好的现金流量，能占到销售额的20%~30%，甚至更多	
	7. 能获得持久的毛利，毛利率要达到40%以上	
	8. 能获得持久的税后利润，税后利润率要超过10%	
	9. 资产集中程度低	
	10. 运营资金不多，需求量是逐渐增加的	
	11. 研究开发工作对资金的要求不高	
收获条件	1. 项目带来的附加价值具有较高的战略意义	
	2. 存在现有的或可预料的退出方式	
	3. 资本市场环境有利，可以实现资本的流动	
竞争优势	1. 固定成本和可变成本低	
	2. 对成本、价格和销售的控制较高	
	3. 已经获得或可以获得对专利所有权的保护	
	4. 竞争对手尚未觉醒，竞争力较弱	
	5. 拥有专利或具有某种独占性	
	6. 拥有发展良好的网络关系，容易获得合同	
	7. 拥有杰出的关键人员和管理团队	
管理团队	1. 创业者团队是一个优秀管理者的组合	
	2. 行业和技术经验达到了本行业内的最高水平	
	3. 管理团队的正直廉洁程度能达到最高水平	
	4. 管理团队知道自己缺乏哪方面的知识	
致命缺陷	是否存在任何致命缺陷	
创业者的个人标准	1. 个人目标与创业活动相符合	
	2. 创业者可以做到在有限的风险下实现成功	
	3. 创业者能接受薪水减少等损失	

续表

评估框架	评估因素	评估结果（5分制）1—2—3—4—5
创业者的个人标准	4. 创业者渴望进行创业这种生活方式，而不只是为了赚钱	
	5. 创业者可以承受适当的风险	
	6. 创业者在压力下状态依然良好	
理想与现实的战略性差异	1. 理想与现实情况相吻合，可以接受产品或服务，愿意为此付费	
	2. 管理团队已经是最好的	
	3. 在客户服务管理方面有很好的服务理念	
	4. 所创办的事业顺应时代潮流	
	5. 所采取的技术具有突破性，不存在许多替代品或竞争对手	
	6. 具备灵活的适应能力，能快速地进行取舍	
	7. 始终在寻找新的机会	
	8. 定价与市场领先者几乎持平	
	9. 能够获得销售渠道，或已经拥有现成的网络	
	10. 能够允许失败	
评估结果汇总		

（建议时间：25分钟）

复习思考

（1）对创业项目的评估主要包括哪些内容？
（2）创业项目评估的指标体系是什么？
（3）如何进行创业项目评估？

第三部分

践行创业人生

> 创业是创业者对自己拥有的资源或通过努力拥有的资源进行优化整合，从而创造出更大的经济价值或社会价值的过程。创业既是一种劳动方式，又是一种需要创业者运营、组织，运用服务、技术做出思考、推理和判断的行为。所以，创业其实就是一种劳动，一种将集体力和脑力融为一体的高负荷劳动，需要我们投资或者付出时间、精力等。

模块 7　创业资源与团队

导读导学

青年学生创业，资源整合是关键。创业资源整合有两种不同策略：一种是能力构建导向的现有资源开发；另一种是资源获取导向的潜在资源探索。不同的资源整合策略采用的实现手段不同，既可以将现有资源进行创造性拼凑，又可以利用杠杆资源探索潜在资源。从企业的初创、壮大到可持续发展，谁能获取更多更好的资源，谁将在市场竞争中勇立潮头。

在创业资源中，资金是"核心"。创业必须有启动资金，企业发展必须有运营资金。没有创业资金，创业将是痴人说梦。目前，国家在政策上、资金上给予初创企业众多利好，为创业者提供了基本保障。充分利用政策和社会资源筹措创业资金，是创业者创业的重要能力。

在创业全过程中，团队是"难点"。战略战术既定，人是事业中最活跃的因素之一，只有组建结构合理、有战斗力的团队，才能将创业走向成功。

本模块由 3 个单元构成，主要介绍整合创业资源、筹措创业资金、组建创业团队的有关知识和具体方法。

思维导图

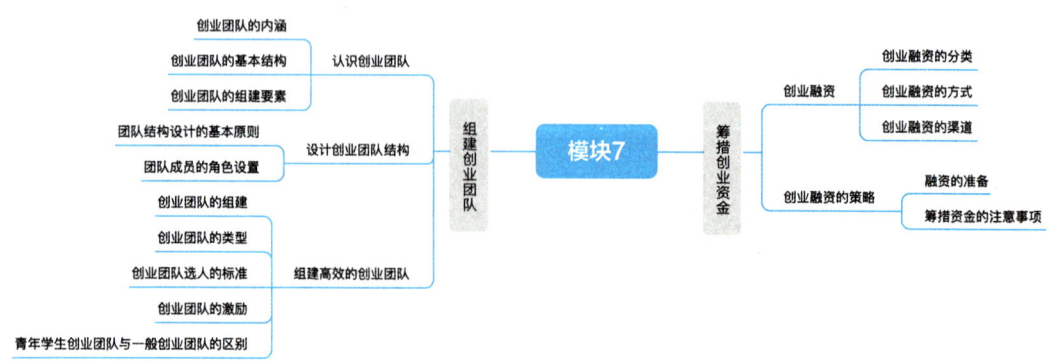

7.1 筹措创业资金

能力目标

（1）具体掌握创业资金的内涵、类型和来源。
（2）精准掌握创业资金的筹措方法。
（3）尝试应用相应的方法筹措创业资金。

案例导读

众筹：在绿水青山中绽放青春

"游客在慢慢增多。受新型冠状病毒感染的影响，在今年'五一'，虽然团队旅游有所减少，但散客游玩的兴致依然很高。"山东省淄博博山幽幽谷旅游开发有限公司总经理赵胜建对中郝峪村的乡村旅游充满信心。

中郝峪村位于鲁中山区深处，紧邻鲁山，风景秀丽，但由于耕地较少，在未经营乡村旅游之前，还是淄博市的贫困落后村。生于此、长于此的"80后"赵胜建大学毕业后，看到乡村旅游的广阔前景，便毅然返乡创业。

在前期摸索的基础上，2012年赵胜建带领中郝峪村村民共同成立幽幽谷公司，全村的土地、房屋、果园、山林等资源评估后入股，实现人人持股，人人享受分红。

公司和村民们集体翻新了400多间房屋，改善了住宿条件，根据村民的手艺开办马大娘豆腐坊、四婶子糕面坊、老梁煎饼坊、秀才盒子坊等多个特色农俗体验点，还开办了"明天邮局""脑子进水超市""花言花语酒吧"等别出心裁的休闲购物点，逐步带动村里的乡村旅游，形成特色，一到旺季，这里经常"一房难求"。

赵胜建介绍，目前中郝峪村可同时容纳2000人就餐、760人住宿，并拥有40多个乡村文化旅游体验项目。2019年，全村接待游客23.8万人次，实现综合性收入3500万元，村集体收入380万元，村民人均年收入4.5万元。

在赵胜建的带动下，越来越多的返乡大学生开始投身到这片绿水青山中，给乡村旅游发展带来新思路、新活力。"近期我们还投资了95万元开展小流域治理，在河道内种植荷花，投放鱼苗，打造一坝一景观。"赵胜建说着一系列未来规划。

从2016年开始，赵胜建还带领创业团队把"郝峪模式"的集体化运管理念输送到全国各地，手把手地教给其他村，帮助全国近千个乡村走上了绿色产业发展之路。如今，中郝峪村已获得"全国休闲农业和乡村旅游示范点""中国乡村旅游模范村""全国乡村旅游重点村""中国乡村旅游金牌农家乐"等诸多荣誉。

分析：赵胜建在敏锐地捕捉到乡村旅游的广阔市场前景后，返乡创业，采取众筹的方式筹集资金和资源，全村的土地、房屋、果园、山林等资源评估后入股，实现人人持股，人人享受分红。赵胜建带动越来越多的返乡大学生投身乡村旅游事业，利用年轻人的新思路为事业注入新活力，他还带领创业团队把集体化运营理念输送到全国各地，主动帮扶近千个乡村走上了绿色产业发展之路，这种灵活有效的筹措创业资金和资源的方式顺应地区的实际，取得了不错的筹措效果。

一、创业融资

（一）创业融资的分类

1. 内部融资和外部融资

按资金来源的范围不同，创业融资可以分为内部融资和外部融资两种类型。内部融资是指创业者通过原始积累形成的资本来源，内部融资主要来源于父母或亲戚朋友的支持，或者自己的积累，主要是在创业者个人、家庭或亲戚朋友内部形成的，因此不需要花费融资费用。外部融资是对于内部融资而言的，是指向父母或亲戚朋友之外的人融资而形成的资金来源。对于发展潜力大的创业项目来讲，内部融资很难满足需要。开展外部融资非常必要。外部融资一般需要花费融资费用，对于初创者而言，应在充分利用内部融资后，再考虑外部融资。

2. 直接融资和间接融资

按是否以金融机构为媒介，创业融资分为直接融资和间接融资两种类型。直接融资是创业者直接与资本供应者协商借贷，或直接发行股票、债券等筹集资本的活动，不经过银行等金融机构。在直接融资过程中，资本供求双方借助融资手段直接实现资本的转移，不需要银行等金融机构为中介。间接融资是创业者通过借助银行等金融机构进行的融资活动。间接融资需要银行等金融机构发挥中介作用，预先将资本聚集到银行，然后通过银行提供给融资企业，属于传统的融资形式。向银行贷款是间接融资的基本方式，此外还有向非银行金融机构借款、融资租赁等。

3. 长期融资和短期融资

按期限不同，创业融资可以分为长期融资和短期融资两种类型。各种股权资本和长期借款、应付债券等债权融资都属于长期融资，融资期限一般都在一年以上。短期融资是指创业需用期限在一年以内的融资，短期借款、应付账款和应付票据等都属于短期融资，这些融资一般采用银行贷款、商业信用等筹集方式完成，融资期限一般在一年以内。

4. 债权融资和股权融资

按属性不同,创业融资分为债权融资和股权融资两种类型。债权融资是指企业通过举债的方式进行融资,此方法需要企业支付利息并偿还本金。股权融资是指企业通过出让部分企业所有权,此方法,企业不需要还本付息,通过企业增资的方式引进新股东的融资方式,新股东将与老股东同样分享企业的盈利与增长。

(二)创业融资的方式

创业融资的方式包括银行贷款、个人创业贷款、商业抵押贷款、保证贷款、典当贷款、贷款担保、合伙入股、特许加盟等。

1. 银行贷款

银行贷款是在资金筹措不足的情况下首先想到的融资方式。目前,银行也在不断扩大对个人创业的信贷支持力度,贷款种类越来越多,条件也不断放松,创业者可视情况选择适合自己的。

2. 个人创业贷款

个人创业贷款是指具有一定生产经营能力或已经从事生产经营活动的个人,因创业或再创业提出资金需求申请,经银行认可有效担保后而发放的一种专项贷款。符合条件的借款人根据个人的资源状况和偿还能力,最高可获得单笔 50 万元的贷款支持;对创业达一定规模或成为再就业明星的人员,还可提出更高额度的贷款申请。创业贷款的期限一般为 1 年,最长不超过 3 年。

3. 商业抵押贷款

目前,商业抵押贷款金额一般不超过抵押物评估价值的 70%,贷款最高限额为 30 万元。如果创业需要购置沿街商业房,可以用拟购房子作为抵押,向银行申请商用房贷款,贷款金额一般不超过拟购商业用房评估价值的 60%,贷款期限最长不超过 10 年。

4. 保证贷款

如果贷款申请者没有存单、国债,也没有保单,但家人或亲朋好友有一份稳定的收入,那么这也能成为绝好的信贷资源。当前银行对高收入阶层情有独钟,律师、医生、公务员、事业单位员工及金融行业人员均被列为信用贷款的优待对象,这些行业的从业人员只需找一两位同事担保,就可以在金融机构获得 10 万元左右的保证贷款。而且,这种贷款不用办理任何抵押、评估手续。如果你有这样的亲属,可以以他的名义办理贷款,在准备好各种材料的情况下,当天即能获得创业资金。

5. 典当贷款

典当是以实物为抵押,以实物所有权转移的形式取得临时性贷款的一种融资方式。典当物品的范围包括金银珠宝、古玩字画、有价证券、家用电器、汽车、服装等私人财物。

典当行一般按照抵押商品现时市场零售价的 50%～80% 估价，到期不能办理赎回的可以办理续当手续。

典当贷款也是一条简便、快捷、安全、可靠的融资渠道。与银行贷款相比，典当有银行贷款所无法比拟的优势。首先，典当行对客户的信用要求较低，典当行只注重典当物品是否货真价实。而且一般商业银行只做不动产抵押，而典当行则可以动产与不动产质押二者兼为。其次，到典当行典当物品的起点低，价值千元、百元的物品都可以当。与银行相反，典当更注重对个人客户和中小企业服务。再次，与银行贷款手续繁杂、审批周期长相比，典当贷款手续十分简便，大多立等可取，即使是不动产抵押，也比银行要便捷许多。最后，当客户向银行借款时，贷款的用途不能超越银行指定的范围。而典当行则不问贷款的用途，借款使用起来十分自由。周而复始，大大提高了资金使用率。

6. 贷款担保

政府提供的政策性扶持资金掌握着高科技成果，那么不妨争取这种政策性的支持，一旦成功，资金问题自然迎刃而解。另外，各地对农业项目的支持力度也是很大的，特别是取消粮食订购任务后，各地都将大力发展高效农业，你若有意到农村去创业，完全可以申请农业发展基金的支持，有些偏远的贫困地区为了加快发展步伐，还有给开发者免费使用土地若干年等优惠，这都是节省创业资金的有效办法。

下岗失业人员乃至一部分困难企业的富余人员虽然创业意识高，但融资难又是他们处于起步阶段共同面临的普遍问题。2006 年，中国人民银行、财政部、原劳动和社会保障部共同推出《关于改进和完善小额担保贷款政策的通知》，扩大贷款对象范围，企业下岗失业人员、国有企业关闭破产需要安置的人员、国有企业所办集体企业下岗职工，享受城市居民最低生活保障且失业一年以上的城镇其他登记失业人员，持有军人退出现役的有效证件的城镇复员转业退役军人及持当地劳动保障部门核发的失业登记证明的其他城镇登记失业人员，如从事个体经营自筹资金不足，均可根据《下岗失业人员小额担保贷款管理办法》，向银行申请小额担保贷款。

7. 合伙入股

合伙创业不仅可以有效筹集到资金，还可以充分发挥人才的作用，并且有利于对各种资源的利用与整合。合伙投资要特别注意几个问题：一是要明晰投资份额，个人在确定投资合伙经营时应确定好每个人的投资份额，也并不一定平分股权就好，平分投资份额往往为以后的矛盾埋下祸根。因为没有合适的股份额度，将导致权利和义务相等，结果使所有的事情大家都有同样多的权利，都有同样多的义务，经营意图难以实现。二是要加强信息沟通。很多人合作总是因为感情好，你办事我放心，所以就相互信任。长此以往，双方容易产生误解和分歧，不利于合伙基础的稳定。三是要事先确立章程。合伙企业不能因为大家感情好，或者有血缘关系，就没有企业章程，没有章程是合作的大忌。

8. 特许加盟

特许经营是指特许者将自己所拥有的商标、商号、产品、专利、和专有技术、经营模式等以合同的形式授予被特许者使用，被特许者按合同规定，在特许者统一的业务模式下从事经营活动，并向特许经营者支付相应的费用，现阶段连锁经营已成为一种引领市场潮流的营销模式。

之所以把特许经营作为创业融资的一种手段，是因为目前很多银行积极参与特许经营，为创业者提供贷款，如中国工商银行与柯达公司联合推出助业贷款，对个人投资的9.9万元由银行贷款提供，由柯达公司帮其建一个彩扩店。而浦发银行的个人创业贷款是支持联华便利的"投资7万元、做个小老板"特许加盟方案。这种助业贷款，可以达到一举三得的效果：银行的信贷资金可以获得比较安全的投放渠道；借款人通过银行贷款可以达到投资创业的目的；企业达到了销售自己产品的目的。

（三）创业融资的渠道

能否快速、高效地筹集资金，是创业企业站稳脚跟的关键，对于创业者来说更是实现创业目标的动力。目前，国内创业者的主要融资渠道是依靠银行等金融机构，其次还有风险投资、民间资本、创业融资、融资租赁等创业融资渠道。

1. 风险投资

广义的风险投资泛指一切具有高风险、高潜在收益的投资；狭义的风险投资是指以高新技术为基础，生产与经营技术密集型产品的投资。根据美国风险投资协会的定义，风险投资是由职业金融家投入到新兴的、迅速发展的、具有巨大竞争潜力的企业中的一种权益资本。

2. 天使投资

在风险投资领域，天使投资是自由投资者或非正式风险投资机构，对处于构思状态的原创项目或小型初创企业进行的一次性的前期投资。天使投资虽是风险投资的一种，但两者有着较大差别。天使投资是一种非组织化的创业投资形式，其资金来源大多是民间资本，而非专业的风险投资商；天使投资的门槛较低，有时即便是一个创业构思，只要有发展潜力，就能获得资金，而风险投资一般不会支持此类项目。天使投资人是创业企业的第一批投资人，他们在公司产品和业务成型之前把资金投入进来。天使投资人通常是创业企业家的朋友、亲戚或商业伙伴，由于他们对该企业家的能力和创意的欣赏与信任，所以他们愿意在业务开展之前向该企业家投入资金，对创业者来说，天使投资是成长的关键。

3. 创新基金

近年来，我国的科技型中小企业的发展势头迅猛，已经成为国家经济发展新的重要增长点。政府也越来越关注科技型中小企业的发展。同样，这些处于创业初期的企业在融资方面所面临的迫切要求和融资困难的矛盾，也成为政府致力解决的重要问题。

鉴于此，结合我国科技型中小企业发展的特点和资本市场的现状，科技部、财政部联合建立并启动了以政府支持为主的科技型中小企业技术创新基金，以帮助中小企业解决融资困境。

4. 中小企业担保贷款

担保贷款就是根据借款合同或借款人约定用借款人的财产或第三人财产为贷款保障，并在必要时由第三人承担连带还款责任的一种贷款。

中小企业在申请担保贷款时，首先要向中小企业管理局提出担保申请，经批准后，中小企业管理局向商业银行承诺：当中小企业逾期不能还贷时保证支付不低于 90% 的未偿还部分。中小企业获得的这种贷款利率一般要高于大企业 2%～5%。保证人是法人的，必须具有代为偿还全部贷款本息的能力，且在银行开立有存款账户。保证人为自然人，必须有固定经济来源，具有足够的代偿能力，并且在贷款银行存有一定数额的保证金；保证人与债权人应当以书面形式订立保证合同。保证人发生变更的，必须按照规定办理变更担保手续，未经贷款人认可，原保证合同不得撤销。一方面中小企业融资难，另一方面银行资金缺乏出路，却不愿意贷给中小企业。主要原因是银行认为向中小企业发放贷款，风险难以防范。随着国家政策和有关部门的大力扶植及担保贷款数量的激增，中小企业担保贷款将成为中小企业一条有效的融资之路。

5. 政府基金

政府创业扶持基金也是创业资金的重要来源。近年来，我国政府充分意识到中小企业在国民经济中的重要地位，尤其是各省市地方政府，为了增强自己的竞争力，不断采取各种方式扶持科技含量高的产业或者优势产业。为此，各级政府相继设立了一些政府基金予以支持。

政府依据相关法律政策，对于处于一定阶段的、有很好发展前景的、对相关领域有重大影响的创业项目提供直接资金支持。政府创业扶持基金的使用有特定的阶段限制，成本一般较低，但数目不大。目前，各地政府主要有以下几种创业扶持基金。

1）SYB 无息创业贷款

SYB 是"创办你的企业（Start Your Business）"它是"创办和改善你的企业（SIYB）"系列培训教程的一个重要组成部分。创业者需要参加相关培训，通过考试并得到结业证书后可申请获得 5 万～100 万元额度不等的无息贷款。

2）小额无息贷款

小额无息贷款是针对年龄在 18～45 周岁，具有完全民事行为能力的有创业愿望和创业能力的中国公民而设立的。这种贷款主要以服务业为主，一般期限短、额度小，要求申请者有固定经营场所或经营项目，小额无息贷款政策根据地区变化略有不同。

3）YBC 创业无息贷款

YBC（Youth Business China，中国青年创业国际计划）通过构建 YBC 公益创业体系，促进改善创业环境,为缺乏条件启动创业和发展企业的创业者提供专业化的公益帮扶,是一个旨在扶持青年创业的教育性公益项目。YBC 主要面向朝阳产业或新兴产业,申请者需要有详细的创业计划书,有具体的投资项目或正在经营的项目,最高可获得 200 万元的贷款。

4) 大学生创业补贴贷款

创业贷款是指具有一定生产经营能力或已经从事生产经营活动的个人,因创业或再创业提出资金需求申请,经银行认可有效担保后而发放的一种专项贷款。符合条件的借款人,根据个人的资源状况和偿还能力,最高可获得单笔 50 万元的贷款支持。

大学生创业贷款,一般贷款期限要求为 1~2 年,2 年后不再享受财政贴息。贷款金额要求:最高不超过借款人正常生产经营活动所需流动资金、购置(安装或理)小型设备(机具)及特许连锁经营所需资金总额的 70%。

6. 典当融资

典当的主要作用是救急。与作为主流融资渠道的银行贷款相比,典当融资虽起着拾遗补阙、调余济需的作用,但由于能在短时间内为融资者争取到更多的资金,正获得越来越多创业者的青睐。

7. 互联网和大数据金融

互联网金融,是传统金融机构与互联网企业利用互联网技术和信息通信技术实现资金融通、投资、支付和信息中介服务的新型金融业务模式。

1) 众筹融资

众筹融资,是指通过网络平台为项目发起人筹集从事某项创业或活动的小额资金,并由项目发起人向投资人提供一定回报的融资模式。

众筹融资平台扮演了投资人和项目发起人之间的中介角色,使创业者从认可其创业或活动计划的资金供给者中直接筹集资金。按回报方式,众筹融资可分为两类:一类以投资对象的股权或未来利润作为回报;一类以投资对象的产品或服务作为回报。

对创业者来说,众筹融资有明显的优势。首先,项目融资成功,相当于对大众的一次广告;其次,众筹获得的除了资金,还有市场调查报告。因为钱是直接来自消费者,消费者对产品的认可与评价就是市场调查,能在一定程度上反映产品在将来大范围投放市场后的结果。众筹模式的价值在于先让消费者掏腰包,再去制造产品。如果项目融资成功且研发与生产过程顺利,在很大程度上能降低创业成本与风险。

众筹的具体步骤如下。

第一,选择合适的网站。每个众筹网站都有自己的侧重点,创业者要确定自己的创业类型,然后根据创业项目的特点选择合适的众筹平台。

第二,发起众筹。在众筹网站发起众筹的过程中,要确定众筹的资金额度、对于不同众筹支持者的预期回报、众筹的资金用途、众筹的截止日期等。

第三，配合众筹平台进行资格评估。充分准备个人及团队资料，配合众筹团队的线下考察、电话问询等，确保信息的真实及创业项目的可行，对于不同的众筹项目审核周期不尽相同。

第四，回报众筹参与者。包括在规定期限内针对承诺的对于不同众筹支持者的回报，感谢投资者的参与等。众筹的运作要规范，遵守国家法律法规。

2）大数据金融

大数据金融是指集合海量非结构化数据，通过对其进行实时分析，为互联网金融机构提供客户全方位信息，通过分析和挖掘客户的交易和消费信息掌握客户的消费习惯，并准确预测客户行为，使金融机构和金融服务平台在营销和风控方面有的放矢。

二、创业融资的策略

（一）融资的准备

由于创业的不确定因素很多，为了能够顺利融资，新创企业在融资前需要做好相应的准备工作，可遵循以下步骤。

1. 市场调查

凭借充分的市场调查，能够帮助创业者掌握市场需求状况，根据市场需求做出科学合理的分析和预测，进而做出正确的决策，为融资提供可靠的基础。

2. 自身建设

企业的管理团队、经营或盈利模式、产品和技术研发、良好的信用记录等都是企业的自身建设范畴。这些信息能在融资前吸引投资者的目光，能为融资后企业实现发展目标提供坚实的保障。

3. 制订计划

制订完整可行的商业计划是吸引投资方投资的重要法宝，是准备工作的重中之重。新创企业不确定因素很多，市场风险相对较高，在经营管理、营销模式、市场开拓、客户认可等方面存在不成熟和不完善的地方，针对这些挑战，新创企业要制订完整可行的商业计划，以增强投资者的信心。

4. 明确回报

融资前要明确投资回报方式，建立合理的投资回报机制，如众筹形式项目发起人要承诺项目成功后发放产品或服务；若采用股份筹资形式，可以给投资者分配一定比例的股权，让其享受创业公司未来的收益等。明确具体的回报方式可以提升项目的吸引力，提升融资的成功率。

（二）筹措资金的注意事项

1. 自备创业资金

鉴于创业的风险，完全依靠外部筹资来准备启动资金过于理想，初次创业者应自备创业所需的全部或部分资金。自有资金占创业所需资金的50%以上，有利于向外筹集不足的资金，有助于创业成功。

2. 借款量力而行

尽量将外部筹借的资金额控制在可偿还范围内，估算自身具备的还款能力，以备创业失败后还能保有生活和再创业的能力。

3. 降低资本成本

不同的资金来源，形成不同的资本成本，即使是同一资金来源，因筹资方式不同，资本成本也会不同。因此，在筹资前应认真比较各种资金来源的资本成本，合理选择筹资的渠道和方式，力求降低资本成本。

1）合理安排筹资期限

由于投资是分阶段、分时期进行的，因此，企业在筹资时可按照投资的进度合理安排筹资期限，这样既可以减少资本成本，又可以减少资金不必要的闲置。

2）合理安排资本结构

在筹资决策过程中，合理安排债务资本比率和权益资本比率非常重要。在一定限度内合理提高债务资本比率，降低权益资本比率，可以降低企业的综合资本成本；如果一味追求降低资本成本，导致负债规模大，就会使企业承担的利息支出过大，进而出现财务危机。因此，企业必须保持合理的资本结构，减轻偿债压力。

经典分享

众筹成创业融资新技法

在华南农业大学第三届大学生创业集市互联网专场中，来自中山大学、华南理工大学、暨南大学等12家大学生落地企业及30个学生创业团队参与展会，众筹成大学生创业融资新技法。

创业集市吸引了许多创投机构和孵化器负责人出席，多个项目达成融资意向。随着移动互联网的异军突起，不少创业者利用互联网创业门槛低、效率高的特点，纷纷当起小老板。不少校内"小发明"通过商业运作直接进入市场。

除了通过商业路演寻找风投，众筹还成为学生解决资金问题的有效途径。来自华南农业大学信息学院的学生小曾已经是3家门店的老板了，他的创业项目都是通过众筹的方式获得资金的。他们正在筹建的"拾光清吧"，从发布创业计划到招募股东仅用不到两周的时间就筹集了近 30 万元的启动资金。"领着'95 后'的身份证，有着'80 后'的成熟和稳重，善于和'70 后'行业企业家博弈"。在本届创业集市上，年仅 19 岁的大学生小张这样介绍自己，并分享了他的创业项目——口袋兼职 App。他的第一桶金来自他 13 岁时编写的一个"免杀木马"程序，从 2008 年开始，他就没再向家里要过生活费，高中时他与网友一起合办的"黑客"培训基地使他每月获得一万多元的稳定收入。上大学以后，他马不停蹄地启动口袋兼职项目，正式接触资本市场，成功获得了 200 万元的投入资金。

不少创业团队认为，他们的项目距离落地就差一个资本市场的杠杆，而创业集市有助于他们获得这样的机会。目前，华南农业大学已加大力度建设大学生创业孵化基地、创业加速器，21 家在校大学生初创企业已经落地。

课后活动

一、活动目标

体验创业者和投资者的心理动机。投资和被投资是双向选择，创业者在融资过程中被严加拷问，这是理所当然的；同样，创业者也可以向投资人提问，判断他们是不是理想的、合适的投资人。优秀的创业者能在投资人面前沉住气，会考虑到底要不要拿别人的钱、拿多少钱、拿谁的钱。请你提供相应的分析，并形成答案。

二、程序与规则

（1）分析青年学生在校期间创业是否需要融资，理由是什么。

（2）请列出你设计的创业项目采用的融资方式，并具体表述融资量。

（3）请说明你选择融资方式的理由。

三、评价与反馈

（1）融资的选择与分析方法。

（2）指导融资量的要素分析。

（3）学生制定"融资方式"的合理性分析。

（4）问答方式的选用分析。

（建议时间：20 分钟）

复习思考

创业者在获得资金前需要考虑的问题

问题一：提出哪些问题可以比较准确地了解融资公司的具体情况？

（1）您的企业的资金规模有多大？投资过哪些企业？

在创业过程中，创业者永远是根本，投资人只是助力，创业企业的价值是创业者创造的，投资人的钱是加速剂。创业要具体了解融资公司的基本情况。

（2）你们给我的估值，是基于怎样的假设和计算方法？

职业投资人估值有他们的假设和计算方法，如果你不满意估值，就应该讲出充分的理由来提升你的价值，或者先咨询投资人出价的基本假设和计算方法，再看看你是否有更高明的理由和算法来回敬，切忌无根据不理性地评价。

（3）投资一个项目通常需要多少时间？流程是什么？

通常需要3~5个月。投资人在众多项目中关注你的项目，需要尽职调查、找律师、起草投资协议等。在与投资人沟通时，首先问最快多久能做完本项目，如果对方说3个月，就说明他目前项目不多，如果对方说5~6个月，就说明此项目还未提到优先级。你要细问流程，并按流程排出时间表发给双方，再派项目负责人严格跟进，对融资的时间有所掌控。

（4）您对项目最大的担忧是什么？

投资人的担忧就是创业者融资道路上的障碍，创业者应主动清扫障碍。如果对方回答"风险控制"，你可以回复："等钱到位，我们会请经验丰富的人做财务总监，建立严格的财务管理和风险控制制度。"如果对方回答"销售"，你可以回复："我们已经有资深的职业销售负责人。"融资的本质是让投资人买到他们希望得到的东西，对于融资的障碍，不要掩饰和解释。

（5）投资后如何管理被投公司？

投资后，有的投资人会指派财务总监进入被投公司的核心管理团队，有的投资人要求每月召开董事会，要求被投公司建立各种监管和汇报制度，了解投资后的管理要求和方式，可以帮助创业者判断获得资金的价值。

（6）在决定投资前，还需要我做什么？

第一次融资的创业者要尽快拿到尽职调查清单，以便提前做好尽职调查的准备。创业者在让投资人做尽职调查之前，应先谈好主要投资条款，切忌盲动，要懂得把握进程和节奏。

（7）投资案例值得学习和借鉴吗？

每个有经验的投资人都会有成功和失败的案例。投资人与创业者交流投资成败的案例，无疑是指导创业者成为投资人所肯定的创业团队的好方法，前车之覆，后车之鉴。

问题二：创业公司融资的基本流程是什么？

撰写商业计划书、找到投资人、路演、与投资人单独约谈、交易价格谈判、签订投资意向书、签署正式的法律文件、股权变更、获得注资、主动联系投资人汇报公司状况、准备下一轮融资。

7.2 组建创业团队

能力目标

（1）具体掌握创业团队的内涵、类型、原则和基本结构。
（2）熟练掌握创业团队结构的设计方法。
（3）尝试应用相应的标准建设高效创业团队。

案例导读

湖南邵阳返乡创业大学生：心中一直有个美丽乡村梦

在湖南省邵阳市新邵县小塘镇马埠江村，返乡创业大学生何美凤、陈艳玲、毕涛颇有名气，近年来，他们流转了 400 多亩稻田，主要种植优质稻，养殖了 5 万多只小塘麻鸭，带动当地 100 多名贫困户增收。他们放弃在城市的工作而返乡，只为一个质朴的情怀：把家乡的老字号品牌——小塘麻鸭振兴起来。

白领变潮农 这 3 位返乡创业大学生中学历最高的是何美凤，1989 年出生的她毕业于湖南农业大学，本科专业是水产养殖，研究生专业是水生生物。"我们马埠江村依山傍水，有水质清澈的石马江，又有被评为中国地理保护标志的产品——小塘麻鸭。这么好的品牌，但一直缺的就是农业人才！"何美凤说，她自 2016 年毕业后一直从事教育培训工作，工资待遇也不错，但在她的心中一直有个美丽乡村梦，希望将自己学到的专业知识应用到振兴家乡中。2018 年，她把自己的想法与同是湖南农业大学毕业的弟媳陈艳玲分享后，两人一拍即合。与此同时，在她们的游说下，同村学过机电专业的"90 后"大学生退役士兵毕涛也加入团队。3 位昔日城市白领变身新时代潮农，三人分工明确，学水产养殖专业的何美凤是团队的技术专家，学人力资源专业的陈艳玲负责整个团队的人员配备和调剂，学机电专业的毕涛扛起了农机操作和维修的"大旗"。当年年底，他们成立新邵县城山头生态农业合作社，采取村民入股分红的模式，在流转土地上种植了 400 亩优质稻，养殖了 5 万多只小塘麻鸭。

有苦也有甜 万事开头难，刚从事农业生产时，繁重的农活压得三人喘不过气来。就连既当过兵又当过健身教练的毕涛都有点扛不住。5 月份插秧时，为抢抓播种时节，毕涛开着插秧机在地里从早上一直忙到天黑，晚上一到家躺在椅子上动都不想动，连饭也吃不下，但一想到唯一懂机械操作的自己要是累趴下了，插秧就会错过时节，所以再苦再累也逼着自己干完。一分耕耘，一分收获，他们种的优质稻，由于采取的是鸭粪育肥，生物方法防虫害，稻米在市场上供不应求。他们养的麻鸭采取传统散养模式，吃的是石马江里的小鱼小虾、稻田里的虫子和田螺，而且足足养够4个月才销售。一上市，因肉质劲道、口感好，同样销售火爆。更让他们心头甜蜜蜜的是，村里不少贫困户到合作社务工后，彻底改变了生活状况。

心中有梦 小试牛刀后，3位青年人的创业故事在当地传为美谈。不少村民慕名而来，纷纷投资这支潜力股，成为合作社的股东，目前共有106名村民入股合作社。后来，他们进一步扩大种养规模，流转新田铺、小塘、巨口铺3个乡镇5000余亩土地种植优质稻，小塘麻鸭的养殖规模达到20万只以上。"一路走来，真的要感谢小塘镇政府、县民政局驻村扶贫队的支持，尤其是县商务局先后组织我们前往长沙等地参加大型展销会，让我们的小塘麻鸭走出新邵县，销路铺向全省。"陈艳玲说。现在，除了扩大种养规模，他们还发挥自己的特长，自编自导以小塘麻鸭为主题的短视频，希望通过抖音等平台销售家乡特产。"我们虽然每天忙起来只能睡五六个小时，但一有时间我们就想文案、拍视频、编段子。"何美凤说，拍视频的目的一方面是展示小塘麻鸭，另一方面也希望展现新时代农村青年的活力，吸引更多有志青年回乡创业，一起把小塘麻鸭品牌做大做强，未来把马埠江建设成"麻鸭小镇"。

分析：3名大学生放弃在城市的工作，返乡创业。三人组成团队，分工明确，一名毕业于湖南农业大学，本科专业是水产养殖，研究生专业是水生生物，是团队的"技术专家"；一名学的是人力资源专业，负责整个合作社的人员配备和调剂；还有一名学的是机电专业，扛起了农机操作和维修的"大旗"。这样的分工科学、合理、操作性强。短时间内便突显了团队创业的实力，他们的业绩吸引了很多村民投资，村民也成了合作社的股东。团队的不断壮大，使他们进一步扩大种养规模，3名昔日城市白领成了新时代的创业潮农。

一、认识创业团队

（一）创业团队的内涵

创业团队是由两个或两个以上创业者组成的具有特定组织功能并协同工作的创业群体，团队成员有着共同的创业理想、具备不同的专业知识和能力，具有优势互补的结构特征。创业团队有狭义和广义两种内涵。

狭义的创业团队是有共同创业目标、共享创业收益、共担创业风险的创建新企业的群体。广义的创业团队不仅包括狭义的创业团队，还包括与创业过程有关的各种利益相关者，如风险投资人、专家等。

创业团队在创业初期对企业的经营理念高度认同，具有创新精神，为了实现共同的创业愿景，积极参与新创企业的创办、成长、管理等不同发展阶段，共同参与企业决策的制定、实施，共担风险，共享收益，为创业成功发挥不可替代的作用。按照能力、贡献、角色等，创业团队成员按比例享有一定的股权，他们之间具有一定的利益关系，团结合作，共同承担着企业创建、发展过程中的责任，通常担任高管。

（二）创业团队的基本结构

1. 团队规模

初创企业的团队一般由3～7人组成，这样可以避免因人数多、情况复杂、意见难以统一而消耗太多的管理精力和费用，还可以有效规避股东利益和管理权威之间的矛盾。团队中一人担任领导者角色，把握企业发展的宏观方向和前进路线，提出发展战略，并交给团队其他人执行。除领导者外，团队中的技术人员、运营人员、资金管理人员等都是不可或缺的构成人员。

2. 能力结构

优秀的创业团队成员之间要职责明确，分工合理。团队成员在决策制定、公司管理、技术创新、决策执行等方面要形成能力互补的结构，以保证和促进企业的可持续发展。

3. 权力结构

团队管理层中拥有较大权力的是任职时间较长、在企业创始和发展过程中发挥重要作用的人。他们是公司管理层中权力最大的人，也是情感上受人尊重的人，其持有的股票比例较高，可以根据实际情况按照重要性、贡献度等确定不同的股权比例。

（三）创业团队的组建要素

1. 目标

团队组建的前提是拥有共同的创业理念和愿景，目标明确且一致，成员积极发挥主观能动性，朝着共同理想而努力。目标是团队的动力来源和奋斗方向。

2. 角色

团队成员为了共同的目标贡献智慧、能力、技术、资源等，成员之间互帮互助、团结协作，提升整个团队的创造力，每个人都是重要组成部分，发挥着重要作用。团队成员在技能、性格、资源等各方面不尽相同，要根据每个人的贡献度合理分配岗位职责，达到人尽其才，优势互补。

3. 权限

团队成员之间根据其能力、岗位、股份等情况匹配相应的权限，每名成员在规定的权限范围内行使权利，享受相关收益。科学规划权限，避免出现成员之间信息不畅，上下级之间不信任、不作为等现象，以免影响工作效率。

4. 计划

团队成员根据目标共同商讨并制订详细可行的创业计划，明确发展战略、产品营销方案、融资方案等，制订具体的"分步骤、分阶段"的计划，根据市场调研、分析反馈等随时完善和调整项目策略。

二、设计创业团队结构

（一）团队结构设计的基本原则

1. 价值观一致性原则

团队拥有的共同价值观体现在两个方面：一方面，保证团队在重要决策的制定、发展战略规划、收益分配、职权划分、做人处世等基本问题中不会产生原则性分歧，减少内部矛盾对公司项目的影响。价值观是各人所受教育、生活阅历等方面相互作用形成的，不易改变，如果团队成员的价值观差别过大，在创业过程中就会出现很多矛盾，继而影响工作效率和发展。因此在创业过程中，团队成员的同质性价值观尤为重要，它可以减少团队成员磨合的时间。另一方面，同质性价值观可以提高工作效率，有利于团队成员之间的沟通与合作。当团队成员具有一致的价值观和期望时，对待问题更容易一起积极讨论并解决，处理事务的方式也趋近相同，有利于营造良好的工作氛围，即使出现一些问题也能积极协调，促进团队向前发展。价值观相似并不能完全避免不同的意见和观点，可以通过完善的管理制度来约束团队成员，降低团队成员的磨合成本，有利于团队的稳定和管理建设。

2. 目标明确合理原则

目标必须明确，这样才能使团队成员清楚地认识到共同奋斗的方向。与此同时，目标也必须是合理的、切实可行的，这样才能真正达到激励的目的。

3. 互补性原则

创业团队想要获得"1+1>2"的效果，需要强强联合，优势互补，需要团队成员最大限度地发挥自己在知识、性格、技能、资源等方面的不同作用，依靠集体智慧解决创业团队遇到的问题。团队创业必然会有技术、市场、销售、管理等不同类型的工作需要成员承担，这才会产生知识与能力互补的人才需求。一个团队的创始人不可能对企业经营管理的各个方面都精通，所以在引进人才时要考虑专才与通才的搭配，既要有技术、营销等方面的人才，又要有具备战略发展眼光的复合型人才，同时还要根据企业的实际情况保证合适的专才与通才的比例。从创业资源的角度看，在引入不同知识背景的成员时，拓宽了创业团队的社会关系网络。创业团队在选人方面要考虑到成员的年龄互补、知识互补、能力互补、性格气质互补、性别互补等，从各个专业挑选人才。创业初始阶段，成员之间多是朋友、同事、同学等关系，这会忽略性格、能力、知识等方面互补的原则，创业过程中容易出现分不清工作与生活、将个人生活相处模式与公司团队管理混为一谈的情况，这种影响在团队组建初期不显著，但随着创业过程的深化，成员间搭配不协调的问题会凸显，容易导致矛盾的出现或升级，影响工作效率，使团队面临调整、重组甚至解散等情况，进而导致创业项目失败。

4. 精简高效原则

为了降低创业初期的运作成本，最大比例地分享成果，创业团队的人员构成应在保证企业高效运作的前提下尽量精简。

5. 动态开放原则

创业过程是一个充满不确定性的过程，可能因为能力、观念等多种原因不断有人离开团队，但也有人要求加入团队。因此在组建创业团队时，创业者应注意保持团队的动态性和开放性，使真正完美匹配的人员能被吸纳到创业团队中来。

6. 分工明确原则

创业团队的职权划分是根据执行创业计划的需要，具体确定每个团队成员所要担负的职责及相应享有的权限。团队成员间职权的划分必须明确，既要避免职权的重叠和交叉，也要避免无人承担而造成工作上的疏漏。

7. 管理制度明确原则

创业团队的制度体系体现了创业团队对成员的控制和激励能力，主要包括团队的各种约束制度和激励制度。一方面，创业团队通过各种约束制度（主要包括纪律条例、组织条例、财务条例、保密条例等）指导成员，并避免成员做出不利于团队发展的行为，对其行为进行有效约束，以保证团队的稳定秩序。另一方面，创业团队实现高效运作必须有有效的激励机制（主要包括利益分配方案、奖惩制度、考核标准、激励措施等），这会使团队成员认识到随着创业目标的实现，其自身利益将会得到怎样的改变，从而达到充分调动成员的积极性、最大限度地发挥团队成员作用的目的。

（二）团队成员的角色设置

创业团队在组建初期需要考虑成本、工作效率等情况，可以根据工作需要挑选、分配相应的角色。

1. 团队中的基本职位

从人力资源管理的角度看，建立优势互补的团队是保持创业团队稳定的关键。"主内"与"主外"的不同人才、耐心的"总管"和具有战略眼光的"领袖"、技术与市场两方面的人才都是不可偏废的。创业团队可有如下基本角色。

1）首席执行官

首席执行官对公司的一切重大经营运作事项进行决策，包括对财务、经营方向、业务范围的增减等，参与董事会的决策并执行董事会的决议、主持公司的日常业务活动、对外签订合同或处理业务、任免公司的高层管理人员、定期向董事会报告业务情况，提交年度报告。

2）首席品牌官

首席品牌官是现代组织（包括企业、政府或其他组织）中设置的专门负责品牌战略管理与运营的高级人员，代表首席执行官就企业形象、品牌及文化等进行内部与外部沟通。

3）首席财务官

首席财务官需要具备丰富的金融理论知识和实务经验，主要负责企业的理财与金融市场交互、项目估价、风险管理、产品研发、战略规划、企业核心竞争力的识别与建立、洞悉信息技术及电子商务对企业的冲击等。

4）首席运营官

首席运营官主要负责公司的日常运营，辅助首席执行官的工作。一般来说，首席运营官负责公司职能管理组织体系的建设，并代表首席执行官处理企业的日常职能事务。协助首席执行官制订公司的业务发展计划，并对公司的经营绩效进行考核。

5）首席技术官

首席技术官是企业内负责技术的最高负责人，主要职责是提出长期技术方向（战略性）、短期技术方向（战术性）、管理研究对公司经营活动和营利的影响、公司中使用的软件等。

6）客户总监

客户总监为客户制订媒体关系策略和公关活动策划，达成客户的市场或传播目标；督促客户服务团队执行媒体及公关活动，有效分配资源，并保证服务团队的工作质量；负责监督公关项目的实施，使公关项目在预算时间内完成；积极拓展客源并开发公司业务；与客户进行紧密的业务联络和沟通。

7）首席市场官

首席市场官是指负责市场运营工作的高级管理人员，也称市场总监、主管市场的副总经理或副总裁等。他们主要对企业的营销思想进行定位，把握市场机会，制订市场营销战略并实施计划，完成企业的营销目标，协调企业内外部关系，对企业市场营销战略的执行进行监督和控制，负责企业营销组织建设与激励工作。

创业团队由很多成员组成。成员在团队里扮演什么角色，成员对团队完成既定任务起什么作用，团队缺少什么样的角色，候选人擅长什么、欠缺什么，什么样的人与团队现有成员的个人能力和经验是互补的，都必须界定清楚，这样才可以利用角色理论挑选并配置成员。

2. 团队中的不同角色

不同角色对团队的贡献不同，团队中不能缺少任何角色。创业团队要紧密团结在一起，共同奋斗，努力实现愿景和目标，各种角色的人才都不可或缺。

1) 创新者提出观点

没有创新者，思维就会受到局限，点子就会匮乏。创新是创业团队生产、发展的源泉。不仅企业的开发需要创新，企业的管理也需要创新。

2) 实干者运筹计划

实干者的计划性很强，没有实干者的团队显得比较乱。有了好的创意，还要靠实际行动去实践。实干者在企业人力资源中应占较大比例，他们是企业发展的基石。没有执行就没有竞争力，只有通过实干者的努力工作，美好的愿景才会变成现实，团队的目标才能实现。

3) 凝聚者调节各种关系

没有凝聚者的团队的人际关系比较紧张，冲突会多一些，团队目标的完成将受到很大冲击，团队的寿命也将缩短。

4) 信息者提供支持的武器

没有信息者的团队比较封闭。在当今社会，信息是企业发展必备的重要资源之一。世界是开放的系统，创业团队需要在社会中生存并发展，如果没有外界的信息交流，创业团队就成了一个自给自足的封闭小团体。新时代创业团队的成功更需要正确的、及时的信息。

5) 协调者协调各方利益和关系

没有协调者的团队的领导力会削弱，协调者除了具备领导力，还要有一种个性的引召力，以帮助领导树立个人影响力。从某个角度来说，管理就是协调。各种背景的创业者凝聚在一起，肯定会出现各种分歧和争执，这就需要协调者来调节。

6) 推进者促进决策的实施

没有推进者，效率就不高。推进者是创业团队进一步发展的"助推器"。

7) 监督者监督决策实施的过程

没有监督者的团队会大起大落，做得好就发展得好，做得不好也没有人挑毛病，但团队的发展会比较慢。监督者是创业团队健康发展的鞭策者。

8) 完美者注重细节，强调高标准

没有完美者的团队，其线条会比较粗，因为完美者更注重品质和标准。在创业初期，团队不能过于追求完美；在企业逐渐成长的过程中，完美者要迅速发挥作用，完善企业中存在的缺陷，为做大做强企业打下坚实的基础。

9) 专家为团队提供指导

没有专家的指导，企业的业务就无法向纵深发展，企业的发展将受到限制。

3. 团队中的角色搭配

团队中角色之间的配合也存在若干问题，在角色搭配时需要加以注意。

（1）创新者遇到作为上司的协调者，他们的关系应没有问题，因为协调者善于将各种不同的人凝聚在一起达成目标；如果创新者遇到作为上司的实干者，他们的关系就不太好，因为实干者喜欢按计划做事，不喜欢变化。

（2）创新者和凝聚者之间不会存在问题，因为凝聚者擅长协调人际关系；如果创新者遇到另一个创新者，两个人会围绕着各自的立场或观点展开争论，内耗可能就会出现。

（3）作为领导的创新者与作为下属的实干者会很和谐，他们比较互补；但作为领导的创新者遇到作为下属的推进者，可能会产生矛盾。

（4）两个完美者在一起，作为上司的完美者并不欣赏作为下属的完美者，因为完美者永远觉得自己的标准是最高的；但完美者遇到实干者，往往会互相欣赏；如果完美者遇到作为上司的信息者，他们就会有一些冲突，因为信息者可以很快接受外界的新鲜事物，而完美者在有120%的把握后才去做，他们对要不要采取新的方式和方法存在一些疑问。不同团队成员间有很多配合关系，需要团队一一了解。

在了解不同角色对团队的贡献及各种角色的配合关系后，团队可以有针对性地选择合适的人才，通过不同角色的组合使团队完整。优势互补是团队搭建的根基，寻找到好的优势互补的合作伙伴，是创业成功的基础保障。

三、组建高效的创业团队

（一）创业团队的组建

创业团队的组建是一个相对复杂的过程，不同类型的创业团队的创建步骤存在差异，一般来说，创业团队的组建主要有以下几方面工作。

1. 物色并选取核心成员

创业团队发起人根据创业愿景和目标，选择自己熟悉的、能胜任工作的人员与自己合作，筛选时注意价值观、目标要一致；选择各方面互补又能互帮互助的人员作为团队的核心成员。

2. 明确创业目标

发起人有明确、清晰的创业目标，既可以吸引合适的合作伙伴，也有利于整理创意思路，通过目标的设定让团队成员确定未来的奋斗方向。从宏观上来说，团队明确的目标就是战略目标，让成员知道团队要做什么、产品是什么、团队的愿景是否和个体相匹配；从微观上来说，团队明确的目标也是具体的执行目标，让成员知道每月、每周要做哪些事，为团队设定目标，并清晰地描绘出未来几周、几月或几年想要完成的事情。

3. 制订创业计划

根据前期市场调查结果，盘点成员资源条件，制订出创业项目的总体目标和具体分阶段目标，比如企业发展战略、产品和服务、市场运营等，要尽可能地详尽，责任到人，奖惩得当，按步骤实施创业计划。

4. 招募合适的人员

根据候选人的人品、知识结构、能力、性格、资源等情况，招募合适的人员，并成立互补型创业团队，创业团队人数为3～7人比较合适，这样既节约人力资源成本，又可以避免意见不统一的情况。

5. 划分职权

让创业团队实现高效运转，各成员就要团结协作，各司其职，权责得当。想明确团队成员的职责和权限，就要明确成员的职责定位、权力划分，团队负责人必须对自身进行客观分析和评估，知道优势和劣势，然后才能根据需要选择互补型的成员来弥补自身短板，构建合理的创业团队。在这个过程中，创业团队要制定科学合理的合伙协议，保障成员的权利，规范成员需要履行的义务，设计合理的股权架构，明确股权分配方案，使创业团队获得持续发展的动力，增强投资者的投资信心。

6. 构建创业团队制度体系

为了有效地管理团队，规范团队成员的行为，充分调动团队成员的积极性，团队应该将管理重点放在人力资源的整合、人员的激励等方面。要先制定完善的团队管理制度，对成员的激励和约束要合理，以书面形式将管理中的纪律规定、人事制度、行政制度、财务制度、保密制度等加以规范，这一过程中要对成员进行人性化管理，充分利用绩效考核、利益分红、荣誉授予等形式调动成员的工作积极性，凝心聚力，打造优秀的创业团队。

7. 团队的调整与融合

随着创业项目的推进，团队组建初期的不合理因素、考虑不周之处逐渐暴露，团队成员由于性格、背景、利益、权力等原因不可避免地产生摩擦和矛盾，团队负责人要通过沟通和真诚的关爱化解成员间的矛盾，并根据创业需要适时调整团队结构，以保证整体利益，促进团队稳定发展。团队需要一个磨合的过程，在此过程中可以通过公司文化建设，提升团队的合作意识，营造和谐、友爱的团队氛围。

（二）创业团队的类型

根据创业团队的组成者来划分，创业团队有星状创业团队、网状创业团队和从网状创业团队中演化而来的虚拟星状创业团队。

1. 星状创业团队

星状创业团队中有核心人物，一般他们充当领队的角色。在团队形成之前，核心人物已经对团队的组成进行了仔细思考，根据自己的想法选择相应人员加入团队，加入创业团队的成员有可能是核心人物以前熟悉的人，也有可能是不熟悉的人，更多的时候团队成员在企业中扮演支持者角色，这种创业团队的特点如下。

（1）组织结构紧密，向心力强，核心人物在团队中的行为对其他个体的影响很大。

（2）决策程序相对简单，组织效率较高。

（3）容易形成权力过分集中的局面，决策失误的风险增大。

（4）当其他成员和核心人物发生冲突时，因核心人物的特殊权威，使得其他成员在冲突发生时处于被动地位，冲突严重时，成员会选择离开团队，因而对组织的影响较大。

2. 网状创业团队

网状创业团队的成员在创业前关系密切，比如是同学、亲友、同事、朋友等。一般他们在交往过程中，发现彼此认可某一创业想法，就创业达成共识后，开始共同进行创业。在创业团队刚组成时，团队没有明确的核心人物，大家根据各自的特点自发地进行角色定位。初创时期，成员基本上扮演的是协作者或伙伴角色，这种创业团队的特点如下。

（1）团队没有明确的核心人物，整体结构较为松散。

（2）一般在决策时会采取集体决策的方式，通过大量的沟通和讨论达成一致意见，决策效率相对较低。

（3）由于成员在团队中的地位相当，所以团队容易出现多头领导的局面。

（4）当成员之间发生冲突时，一般采取平等协商的方式积极解决冲突，成员才不会轻易离开。若成员间的冲突升级，某些成员离开团队，容易造成整个团队涣散。

3. 虚拟星状创业团队

虚拟星状创业团队是由网状创业团队演化而来的，基本上是前两种的中间形态。团队有核心人物，但核心人物地位的确立是团队成员协商的结果，从某种意义上说核心人物是团队的代言人，但不是主导型人物，他在团队中的行为必须充分考虑其他团队成员的意见，不如星状创业团队中的核心人物有权威。

（三）创业团队选人的标准

1. 业务能力

创业团队成员必须有较强的业务能力，可以是技术突出的人，也可以是优质资源丰富、人际交往广泛的人，或是产品运营、财务等方面的内行人。

2. 事业心

成员要有创业激情和事业心，在项目中积极主动，有为团队付出努力的决心和责任心，为了共同的事业奋斗。

3. 团队合作精神

团队合作精神是成员需要具备的重要品质。成员间紧密团结，荣辱与共，可以及时让团队停止内耗，营造相互帮助、相互理解、相互激励、相互关心的工作氛围。团队应积极帮助成员进行职业生涯规划，只有开发成员的潜能，让成员的自我价值得到实现，才能为团队带来更多的价值。

4. 资源条件

资源条件包括资金资源、人脉资源等线性资源，还有技术、技能等隐性资源。团队成员具有一定的资源条件，有利于项目的发展，有助于创业成功。不同资源间的合理配置非常关键，需要团队负责人具有全局观念，统筹规划，合理安排，充分利用资源，同时又有能力去寻求其他本团队不具备的相关资源。

（四）创业团队的激励

1. 股权激励

股权激励是指创业团队将一定比例的股票作为激励团队成员的一种方式。股权激励与一般的工资、奖金相比，有3个特点：第一，股权激励是对成员的一种未来激励，有助于建立成员的归属感，促使成员合理兼顾公司的短期目标和长远目标。第二，股权激励是对成员的一种长远目标激励，有利于促进成员的稳定性。第三，股权激励会随着项目的业绩而产生波动，由于创业团队成员持有一定比例的公司股票，随着公司业绩的提高，股票的价格通常也会上涨，成员的额外收益也会增加，成员为了增加收益且使收益不受损害，会加倍努力工作，提高公司业绩。通过此种激励，有助于在成员间形成利益共同体，提高成员工作的积极性。

2. 薪酬激励

薪酬是成员用时间、知识、经验、技能、创造为组织完成相关工作并做出相关贡献而得到的回报。薪酬主要包括工资、奖金、福利、津贴等，一般包含保障性部分和鼓励性部分。保障性部分是指工资、固定津贴等；鼓励性部分包含业务提成、奖金、物质奖励、旅游、培训等。想有效地调动成员的工作热情，可以增加薪酬结构中的鼓励性部分，让成员体会到多劳多得是有收获的。

除了对成员个人的激励，还应关注团队的整体激励。薪酬水平的制定要注意外部平衡和内部平衡。外部平衡是指公司员工的薪资水平与同行业同地区的薪酬水平保持一致或略高于平均水平；内部平衡是指公司内部成员之间的薪酬水平根据他们的工作效率、贡献度等按比例制定，同时兼顾公平，根据岗位评估来调节。想留住高层次人才，就要参考相关人才的市场价格，每年的薪资市场调查有助于科学制定薪资水平。

3. 情感激励

情感激励是一种精神激励，是"以人为本"的先进的管理方式，是指管理者之间、管理者与被管理者之间通过一定的方法和手段深入了解对方的情绪与情感，深入其内心世界，做到尊重人、理解人、关爱人、成就人，在团队内建立一种归属感，建立和谐的人际关系，营造融洽的工作氛围，进而充分调动对方的责任心和积极性，使对方发挥主观能动性。每位成员在情感上接受一定程度的激励后，可以在团队中愉快工作、积极进取，使整个团队焕发光彩，这对创业成功发挥着重要作用。在情感激励过程中，团队要以人为本，让团队成员感受到关爱，团队管理者与被管理者之间、团队成员之间要互相关心，坚持人性化管理；团队领导者要提升领导能力，重视情感激励，加强与团队成员的沟通，在交流过程中要用赞美、尊重、关心、信任的态度与团队成员真诚沟通。

（五）青年学生创业团队与一般创业团队的区别

1. 创业目的

青年学生创业团队的创业目的是以自己所掌握的专业知识为基点，将专业知识投放到一个产品当中使其得到体现。而一般创业团队的创业目的有很多，可能是以专业知识为起点抑或者是为了争取某一个商机，但其主要目的是获得更多的经济效益。

2. 企业结构

青年学生创业团队的结构一般较为简单，团队中的成员一般年龄较小且经验不足，在领导职位划分、财务管理等方面还缺乏经验。而一般创业团队中的成员年龄较大且经验丰富，企业结构一般相对稳定且成熟，并有明显的层次划分。

3. 决策能力

青年学生创业团队的决策能力比较弱，其团队成员主要是一群志同道合的青年学生，地位相同，在遇到困难或问题时他们很难遵从某个人的意见。即使等级划分明确，有决定权的人对社会的感知也不强，很难做出正确的决定。一般创业团队的制度体系成熟，高层管理者之间有明确的职责划分，在面临重大事件前一般由各位领导共同商议并综合各方面的因素做出最终决定。

4. 企业输出

青年学生创业团队由一批年轻学生组成，他们初出茅庐，有许多新的思想和观点，对于产品的创新有许多想法，敢闯敢干。一般创业团队考虑到其成员的年龄结构，需要考虑的因素很多，做事情难免瞻前顾后，可能会因此错失机会。

经典分享

匠心筑梦，创绘青春

2016年8月，成都工贸职业技术学院的学生张弦带着自主研发的CNC（Computer Numerical Control，计算机数字控制机床）专用多功能真空夹具夺得了2016年"挑战杯——彩虹人生"全国职业学校创新创效创业大赛的特等奖，至此开启了他的创新之旅和创业之路。

张弦，学的是模具设计专业，他从小就喜欢在大伯开的机械厂车间玩耍，看着师傅们用车床铣床加工出一个个闪闪发亮的零件，他总是很兴奋。在校期间，实训车间是他最喜爱的地方之一。张弦和其他埋头练习的学生不太一样，相比重复的练习，他更喜欢提出问题，并与老师和同学们研讨，尝试解决问题。在反复的技能练习中，张弦发现零件装夹工序虽简单，却是加工质量和效率的关键，传统装夹夹具装夹异形零件的效率不高，报废率也难以降低。经过潜心思考和反复实验，他最终用液压设备与吸抓工件，研制出了自己的真空吸盘夹具，并在"挑战杯—彩虹人生"全国职业学校创新创效创业大赛上获得了四川省唯一一个特等奖。

载誉而归的他，并没有停下脚步，他立志为制造业的转型升级贡献一份自己的力量。在学校的大力支持下，他成功创办了成都永量精密机械有限公司，并不断地进行新技术、新工艺的研发，公司的员工也由创业初期的3人逐渐发展到35人，并与成都飞机工业（集团）有限责任公司、中国电子科技集团公司第三十研究所、成都三洋蜀航精密机械工程有限公司等军工企业开展合作。

分析：张弦心中的创业梦，是一代代机械人为实现中国制造的初心与使命。

组建高效的创业团队

一、活动目标

创设情境，分组训练，让学生征集合伙人共同创业，创办一家广告服务公司。

二、程序与规则

（1）制作招募广告。

（2）现场宣传并解读招募标准。

（3）评估团队结构，确定团队成员。

（4）展示团队的创业愿景、创业项目、成员与分工、管理制度等。

三、评价与反馈

（1）创业的目标与计划的设计情况。

（2）合伙人的数量和特点。

（3）对团队管理的设想。

（4）对回报及风险的有效判断。

（5）对其他需要说明的问题的思考。

（建议时间：20分钟）

问题一：如何培养团队合作精神？

（1）将创业愿景和目标具体化，让成员通过项目实践了解自己和其他成员的优势与不足，分工合作完成任务，以促进团队合作精神的培养。

（2）将职务、职责划分清楚，让成员通过岗位实践学会识别团队成员的特点和能力，进而培养合作精神。

问题二：虚拟星状创业团队的角色应如何配置？

（1）团队成员共同确定核心人物，让核心人物作为团队的代言人。

（2）建立优势互补的团队，"主内"与"主外"选用不同类型的人才，战略性的领袖、细致的主管、技术与市场等方面同步优秀。

（3）在选择团队角色时，候选人擅长什么、欠缺什么，什么样的人与团队现有成员的个人能力和经验是互补的，需要界定清楚。

模块 8　商业模式设计与创业计划

 导读导学

近些年，随着互联网创业热潮的到来，创业的商业模式已经成为创业者与投资人津津乐道的话题。商业模式非常重要，它是一家企业诞生时最初始的思考，一家企业的初建必然伴随着相应的商业模式出现，所以，我们系统地了解一家企业的第一步就是了解它的商业模式。然而，商业模式与创业计划书又密不可分，创业计划书是企业把商业模式传递给合作伙伴的一座重要桥梁，一份详细的创业计划书会大大增加群众对企业的印象分。

本模块主要从商业模式如何设计、创业计划书如何撰写两个主要方面进行阐述，有助于创业者正确评价外部环境的危机与机遇，明确企业核心能力，确定企业的有效战略活动领域，使企业获得长久的发展动力。

 思维导图

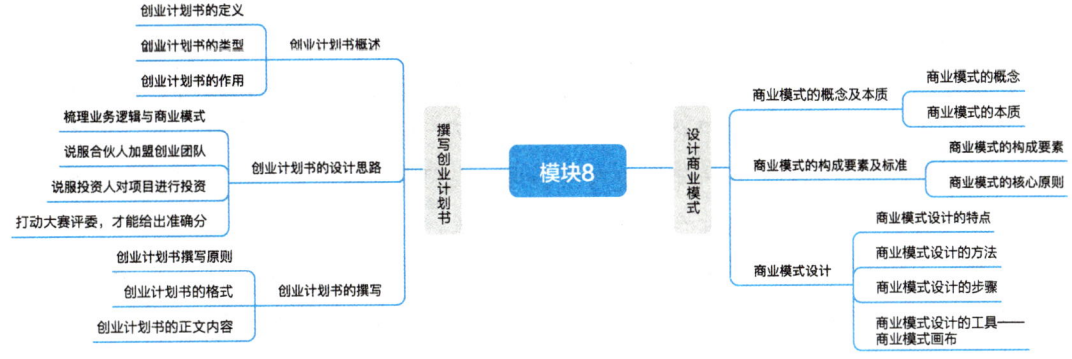

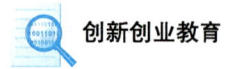

8.1 设计商业模式

（1）阐述商业模式的概念及本质。
（2）掌握商业模式的构成要素及核心原则。
（3）掌握商业模式的设计方法及步骤，并能利用商业模式设计工具对商业模式进行分析。

川航免费接送机服务背后的奥秘

四川航空股份有限公司（以下简称"川航"）想提升客户满意度，于是开始市场调研，发现乘客关注的点很多，有准点率、饮食、空姐外貌、服务态度、座位舒适度、接送机服务等，这些方面不是受客观因素影响很难改变，就是众口难调没有统一标准，唯一比较容易改变的只有接送机服务，所以川航决定在机票不涨价的情况下提供接送机服务。

川航内部首先讨论了使用出租车或者专车哪个更便宜，由于出租车管理困难且成本不低，所以他们决定使用专车。随后讨论了使用现有网约车平台还是使用自建车队，由于受飞机准点率等因素影响，网约车很难长时间等待乘客，所以他们决定使用自建车队。

川航最终选定东风汽车股份有限公司的商务车作为接送车，因为用量大，东风汽车股份有限公司提供了内饰和功能简化版的车，以每辆7万多元的成本价卖给川航，川航提供车内广告位两年使用权给东风汽车股份有限公司，专门做这款车的广告，很多坐飞机的乘客是商务人士，可能会购买这款车，双方实现了双赢。

车有了，还需要司机，川航开始招募专车司机，每有一位乘客就补贴司机20元车费，商务车可坐7位乘客，司机每次收入140元，就算坐不满，也比跑出租和其他专车赚钱，客源全部由川航提供，不愁没有生意，所以很多司机来川航应聘。

然而，事情还没有结束，川航要求司机购买这款车，价格为市场价14万元，车的所有权归司机，并且司机拥有线路经营权，不用交其他费用给川航。因为川航会为司机提供大量客源，所以在川航做专车司机比在其他平台更容易赚钱，所以很多司机加入。接下来，川航推出了购买5折票价以上的机票，市区免费接送的活动，基本上整个商业模式已经形成。

另外，虽然川航给了东风汽车股份有限公司两年的广告权，两年后广告位开始收费，但是广告位对应精准且长时间向客户展示，很多品牌商都对广告位趋之若鹜，这又成为川航不小的一笔收入。

分析：在上述营销案例中，虽然每有一位乘客川航补贴司机20元的车费，但与乘客的机票价格相比，这些车费可以忽略不计，还赚取了每辆车7万元的利润，客户满意度也得到提升，乘客免费享受商务车接送机服务。东风汽车股份有限公司在以成本价卖车的同时，得到了精准的客源和两年的广告权，广告包括车内广告和路上东风商务车增多的展示效果。司机在以正常市场价买车的同时，还得到了持续稳定的客源、免平台抽成和管理费，最终实现了多方共赢。

从这个案例中不难看出，商业模式就是打造一个平台，让你在上面既能做好人，又能做好事。模式是从一个点到一条线，再到一个面，再编织一张网，最后形成"天罗地网"。老板的任务不是让自己在舞台上表演，而是编织一张网，让更多的人去舞台上表演。

商业模式对现代企业来说是不可或缺的，好的商业模式可以让一家企业起死回生，在非常短的时间内发展起来，有一个好的商业模式，成功就有了一半的保证。商业模式就是企业通过什么途径或方式来赚钱。简而言之，饮料公司通过卖饮料来赚钱，快递公司通过送快递来赚钱，网络公司通过点击率来赚钱，通信公司通过收话费赚钱，超市通过平台和仓储来赚钱等。只要有赚钱的地方，就有商业模式存在。

随着市场需求日益清晰，资源日益得到准确界定，机会将超脱其基本形式，逐渐演变成创意（商业概念），包括如何满足市场需求、如何配置资源等核心计划。

随着商业概念自身的提升，它变得更加复杂，包括产品/服务概念、市场概念、供应链/营销/运作概念，进而这个准确并差异化的商业概念逐渐成熟并演变为完善的商业模式，从而形成一个将市场需求与资源结合起来的系统。

商业模式是一种包含一系列要素及其关系的概念性工具，是用来阐明某个特定实体的商业逻辑。商业模式描述了公司能为客户提供的价值、公司的内部结构、合作伙伴网络和关系资本等用以实现（创造、推销和交付）这一价值并产生可持续营利收入的要素。

一、商业模式的概念及本质

（一）商业模式的概念

1. 整体系统角度

阿米特和佐特认为，商业模式是为创造更多的价值，通过发现新的商业机会而对交易内容、交易结构、交易治理机制进行设计的描述。

罗珉认为，商业模式是企业在现有资源和能力下进行资源整合，以此来获得额外利润的战略创新、组织结构体系、制度安排的集合。

2. 经营战略角度

哈梅尔指出，商业模式是企业经营者关于如何经营、如何满足客户需求的一套经营模式。

程愚指出，商业模式的本质是战略决策的过程，但与一般战略决策有较大区别，商业模式具有独特性，是在全价值链整合的意义上形成一整套的系统的决策。

3. 价值链角度

迪博松认为，商业模式是企业为获得可持续营利的收益流，而构建的一个价值创造、价值营销、价值传递、客户关系资本的企业架构和合作伙伴的关系。

总之，所谓商业模式，即以创造价值为核心，描述企业如何创造价值、传递价值和获取价值的基本原理。

（二）商业模式的本质

管理大师德鲁克曾说："当今企业间的竞争，不是产品之间的竞争，而是商业模式之间的竞争。"我国经济学家郎咸平曾说："商业模式是关系到企业生死存亡、兴衰成败的大事。"企业要想获得成功，就必须从制定成功的商业模式开始，成熟的企业要这样做，新的企业也要这样做，发展期的企业更是如此，商业模式是企业竞争制胜的关键，是商业的本质。

因此，商业模式的核心是顾客、价值和利润，是一个价值实现的逻辑。商业模式的本质就是一群利益相关者把自己的资源和能力投进来，形成一个交易结构。只要这个交易结构持续交易，就会创造出新的价值，每一方都会按照一定的盈利方式去分配价值。如果每一方分到的价值超过了它投入的资源和能力的机会成本，那么这个交易结构就会越来越稳固。

二、商业模式的构成要素及标准

商业模式的核心原则：一是客户价值最大化；二是持续盈利；三是资源整合；四是创新；五是融资有效性；六是组织管理高效；七是风险控制；八是合理避税。

创业公司在商业模式上常见的失误有：做出来的解决方案没有市场需求，产品缺乏特定的市场，产品总是赠送。一个好的商业模式由八大要素构成，如表8-1所示。

表 8-1 商业模式的构成要素

构成要素	商业意义上的关键问题
价值体现	为什么消费者要买你的东西，不买别人的东西
盈利模式	你是如何赚钱的
市场机会	你的目标市场是什么，市场容量究竟有多大
竞争环境	还有什么其他企业占据着你的目标市场
竞争优势	对于进入目标市场，你有哪些特殊的优势
营销战略	你计划如何促销你的产品和服务，你打算怎么吸引目标客户的关注
组织发展	为了实现商业计划，企业需要采用什么类型的组织结构去落实计划
管理团队	什么样的经历和背景对企业领导人来说是重要的

1. 价值体现

价值体现可以确定一家企业的产品或服务应如何满足客户需求。例如，电子商务的价值体现包括产品的个性化和定制化、产品查询成本的降低、价格发现成本的降低、通过送货管理来推动交易。以前，人们去实体书店买书，有时想要的书没有，需要预订并跑好几趟，等几周的时间才能买到书；网上书店出现后，7 天 ×24 小时营业，库存信息与定书处理顷刻即知，所以网上书店的主要价值体现在灵活的选择权和购物的便利性上。

2. 盈利模式

盈利模式是企业如何从客户那里获得收入并产生利润及获得高额投资回报的策略与技术。例如，广告支持的盈利模式企业提供一个刊登广告的场所，并向广告客户收费；订阅盈利模式企业向用户提供信息和服务，并向用户收取访问费用；交易费用盈利模式企业收取授权或进行交易的费用；销售盈利模式企业通过销售产品、信息或服务来获得收入；会员制盈利模式企业向会员推荐业务，收取推荐费或从成交的销售额中提取一定百分比的收入。

3. 市场机会

市场机会是指企业所预期的市场，以及企业在该市场中有可能获得的潜在财务收入的机会。市场是每家企业想介入的、有实际或潜在商业价值的领域。通常市场机会可划分成更小的市场立基（市场立基者一般是指市场补缺者，是指那些选择不大可能引起大企业兴趣的某一部分进行专业化经营的小企业）。市场空间由许多细分市场组成，实际的市场机会一般集中在一个或几个细分市场上。

4. 竞争环境

竞争环境是指不同企业在同一个市场空间中经营，销售同类产品或相似产品。影响企业竞争环境的因素有：多少活跃的竞争对手，企业规模多大，每个竞争对手的市场份额有多大，企业的盈利情况及定价情况等。

在任何一个细分市场中，若存在大量的竞争对手，则意味着该市场饱和了，很难获得利润。反之，缺少竞争对手的市场可能是一个可以进入的未开拓的市场，也可能是一个已经尝试过失败且无利可图的市场。

5. 竞争优势

当企业比它的竞争对手生产出更好的产品或是向市场推出价格更低的产品时，它就获得了竞争优势。

6. 营销战略

营销战略是指由如何进入一个新市场、吸引新客户的具体举措构成的营销计划。为将企业的产品和服务推销给潜在消费者而做的每件事情都是营销，一个好的营销计划是企业获得成功的开始。

7. 组织发展

组织发展是运用科学理论有计划地提高组织效率，形成良好的组织氛围的一种努力过程，旨在防止组织的停滞和衰老，使其可持续发展。一般来说，企业可以划分为各个职能部门，如生产部门、运输部门、市场营销部门、客户支持部门和财务部门。每个部门的业务范围都有明确的定义，并据此为特定的工作岗位招聘人员。一开始，企业可能需要多面手，但随着业务发展，人员应用逐渐专业化，这时就要考虑员工的职业生涯，需要制订用人计划。另外，组织文化的建设也是组织发展的重要方面。

8. 管理团队

管理团队是指企业中负责各类业务模式运作的员工。企业的每个业务模式都需要有专门为之负责的模式运作团队。一支强有力的管理队伍能通过业务模式迅速获得投资者的信任，能准确捕捉市场信息，并从商业计划的实施过程中积累经验。

 案例

欧洲航空商业大战——瑞安航空

瑞安航空成立于1985年，总部设在爱尔兰，拥有200条廉价航线，遍布欧洲10余个国家的近100个目的地，多年以来，它已经逐步发展成世界上最赚钱的航空公司之一。这家欧洲最大的廉价航空公司以免费机票闻名，他们宣称到2010年将有50%的机舱座位是免费送出的。在瑞安航空，你可以买到真正的免费机票，"No Taxs, No Fees, No Charges"。2001年"9·11"后，当航空公司普遍陷入困境时，瑞安航空却依然保持盈利；2006年在石油价格上涨、航空业竞争日益激烈的环境中，瑞安航空的利润仍然同比上涨了3成多；2009年7月，瑞安航空宣布第二季度盈利1.23亿欧元，7月创下了新的单月

运输量纪录 670 万人次，客座率保持在 89%。

分析：瑞安航空将大量机票赠送，不收任何费用，它既没有倒闭，也没有亏损，反而连年盈利，它有什么样的秘密武器呢？

三、商业模式设计

商业模式设计是指研究怎样建立企业并从中营利的一整套方法，将战略、策略、战术，即各项战力打包成营利的一整套方法，其核心是资源的有效整合。

（一）商业模式设计的特点

第一，商业模式设计的目的是把做不成的事情变为可以做成的事情。

第二，理想的商业模式有两个基本特征：一是从短期看理想的商业模式应有助于新创企业尽快实现"正的现金流"；二是从长期看理想的商业模式应有助于新创企业用可能少的资源做尽可能大的商业。

第三，商业模式设计是一个反复试错、修正的过程。

第四，商业模式设计是企业战略发展的基础。

（二）商业模式设计的方法

商业模式设计的方法有技术驱动设计法、应用驱动设计法、资本驱动设计法 3 种。

1. 技术驱动设计法

技术驱动设计法是指在价值主张中凸显技术创新的重要性的一种商业模式设计，比如凌云两轮智能汽车。

2. 应用驱动设计法

应用驱动设计法是将现有技术经过组合进行集成创新的一种商业模式设计，比如乐视 Zero65 等。

3. 资本驱动设计法

资本驱动设计法要先打造资本，而不是考虑最终用户，比如滴滴出行。

（三）商业模式设计的步骤

商业模式设计可以分为动员、理解、设计、实施、管理 5 个步骤，在此我们简单称之为商业模式设计流程五部曲。

1. 第一步：动员

动员阶段属于前期准备，这一步为成功的商业模式设计活动做了充分的准备。让大家意识到需要用新的商业模式来描述项目背后的动机，建立一种统一的语言来描述、设计、分析、讨论商业模式。

利用便利贴、马克笔等绘制商业模式画布，用讲故事的方法进行动员。

2. 第二步：理解

理解阶段重在钻研，商业模式设计团队要完全沉浸在相关知识里，比如客户、技术和环境，需要收集信息，访谈专家，研究潜在客户，还要识别需求和问题。在这一阶段我们要充分运用之前提到的很多工具，包括商业模式画布、商业模式类型、客户洞察、视觉化思考、场景假设、商业模式环境、评估商业模式等。对每样工具做到充分的理解并且可以随时运用，这都是这一阶段需要做的准备工作。

3. 第三步：设计

设计阶段重在探究，将前一阶段的信息和创意转化为可被开发和验证的商业模式模型。在深度探究商业模式后，选择自己比较满意的商业模式设计。

在设计阶段，不仅会将第二步理解阶段的工具进行实践运用，还会用到构思、蓝海战略、管理多种商业模式等工具。

4. 第四步：实施

实施阶段重在执行，实施所选的商业模式设计。

在实施商业模式设计时，之前的很多工具可以有效地运用，比如讲故事、视觉化思考、管理多种商业模式等，这些工具能使实施过程更便于理解和简单实践。

5. 第五步：管理

管理阶段就是进行商业模式演进，建立管理组织架构来持续地监控、评估、调整或改变的商业模式。

管理就是演进商业模式，将理论用于实践之后进行再造与调整。在这一阶段，我们需要运用视觉化思考、场景假设进行不断地改进，通过商业模式环境、评估商业模式做好最新情况下的商业模式监控，进行评估、调整或改变。

（四）商业模式设计的工具——商业模式画布

1. 商业模式画布的含义

商业模式画布是一种用来描述商业模式、可视化商业模式、评估商业模式及改变商业模式的通用语言。

2. 商业模式画布的构成要素

商业模式画布（见图8-1）由9个构造块组成，每个构造块都代表着成千上万种可能性和替代方案，你要做的就是找到最佳的那一个。

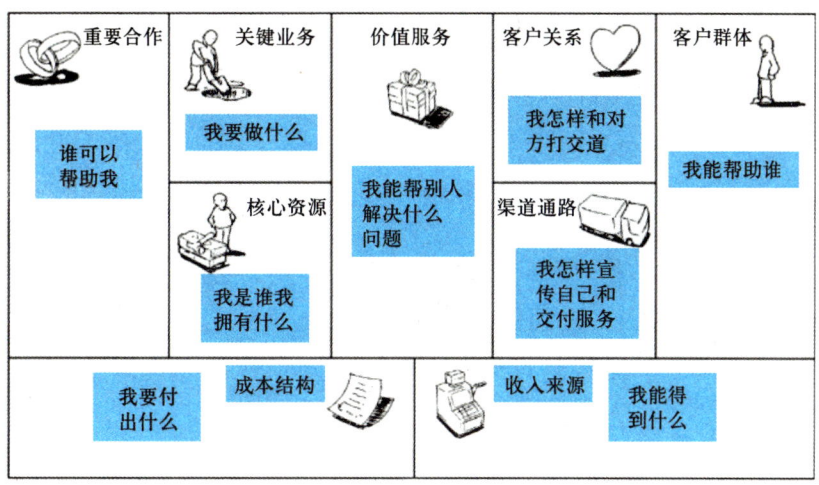

图 8-1 商业模式画布

（1）客户群体——你的目标用户群，一个或多个集合。

（2）价值服务——客户需要的产品或服务，商业上的痛点。

（3）渠道通路——你和客户如何产生联系，是你找到他们，还是他们找到你，比如实体店、网店、中介。

（4）客户关系——客户接触到你的产品后，你们之间应建立什么样的关系，是"一锤子买卖"，还是长期合作。

（5）收入来源——你将怎样从你提供的价值中获取收益。

（6）核心资源——为了提供并销售这些价值，你必须拥有的资源，如资金、技术、人才。

（7）关键业务——商业运作中必须要从事的具体业务。

（8）重要合作——哪些人或机构可以给予战略支持。

（9）成本结构——你需要在哪些项目中付出成本。

商业模式画布的使用者需要按照一定的顺序：先要了解目标用户群（客户细分），再确定他们的需求（价值定位），想好如何接触到他们（渠道），怎么营利（收益流），凭借什么筹码实现盈利（核心资源），能向你伸出援手的人（合伙人），以及根据综合成本定价。

 经典分享

小米的商业模式画布

小米公司在 2010 年横空出世，自创办以来，其手机销量保持了令世界惊讶的增长速度。小米公司在 2012 年全年售出手机 719 万台，2013 年售出手机 1870 万台，2014 年售出手机 6112 万台，2015 年售出手机超过 7000 万台，2017 年售出 9240 万台。

我们通常看小米，只看到了它销售的产品，却很少仔细思考这些眼花缭乱的动作背后的商业模式和运作战术,正好借这个机会,通过商业模式画布的九大构造来看看小米的商业模式,以及小米为什么强调"硬件＋新零售＋互联网服务"这一战略,如图8-2所示。

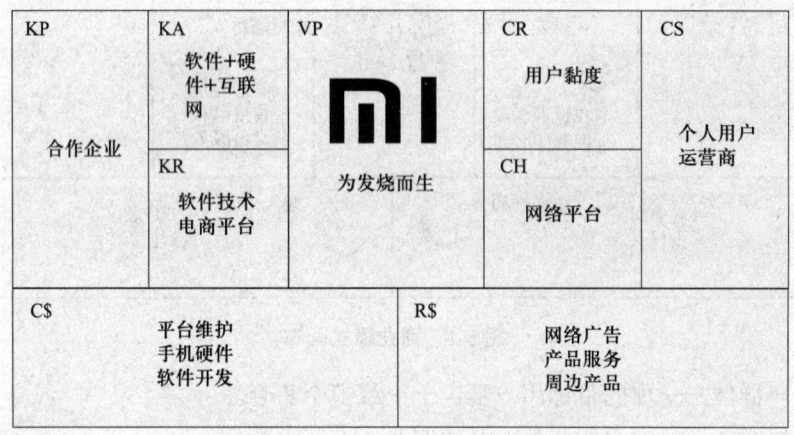

图8-2　小米的商业模式画布

分析:

(1)价值主张。小米的产品概念是"为发烧而生",提供的价值主张主要是产品差异化、服务差异化、形象差异化,既要做顶级品质,又只卖一半价钱。

(2)客户群体。它主要以需要高配置、低价格的数码产品的年轻客户为主,并切入特定的需求定制的利基市场,比如与中国移动、中国联通、中国电信运营商合作,然后迎合不同客户的需求,在手机周边产品上铺展多元化市场。

(3)客户关系。它以提供友好的服务和提高用户黏度为主,主要策略包括提供个人助理(基本互动)、自动服务(客服机器人)、专用个人助理(高价值客户),以及利用客户社区和MIUI系统与潜在客户群体建立联系,采用CBMCE模式让用户在小米社区参与小米生态系统的开发,让客户感觉小米生态系统的开发有自己的一份力量,这个模式在MIUI系统上体现得淋漓尽致。

(4)渠道通路。它包括自有渠道(线上小米商城、线下小米之家)和合作伙伴渠道(合作电商、批发商、运营商),在渠道及营销上可能会经历这么几个阶段,通过系列活动展示公司的产品和服务,并在线上或线下宣传公司产品,且引导消费者购买,通过产品和服务向消费者传递价值理念,之后便是完善的售后服务。

(5)关键业务。经典的"铁人三项"——硬件、软件、服务,硬件包括手机及其周边产品(比如平板电脑、移动电源、电视、机顶盒、路由器、手环等);软件包括MIUI系统及一些小米应用;提供的服务主要是互联网相关服务,比如小米云服务、MIUI社区、娱乐等。

(6)核心资源。它包括实体资产、金融资产、人力资源、知识产权;实体资产包括不动产、生产线、电商平台；金融资产包括现金、期货和其他投资的股权；人力资源便是小米公司强大的管理及运营团队；知识产权包括品牌、商标、专利等。

（7）重要合作。有英华达和富士康两家小米手机代工厂、负责小米商城物流的物流商，以及帮助小米开发软件的金山软件等。

（8）成本结构。它主要包括手机硬件的购买费用、电商平台的维护费用、广告营销费用、MIUI等软件服务的开发费用及公司的其他人力成本。

（9）收入来源。它主要是手机及周边产品的硬件收益，还有网络广告、软件服务、知识产权等。

利用商业模式画布分析一家企业的商业模式往往更直观，当然，关于商业模式还有很多知识需要学习、实践和探讨。

课后活动

绘制商业模式画布

一、活动目标

充分理解商业模式的概念，掌握商业模式设计的步骤，学会利用商业模式设计的工具，以身边常见的商业模式为引线，引导学生发挥创意，进行商业模式的设计与分析。

二、程序与规则

（1）教师铺垫。

"在我们的生活中，商业模式比比皆是，我们经常用到的出行工具滴滴出行、社交App微信、修图神器美图秀秀，以及我们熟知的海底捞等都是比较成功的商业模式，那么他们是如何实现盈利的呢？"

（2）请学生任选一家公司，分析其商业模式，并绘制商业模式画布。

三、讨论

划分小组，每组完成后派代表进行分析，选出商业模式画布绘制得比较完善的一组并让其阐述。

（建议时间：30分钟）

复习思考

（1）什么是商业模式？商业模式的构成要素是什么？

（2）简述商业模式设计的步骤。

8.2　撰写创业计划书

能力目标

（1）熟悉创业计划书的含义和基本类型。
（2）学会撰写创业计划书。
（3）能够独立制订创业计划书。

案例导读

完善的创业计划书让他获得了风险投资

王杰毕业后经过多年研究，在利用太阳能方面取得了技术突破，并认为这项技术在实际生活中的应用前景非常广阔，于是，王杰辞掉原来的工作准备创业。在注册完公司后，他的所有资金全部用尽，已经无力招聘职工、买实验材料了，于是他想到了风险投资，希望通过引入合作伙伴来解决资金困境。为此，他多次与一些风险投资机构或者个人投资者洽谈。虽然王杰反复强调他掌握的这项技术很先进、应用前景广阔，还保证投资他的公司将会获得很大的回报，但很难让对方相信，而且面对投资人询问的重要数据他无法提供，比如市场需求量具体是多少，一年可以有多大的回报率等。

后来，一位做咨询管理的朋友提醒王杰，由于他的技术很少有人懂，也没有创业计划书，所以没有人相信他。于是，在向相关专家咨询并查阅大量资料后，王杰开始从公司的经营宗旨、战略目标出发，对公司的技术、产品、市场销售、资金需求、财务指标、投资收益、投资者退出等方面进行了分析和论证，在这个过程中，他还通过市场调查来获取资料。一个多月后他拿出了一份创业计划书初稿，在经过几位专家的指点后，他又对创业计划书进行了修改。凭着这份创业计划书，他很快与一家风险投资公司达成了投资协议，获得了资金支持，员工招聘问题也迎刃而解，如今，他的公司已经营得红红火火。谈到经验，他认为创业计划书不仅仅是一篇文章，其编制的过程就是不断厘清创业思路的过程，只有创业者自己的思路清楚了，才能让投资者和员工相信你。

分析：对于众多创业者来说，创业计划书是进行融资的必备文件。近年来，创业融资的程序日益规范，作为投资公司进行项目审批的正式文件之一，撰写创业计划书已经成为越来越多创业者的必修课程。

那么，一份好的创业计划书如何撰写呢？

一、创业计划书概述

创业计划书是创业者叩响投资者大门的敲门砖,是创业者计划创立的业务的书面摘要,一份好的创业计划书往往会使创业计划达到事半功倍的效果。

(一)创业计划书的定义

创业计划书是项目或拟创企业或在创企业为实现一定的商业目标,根据一定的格式和内容要求,编制的展示目前状况和未来发展潜力的文本材料。

实际上,商业模式只是创业计划书其中的一个组成部分,而创业计划书除了要讲清楚商业模式,重要的是解决商业模式的落地问题。

对初创的风险企业来说,创业计划书的作用尤为重要,一个正在酝酿中的项目往往很模糊,通过制订创业计划书,把理由都写下来,而后再逐条推理。这样创业者就对项目有了更清晰的认识。可以说,创业计划书先把计划中要创立的企业推销给了创业者自己。

制订一个完整的创业计划需要投入相当多的精力,最终计划应做成一份结构清晰完整、可作为公司宪章的业务文件。通常,一份创业计划书是一份完整、独立的文件,用以介绍可行的市场需求、公司如何满足这些需求,并强调实施工作所需资源。创业计划书要提交给公司筹办合伙人、潜在投资者及融资公司、潜在雇员、合作伙伴和顾问、客户和供应商。

(二)创业计划书的类型

由于不同的创业者对市场有不同的认识,所以有不同的创业类型,根据创业计划书的用途不同,创业计划书可以分为以下几类。

1. 作为企业发展规划的创业计划书

随着经济发展的社会化和现代化进程,以及宏观经济的急剧变化,客观上要求企业具有长远的战略眼光,编制的创业计划书可作为若干年的企业发展规划指南。

2. 作为寻找合作伙伴的创业计划书

有时候,企业需要吸引合作伙伴加盟,吸引一个合伙人的难度应该不亚于融资的难度,目标人员肯定要对公司进行详细了解,了解公司的过去、现在和未来,这时候创业计划书就成了一份比较合适的文件。

3. 作为申请银行贷款的创业计划书

企业为了生产经营的需要,向银行贷款,而银行一般要求贷款的企业提供过去的和现在的财务报表。对于银行来说,初创企业的经营风险太大,为这类企提供贷款,银行一般要求创业者先提供创业计划，然后进行综合审核。

4. 作为争取政府支持的创业计划书

目前，政府在扶持创业方面出台了一些政策，设置了专项扶持资金、贷款、无息借款、奖励等，企业申领时需按要求提交创业计划书，以作为必要的文件。

5. 作为争取风险资金的创业计划书

创业计划书是吸引投资人的关注的敲门砖，一般投资人或机构都要求创业者提供创业计划书，并对创业计划书进行评价和筛选，通过对团队、商业模式、未来市场进行综合评估，会选择具备发展潜力的企业进行投资。

6. 作为参加创业大赛的创业计划书

目前，由政府、企业、社会组织、高校举办的各种创业计划大赛有很多，企业和个人参加大赛需提供符合要求的创业计划书。

（三）创业计划书的作用

一份好的创业计划书不仅能够吸引投资者的眼球，还能有效地指导企业经营，帮助创业者厘清未来的发展思路。因此，在具体的创业实践中，创业者一定要重视创业计划书的价值与作用。具体来讲，创业计划书具有以下作用。

1. 创业计划书是创业者把握企业发展的总纲领

创业者通过制作创业计划书，能够明确创业方向、厘清创业思路。撰写创业计划书是一个长期的过程，创业者需要根据企业的实际情况不断地对创业计划书进行调整和完善。在这一过程中，创业者或者改变销售策略，或者更新经营思路，或者认识到某一方面的错误与不足，甚至改变了总目标下的某个分目标，这都有利于企业的良性发展。总之，对创业者来说，创业计划书无异于总纲领和总路线。

2. 创业计划书是创业团队及合作者共同奋斗的动力和期望

创业计划书是创业者对理想的现实阐述，是理想与现实的连接桥梁。初创企业的预期目标、战略、进度安排、团队管理等都是创业者的理想的具体化图景，是创业团队奋斗的动力。详细的创业计划有助于统一思想和路线，有助于创业团队的成员步调一致、有的放矢。创业计划书是合作者的"兴奋剂"，能让创业者及其合作者紧密团结在一起，同甘共苦，打拼未来；创业计划书还是亲缘纽带的"黏合剂"，因为好的创业计划书可以让创业者赢得亲友的信任与支持，坚定创业者的信心与勇气。

3. 创业计划书是投资者决定是否投资的重要参考

从融资角度来看，创业计划书通常被喻为"敲门砖"。一份详细完整的创业计划书有投资人需要的信息，包含企业的现实业绩、发展远景、市场竞争力、优势、劣势，企业的资金需求现状和偿还能力，创业者及其团队的能力和阵容等，这些都是投资者关心的重点,是他们衡量企业的实力和潜力的依据,并以此作为投资企业的重要参考。

4. 创业计划书为企业经营活动提供依据与支撑

创业计划书是为企业发展所做的规划,企业的创立与成长需要由创业计划书引领。创业计划书的主要构思围绕企业,主要内容更是离不开企业,诸如资金规划、财务预算、产品开发、投资回收、风险评估等,步步都与实现目标及企业发展休戚相关。因此,创业计划书是企业经营活动的有力依据和有效支撑,对创业行动具有指导意义。

二、创业计划书的设计思路

写一份创业计划能迫使创业者进行系统的思考。有创意可能听起来很好,但是当你把所有的细节和数据写下来的时候,就会发现许多问题。创业计划书发展至今,已经由单纯的面向投资者转变为企业向外部推销宣传自己的工具,以及企业对外部加强管理的依据。创业计划书的设计思路有以下4个角度。

(一)梳理业务逻辑与商业模式

业务逻辑是一项产品或服务从开发到生产再到销售,以及后期运营维护的一个整体流程。例如手机的业务逻辑为:设计手机→建厂生产→销售手机→售后服务。

商业模式也是一种赚钱的模式,主要解决5个问题:市场策略是什么,主营产品是什么,目标客户是谁,生命周期有多长,市场空间有多大。

通过一个创业计划书把创业者的业务逻辑进行过系统的梳理,对商业模式进行一个综合的考量。这是创业计划书设计中最核心的问题之一。

(二)说服合伙人加盟创业团队

通过创业计划书来展现创业项目的魅力,展示企业的未来前景,打动合伙人,塑造一个愿景,让合伙人看到项目、企业的未来。

(三)说服投资人对项目进行投资

投资人一般通过创业计划书来了解项目。投资人会根据其重点投资的产业领域,根据项目的情况及项目团队,决定是否要对项目进行投资,投资额度是多大。

(四)打动大赛评委,才能给出准确分

目前,各种类型的创业计划大赛层出不穷,大赛的评委看项目,主要是看核心要点,由于学生的创业大赛的展示时间紧,创业计划书必须简单明了。

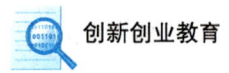

三、创业计划书的撰写

（一）创业计划书撰写原则

一份好的创业计划书必须呈现竞争优势与投资者的利益，同时也要具体可行，并提出尽可能多的客观数据来加以佐证。在设计过程中应具体把握以下原则。

1. 总体原则

1）市场导向原则

利润来自市场的需求，如果没有把明确的市场需求分析作为依据，那么设计的创业计划书将是空泛的、无意义的。因此，创业计划书应以市场导向的观点进行设计，要充分显示对市场现状的把握和对未来发展的预测，同时要说明市场需求分析的调查方法与事实证据等。

2）文字精练原则

创业计划书应避免与主题无关的内容，要开门见山、直奔主题并清晰明了地把自己的观点亮出来。风险投资者没有时间，也不愿意花过多的时间阅读一些对他来说毫无意义的东西。文字精练、观点明确，才能引起投资者的注意和兴趣，从而提高融资成功的概率。

3）前后一致原则

因为创业计划书的内容复杂繁多，容易出现前后不一、自相矛盾的情况。如果出现这种情况，就会让人很难明白，甚至对计划产生怀疑。所以，整个创业计划书前后的基本假设或预估要相互呼应，保持一致。

4）呈现竞争优势原则

编写创业计划书的重要目的之一是为投资人或贷款人提供决策依据，借以融资。因此，创业计划书中要呈现具体的竞争优势，显示经营者创造利润的强烈愿望，并明确投资者预期的报酬。但同时也应该说明可能遇到的风险或威胁，不能只强调优势和机遇，而忽略不足与风险。

5）便于操作原则

创业计划书是创业者拟定的创业行动蓝图，因此它必须具有很强的可操作性，以便于实施。特别是其中的营销计划、组织结构、管理措施、应对风险的方法和策略等，必须具有可行性和可操作性。

6）通俗易懂原则

创业计划书中应尽量免使用技术性很强的专业术语，专业术语不是谁都能看得明白，过多的专业术语会影响读者的阅读兴趣，让他们觉得太深奥。即使不得已使用专业术语，也应该在附录中加以解释和说明。

7）客观实际原则

创业计划书中的所有内容必须实事求是，即使是财务规划，也要尽量客观、实际，切勿凭主观意愿进行估计。创业者必须事先进行大量的调查和科学分析，尽量陈列客观、可供参考的数据与文献资料。

2. 内容原则

创业计划书的内容应尽可能地充实，该有的内容必须要有；创业计划书的内容可以深化创业者对企业经营的思考，为潜在投资者描绘一个完整的企业蓝图。

3. 适应原则

企业的发展是动态的，根据市场的变化、竞争形势的变化，企业会不断地调整主营方向或市场策略，在这个过程中，企业的创业计划书要随着企业的运作、经营、管理而改变。

案例

周鸿祎：打造十页完美的创业计划书

第一页，用几句话说清楚你目前发现的市场中存在的一个空白点，或者存在一个什么问题，以及这个问题有多严重，几句话就行。例如，现在网游市场中盗号现象严重，你有一个产品能解决这个问题，只需用一句话说清楚就可以。

第二页，说明你有什么解决方案或什么样的产品，能够解决这个问题；你的方案或产品是什么，提供了什么功能。

第三页，说明你的产品将面对的用户群是谁。一定要有一个用户群的划分。

第四页，说明你的竞争力。为什么这件事情你能做而别人不能做，是你有更多的免费贷款，还是存储可以不要钱，这只是打个比方。如果这件事情谁都能干，为什么要投资给你，你有什么特别的核心竞争力，有什么与众不同的地方。所以，关键不在于所做事情的大小，而在于你能比别人干得好，与别人干得不一样。

第五页，论证一下你的产品的市场有多大，你认为这个市场的未来是什么样的。

第六页，说明你将如何挣钱。如果真的不知道怎么挣钱，你可以不说，可以老老实实地说我不知道怎么挣钱，但是中国有1亿的用户，拥有了用户，就有潜在价值。

第七页，用简单的几句话告诉投资人，你所在的市场里有没有其他人正在做同样的事情，具体情况是什么样。不要说"我这个想法前无古人，后无来者"这样的话。有其他人在做同样的事情不可怕，重要的是你能不能对这个产业及行业有一个基本了解和客观认识。要说实话、干实事，可以进行一些简单的优劣分析。

第八页，突出自己产品的亮点。只要有一点比对方突出就可以，刚上市的产品肯定有很多问题，要说明你的产品的优点是什么。

第九页，进行财务分析，可以简单一些。不要预算未来3年挣多少钱，别人很难会相信。说说未来一年或者6个月需要用多少钱，用这些钱做什么。

第十页，如果别人还愿意听下去，介绍一下自己的团队、团队成员的优秀之处，以及自己做过什么。

一份包含以上内容的计划书，就是一份非常好的创业计划书。

分析：创业计划书是创业团队的第二张脸，甚至是第一张脸，见创业计划书如见团队，第一印象很重要。一份逻辑清晰、文字精练、观点鲜明、视觉美观的创业计划书会让你的项目从众多的项目中脱颖而出。创业团队必须会写、会讲创业计划书，这个过程也是团队内部进一步统一思想、明确思路的过程。

（二）创业计划书的格式

创业计划书是将有关创业的想法，借由白纸黑字最后落实的载体。创业计划书的质量，往往会直接影响创业发起人能否找到合作伙伴、获得资金及其他政策的支持。如何写创业计划书呢？要依目标，即看计划书的对象而有所不同，比如是拿给投资者看，还是拿去银行贷款，从不同的目的来写创业计划书，创业计划书的重点也会有所不同。

通常一本创业计划书主要由封面、保密要求、目录、摘要、正文和附录六部分组成。

1. 封面

封面也称标题页，可以放一张企业的项目或产品彩图或企业Logo，但需要留出足够的版面排列内容：创业计划书编号、标题、企业名称、项目名称、联系人及联系方式、公司主页、日期等。其中，标题明确了创业项目的名称，体现了创业企业的经营范围，标题一般在封面以醒目的字体标示出来，如《×××创业计划书》。另外，封面的设计要符合审美观和艺术性。

2. 保密要求

保密要求可放在封面或次页。只要是要求投资方或阅览者妥善保管创业计划书，未经同意，不得向第三方公开创业计划书涉及的商业秘密。

3. 目录

目录主要是为了便于阅览，是正文的索引，需要按照章节顺序逐一排列每章大标题、每节小标题，以及各章节对应的页码。在初步写完创业计划书后，要注意确认目录页码与内容的一致性，《淘宝书店创业计划书》目录部分如图8-3所示。

4. 摘要

摘要既是整个创业计划书的精华和亮点，也是整个计划书的灵魂。摘要是企业的基本情况、竞争能力、市场地位、营销战略、管理策略，以及创业项目的投资前景及风险预测等方面的综合概述，要特别说明企业的不同之处及促使企业取得成功的因素。

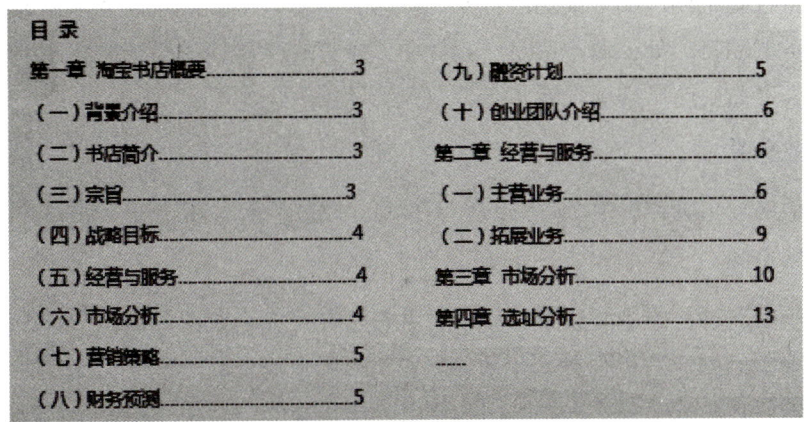

图 8-3　淘宝书店创业计划书目录

摘要是对整个创业计划书做出的精华式的总结，所以它通常在创业计划书的主体完成后编写。一份出色的摘要应简短而精练，占一两页纸即可。

5. 正文

正文是创业计划书的主体部分，是对摘要的具体展开。为了让读者一目了然，一般采取章节式、标题式的方式对内容逐一描述。

6. 附录

附录主要是对创业计划书中涉及的一些问题的细节和相关证书、图表进行描述或证明。比如市场调查资料、专利证书、鉴定报告、附图、附表等。与创业计划书主体部分一起装订成册，备查资料只需列出清单，待资金供给方有投资意向时方便查询。

（三）创业计划书的正文内容

创业计划书的正文内容一般从项目（或企业）概况、产品（或服务）分析、行业分析、竞争分析、人员和组织结构、团队管理、市场预测、营销策略、财务规划、融资说明、风险管理、结论进行介绍，要求既有丰富的数据资料，又要突出重点，实事求是。

1. 项目（或企业）概况

在创业计划书中，需要将创业项目或创立企业的概况在此部分进行阐述，既要讲清楚创业的背景和发展的立足点，也要解释项目或企业的主要任务、形式、目标、背景、关键因素是什么。同时，还要说清楚所采用的战略、达到的目的等，尤其是对处于种子期、创建期、成长期等不同发展阶段的企业，概述要有所区别。

2. 产品（或服务）分析

产品（或服务）分析包括产品的名称、特性、市场竞争力、研发过程、品牌、专利、

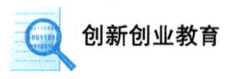

市场前景等。

产品的特性是不同产品之间相互区别的标志，所以，要详细且通俗易懂地表达出提供的产品或服务的独特之处；若产品还在设计中，最好提供相应的设计方案，并证明自己的生产能力；若产品生产出来了，要附上原型介绍及图片。

3. 行业分析

行业分析就是正确评价所选行业的基本特点、竞争状况及未来的发展趋势等。

4. 竞争分析

没有竞争的项目，不是好项目。竞争对手是这样一类企业：他们在市场上与你的企业提供着相同或类似的产品和服务，并且在配置和使用市场资源过程中与你的企业具有一定的竞争性。如何打败竞争对手、如何在竞争中胜出是每位企业家需要考虑的问题。

5. 人员和组织结构

企业管理的好坏直接决定了企业经营风险的大小，而高素质的管理人员和良好的组织结构则是管理好企业的重要保证。因此，风险投资者会特别注重对企业管理人员和组织结构的评估。

1）主要管理人员介绍

在创业计划书中，介绍主要管理人员的详细经历和背景，以及他们的职责和能力。具体来说，包括个人基本信息（姓名、年龄、政治面貌等）、工作履历、受教育程度、主要经历、道德素养和综合素质。

2）组织结构介绍

组织结构即企业管理架构。组织结构的关键是分工明确，各司其职。这部内容包括企业的组织结构图、各部门的功能与责任、各部门的负责人及主要成员、企业的报酬体系、企业的股东名单（包括认股权、比例和特权等）、企业的董事会成员、各位董事的背景资料等。

6. 团队管理

创业团队之间如何互补，彼此间职务及责任如何分工，团队职责是否界定明确，这些都是创业者需要重点考虑的问题。

7. 市场预测

市场预测就是运用科学的方法，对影响市场供求变化的诸多因素进行调查研究，分析和预见其发展趋势，掌握市场供求变化的规律，为经营决策提供可靠基础的手段。

8. 营销策略

在创业计划书中，营销策略包括市场机构和营销渠道的选择、营销队伍建设和管理、促销计划和广告策略、价格决策等。

9. 财务规划

一份好的财务规划可以帮助企业降低经营风险，增强风险企业的评估值，提高企业获取资金的可能性。

1）历史经营状况描述

对企业历史经营状况的描述，针对的是既有企业，初创企业不会涉及。创业者应提供企业过去 3 年的现金流量表、资产负债表和损益表。

2）未来财务整体规划

创业者的主要工作是论述未来 3~5 年内的生产运营费用和收入状况，将具体财务状况以财务报表的形式展示出来。

10. 融资说明

从企业的自身发展出发，说明未来 3 年内企业对资金的需求及如何满足资金需求，方式可能包括募资、借贷、信用融资等。

11. 风险管理

没有风险分析的创业计划书是不完整的，因为创业本身就带有一定的冒险性。在这一部分，创业者可以从以下几个方面进行阐述。

1）市场风险

市场风险包括生产中可能遇到的问题、销售者未知的因素、竞争中难以预料的方面、顾客的不同需求与反馈等。

2）技术风险

技术风险主要是技术研发中的困境，如技术力量不够强大、研发不到位、员工熟练程度不高、经验不足、研发资金短缺等。

3）资金风险

创业者既要阐明可能出现的资金周转不畅、资金断流等问题，也要讲明企业可能遭遇清算的后果及遭遇清算后有无偿还资金的能力。

4）管理风险

创业者应实事求是，不刻意隐瞒管理方面的缺陷和漏洞，要如实反映情况，比如人手不足、经验欠缺、资源匮乏等。

5）其他风险

企业的其他风险还有很多，比如政策的不确定性、经营中的突发状况、财务方面的不确定因素等。

创业者的任务是在对市场、技术、资金、管理等方面的风险进行分析之后，将这些风险及相应的解决方案用清晰的文字在创业计划书中写出来。

12. 结论

结论是这个创业计划书内容的总结式概括。它与摘要首尾呼应，体现了文本的完整性。

经典分享

吉利汽车创业历程——做好创业计划才能研判未来

浙江吉利控股集团有限公司（以下简称吉利控股集团）董事长李书福在与百余位小微企业主分享自己的创业经历时坦言："创业首先要研究变化，并在变化中发现商机，在研究变化的过程中寻找机会。"李书福认为，机会只属于那些能够提前感知大势，并且做好创业计划的人。他自己也受益于此，今天看来，吉利控股集团发展的每个关键节点、每步棋都是基于对大势研判后的实践。

1）创业缘于三中全会

党的十一届三中全会召开的时候李书福正上初中，听大人们讲可以把土地分给农民，还可以从事商业活动和经济活动，他就没有心思上学了。第一笔创业资金是借款120元，但因所买的海鸥牌照相机被偷，首次创业还没开始就以失败告终。不甘心的他再次从父亲那里借来80多元，用70多元买了一台虎丘牌照相机，剩下的十几元买了胶卷和相纸。靠着这笔80多元的创业起步费，李书福开始了一个草根创业者最原始的资本积累。拍照时虽然没有营业执照，但是做这件事情是符合改革发展方向的。"如果说现在还存在巨大的机会，那就是中国经济的转型升级。"李书福把眼下的商机锁定在"转型升级"上，在他看来，转型升级、创新创业要在现实的基础上进行转型、创新，而不是重复过去的历史。

2）在转型升级中把无序变为有序的组合过程就是价值再创造的过程

李书福第二次创业是在垃圾堆里提炼黄金和白银，他把台州市旧电器市场中混在一起的含有铜、金、银等金属的旧设备进行金属分离，硬是让那些和垃圾为伍的废品变成价值不菲的贵重金属。而现在的李书福更是将这种无序变有序的分类创造价值行为赋予了理论色彩，"经济竞争力的形成，在于有序地、有规模地、有清晰战略地把资源从一个复杂无序的状态中整理出来，这代表着一种水准。"他说，"组合产生效率。"

3）从动念到收购沃尔沃用了十几年

2017年，吉利控股集团从汽车巨头福特手中收购了北欧豪华车品牌沃尔沃。李书福动收购沃尔沃这个念头是在十几年前。"创业一开始时还没想过，但在我们制造汽车的第四年我就想过了。"李书福回忆说，"我的想法源于对全球经济政治变化的判断。"中国经济的突然崛起，很多国家根本想不到，但我们参与其中，我们知道这种裂变产生的竞争力、这种崛起产生的竞争力，全球经济体系有些承受不了。一家本来就在夹缝中生存的民营汽车企业要想收购沃尔沃的难度非常大。在关键时刻，李书福的韧劲起到了作用，而这种韧劲的动力正是来自对"势"的观察和判断。李书福用"站在现在看未来"的感知力赢得了这次百年不遇的机会。

分析：也许创业者不可能对市场有很详细的调查数据，也无法准确地了解竞争对手的情况，创业计划不一定能为未来规划出必然的蓝图，但是，创业计划至少有着几方面的作用：一是把计划中要创立的企业推销给自己；二是把要创办的风险企业推荐给风险投资家；三是有利于获得银行贷款等其他资金；四是有利于企业的经营管理。

经典分享

撰写创业计划书的常见错误

在撰写创划书时，常见的错误有如下几个。

（1）低估竞争，高估市场回报。
（2）不陈述预测报表的建立依据。
（3）混淆利润和现金流。
（4）不论述最好、最坏和最可能发生的状况。
（5）产品或服务对客户带来的影响——对提高顾客收益、降低客户成本、减少客户的流动资本和成本支出不加以量化。
（6）仅分析整体市场，忽略细分市场。
（7）不讨论战略伙伴。
（8）不理解市场进入壁垒和夺取客户所需要的成本。
（9）对产品和服务、渠道选择、销售人员和销售模式的定位不清晰。
（10）不讨论运营效率，不分析产能。

课后活动

寻找身边的创业机会，撰写一份创业计划书

一、活动目标

培养学生撰写创业计划书的实操能力。

二、程序与规则

（1）将全班学生分成若干小组，每组4~6人，选出一名组长。

（2）以小组为单位，寻找与自己所学专业相关的创业项目，或者从自己的生活环境中找寻创业项目。

（3）从网上搜索几篇优秀的创业计划书作为参考。

（4）各小组分工撰写创业计划书。

三、讨论

创业计划书完成后，以小组为单位向大家展示。

四、总结

小组全部展示结束，教师及小组长对各小组进行评分，并评选出优秀的一组。

（建议时间：30 分钟）

（1）撰写创业计划书的意义是什么？创业计划书应包含哪些内容？

（2）撰写创业计划书应遵循哪些原则？

模块 9　组建与管理初创企业

 导读导学

　　企业是一种特殊类型的组织。一般是指以获取利润或特定的目标为目的，运用各种资源或生产要素（土地、劳动力、资本和企业家等），向市场提供商品或服务，实行自主经营、自负盈亏、独立核算的具有法人资格的社会经济组织。在社会发展过程中，企业是创新的最活跃主体之一。

　　了解和学习如何创办企业是目前青年学生创新创业基础教育的重要组成部分，通过学习、实训和实践，掌握创办企业常见的几种法律形式及如何选择企业法律形式，了解企业在创办过程中的相关程序与环节。同时，经营者应积极遵守法律法规，经营应符合道德标准，主动承担社会责任，为今后进入社会打下良好基础。

　　本模块主要介绍创办企业组织形式、企业选址、起名与注册及相关企业法律内容。

 思维导图

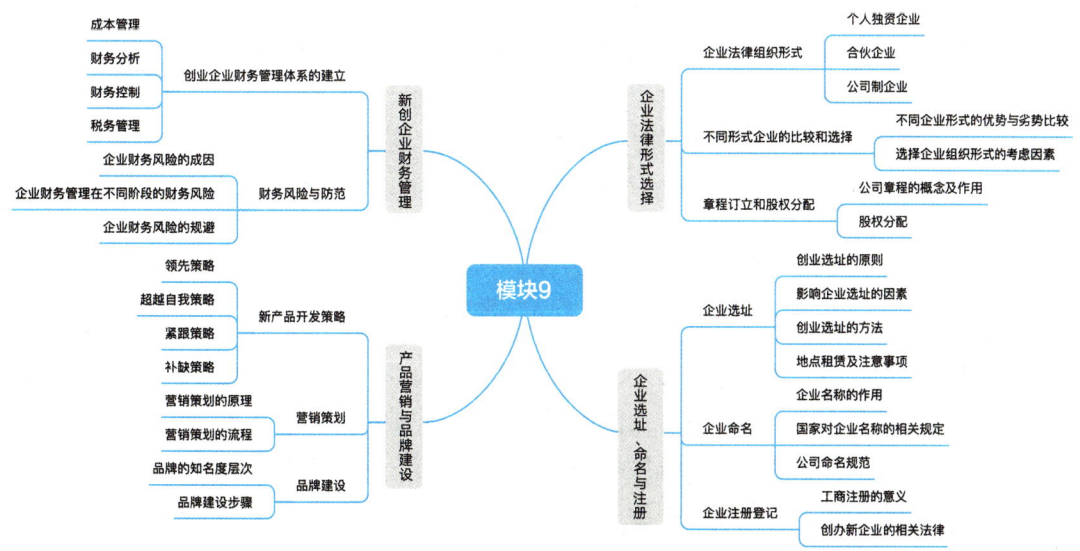

9.1 企业法律形式选择

 能力目标

（1）了解创办企业的常见法律形式。
（2）理解个人独资企业、合伙企业、公司制企业的法律形式，以及创建条件和区别。
（3）能根据自身需要选择适合创业的企业法律形式来创办企业。

 案例导读

从制造产品的企业转型为孵化创客的平台

海尔作为家电业的巨头，早在2012年就提出了"企业平台化、员工创客化、用户个性化"的转型策略，根据这一策略建成了一个智能互联产品创客小微孵化平台——海尔智能互联平台，并推行员工创客化，针对员工创客小微品牌实行先合伙再合股的方式推动发展。

海尔智能互联平台在践行"人单合一、小微引爆"思路的过程中，成功孵化出雷神、卫玺、雷霆世纪、TAB、小厨师、小管家等多个创客小微品牌，涵盖游戏PC、传统PC、智能小家电、智能穿戴设备、智能家居、智能出行等多个领域，构建了游戏产业、智慧教育、智能硬件及连接件三大生态圈，成功落实了创客孵化的定位。海尔目前做的就是把员工从雇佣者、执行者，转变成创业者、合伙人。2015年，经过Pre-A和A轮融资之后，雷神科技真正开始独立运作，海尔的股份降到50%以下。

分析：雷神科技是海尔内部员工的创业企业，创始人路凯林及其3名合伙人原是海尔的员工，在海尔推行内部变革的时候成为海尔内部小微主。那么我们在选择创业之路时，应如何选择企业法律形式呢？

不同形式的企业，法律责任是不同的。对于创业者来说，要创办一家企业，应先清楚有关企业创立的一些基本知识，这是十分必要的。如企业的基本内涵是什么，为何要创办企业，何时适合创办企业，创办企业需要哪些条件，企业有哪些法律形式，遵守哪些相关法律法规，履行哪些企业成立的程序及相关条件，等等。只有清楚这些有关企业创立的基本知识，再创办企业，才有实质性意义。

一、企业法律组织形式

企业法律组织形式反映了企业的性质、地位、作用和行为方式；规范了企业与出资人、企业与债权人、企业与政府、企业与企业、企业与职工等内外部的关系。毫无疑问，企业法律组织形式必须和我国的社会主义制度相适应，和我国的生产力发展水平相适应，还要充分考虑到企业的行业特点。企业只有选择了合理的组织形式，才有可能充分调动各方面的积极性，使之充满生机和活力。

我国企业法律组织形式应寻求多元化发展。在市场经济条件下，生产力的发展水平是多层次的，由此形成了3种基本的企业法律组织形式，即个人独资企业、合伙企业和公司制企业（以有限责任公司和股份有限公司为主）。由于每种企业法律组织形式都有自身的优点和缺点，因此创业者必须考虑企业法律组织形式的法律规定及相互之间的区别，在此基础上甄选出适合的企业法律组织形式。

创业者在创办新企业前，创业者应该事先确定企业的法律组织形式。我国已经有《中华人民共和国个人独资企业法》《中华人民共和国合伙企业法》《中华人民共和国公司法》（以下简称《公司法》）等企业法律组织形式的相关法律，经多次修订和通过，基本上已经与国际接轨。目前，我国企业主要有3种基本法律组织形式：个人独资企业、合伙企业、公司制企业（主要包括有限责任公司和股份有限公司）。

（一）个人独资企业

个人独资企业是最早出现的企业法律组织形式。个人独资企业又被称为个人业主制企业，是指依法设立，由一个自然人投资并承担无限连带责任，财产为投资者个人所有的经营实体。个人独资企业的业主可以自行管理企业的各项业务，也可以聘任其他人员来管理企业事务。投资人聘用他人管理企业事务，要签订书面合同，明确授权范围。

根据《中华人民共和国个人独资企业法》，为了规范个人独资企业的行为，保护个人独资企业投资人和债权人的合法权益，维护社会经济秩序，促进社会主义市场经济的发展，根据宪法，制定此法。根据《中华人民共和国个人独资企业法》，只要符合5个条件，创业者就可以申请设立个人独资企业，应当具备下列条件：①投资人为一个自然人；②有合法的企业名称；③有投资人申报的出资；④有固定的生产经营场所和必要的生产经营条件；⑤有必要的从业人员。

个人独资企业在创业过程中是否能够成功，往往与创业者个人的技能和能力等有较大关系。当个人独资企业财产不足以清偿债务时，选择这种企业形式的创业者须依法以其个人其他财产予以清偿。同时法律规定，个人独资企业不得从事法律、行政法规禁止经营的业务；可从事法律、行政法规规定须报经有关部门审批的业务，应当在申请设立登记时提交有关部门的批准文件。

（二）合伙企业

1. 合伙企业的概念及特征

如果两个或两个以上的人员共同创业，就可以选择合伙制作为新企业的法律组织形式。根据《中华人民共和国合伙企业法》，合伙企业是指自然人、法人和其他组织依照本法在中国境内设立的普通合伙企业和有限合伙企业，它具有以下法律特征。

（1）合伙人以自己所有的全部财产对合伙企业的债务承担责任，并且合伙人之间承担连带责任。

（2）在合伙企业中，一般是合伙人直接参与经营，合伙企业的日常经营活动由各合伙人共同执行。

（3）合伙企业是契约式企业，合伙人权利的行使与义务的承担按合伙协议的约定。

合伙企业包括普通合伙企业和有限合伙企业两种形式。两者最大的区别是有限合伙企业有两种不同的所有者：普通合伙人和有限合伙人，其中，普通合伙人对合伙企业的债务和义务负责，而有限合伙人仅以投资额为限承担有限责任，但后者一般不享有对组织的控制权。普通合伙企业的合伙人可以用货币、实物、知识产权、土地使用权或者其他财产权利出资，也可以用劳务出资；但有限合伙企业的有限合伙人不得用劳务出资。

2. 合伙企业的设立

设立合伙企业应当具备下列条件：有两个以上合伙人，合伙人均承担无限责任；有书面合伙协议；有各合伙人实际缴付的出资；有合伙企业的名称；有经营场所和从事合伙经营的必要条件。

申请设立合伙企业，应向所在地的企业登记机关申请办理设立登记。营业执照的签发日期为合伙企业的成立日期。

3. 合伙企业的经营管理

合伙企业的财产由全体合伙人共同管理和使用。

合伙企业的事务，可以由全体合伙人共同执行，也可以由合伙协议约定或者全体合伙人决定，委托一名或数名合伙人予以执行，其他合伙人不再执行合伙企业事务，但有权对其执行合伙企业事务的情况进行监督、检查。

一般情况下，合伙企业的盈余分配和亏损分担的方法及比例由合伙人在合作协议中作明确的约定；合伙协议未做约定或约定不明确的，由各合伙人平均分配和分担。但是，合伙人协议中不得约定将全部盈亏分配给部分合伙人，也不得约定全部亏损由部分合伙人承担，否则该约定无效。

4. 入伙与退伙

入伙是指合伙企业成立后，其他人加入合伙企业的行为。在新合伙人入伙时，应当经全体合伙人同意，并依法订立书面的入伙协议；入伙协议未约定的，新合伙人与原合伙人享有同等权益，承担同等责任。新合伙人必须对入伙前合伙企业的债务承担连带责任。

退伙是指合伙人退出合伙,从而丧失合伙人资格。退伙一般分为任意退伙、法定退伙和除名 3 种情况。

任意退伙也被称为声明退伙,即合伙人告知其他合伙人而发生的退伙行为。

法定退伙是指基于法律的规定及法定事由而当然退伙的情况,主要情况有:死亡或被依法宣告死亡;被依法宣告为无民事行为能力人;个人丧失偿债能力;被人民法院强制执行在合伙企业中的全部财产份额。

除名是指合伙人因有严重违反合伙协议规定或有其他重大不轨行为损害了合伙企业之利益或威胁合伙企业的生存与发展,而被其他合伙人一致决定开除的行为。

5. 合伙企业的解散、清算

1)合伙企业的解散

合伙企业有下列情形之一的应当解散:合伙协议约定的经营期限届满,合伙人不愿继续经营的;合伙协议约定的解散事由出现;全体合伙人决定解散;合伙人已不具备法定人数;合伙协议约定的合伙目的已经实现或者无法实现;被依法吊销营业证照;出现法律、行政法规规定的合伙企业解散的其他原因。

2)合伙企业的清算

合伙企业解散后应当进行清算,并通知和公告债权人。

当合伙企业清算时,债务应先以其全部财产进行清偿。合伙企业财产不足清偿债务的,各个合伙人应当承担无限连带清偿责任。合伙企业解散后,原合伙人对合伙企业存续期间的债务仍应承担连带责任。但是,债权人在 5 年内未向债务人提出清偿请求,则债务人的清偿责任归于消灭。

合伙企业的优势是,合伙人依照约定进行出资,使得合伙企业的资金来源有所扩大;几个合伙人共同管理企业,可以发挥合伙人的各自积极性,聚集多种生产经营要素,有助于提高企业的盈利能力。它的劣势是,合伙企业募集资金时因受到合伙人之间相互了解、信任的制约,募集的资金仍然有限;企业的所有人需要对企业的债务承担无限连带责任;合伙企业因经常受到散伙的威胁,很难长久维持。

(三)公司制企业

公司是依法设立的以盈利为目的的企业法人。公司是现代社会中最主要的企业组织形式之一。它是以盈利为目的,由股东出资形成,拥有独立的财务,享有法人财产权,独立从事生产经营活动,依法享有民事权利,承担民事责任,并以其全部财产对公司的债务承担责任的企业法人。

公司制企业实行所有权与经营权分离,与传统"两权合一"的个人业主制、合伙制相比,创业者选择公司制作为企业组织形式的最大特点是,仅以其所持股份或出资额为限对公司承担有限责任。同时,承担双重纳税义务,即公司的盈利要上缴公司所得税,创业者作为股东还要上缴企业投资所得税或个人所得税。

公司制是最主要的企业法律组织形式之一，既是现代企业制度的集中表现，也是我国企业改革的目标。根据《公司法》，公司制可分为有限责任公司（包括一人有限责任公司）和股份有限公司两种类型。公司股东依法享有资产收益、参与重大决策和选择管理者等权利。公司从事经营活动，必须遵守法律、行政法规，遵守社会公德、商业道德，诚实守信，接受政府和社会公众的监督，承担社会责任。

1. 有限责任公司

有限责任公司由50个以下股东出资设立，各股东以其认缴的出资额为限对公司承担责任。根据《公司法》，创业者设立有限责任公司，应当具备下列条件。

①股东符合法定人数。
②有符合公司章程规定的全体股东认缴的出资额。
③股东共同制定公司章程。
④有公司名称，建立符合有限责任公司要求的组织机构。
⑤有公司住所。

1）设立条件

设立有限责任公司必须符合的条件：①股东符合法定人数；②有符合公司章程规定的全体股东认缴的出资额；③股东共同制定公司章程；④有公司名称，建立符合法律规定的组织机构；⑤有公司住所。

2）设立程序

设立有限责任公司，通常要通过以下程序。

①订立公司章程。
②履行出资义务。
③办理公司设立登记。

申请设立公司符合《公司法》规定的条件的，经公司登记机关核准登记，取得法人营业执照，公司即告成立。

（3）有限责任公司的资产制度

有限责任公司的股东即公司的出资人，在公司获准成立之后，各个出资人即成为公司的股东。股东按照投入公司的出资份额享有资产收益、重大决策和选择管理者等权利，但股东不能直接控制与支配股权名下的财产，股东可以自由转让其股份，但不得随意抽回出资。股东以其出资额为限承担责任。

（4）有限责任公司的组织机构

有限责任公司的组织机构包括股东会、董事会、经理、监事会。

股东会由全体股东组成，是公司的最高权力机关。董事会是由股东推选出代表全体股东利益对公司活动进行管理和指挥的机构，既是负责组织实施股东会决议的执行机构，又是制定公司某些方针政策的经营决策机构。经理由董事会聘任或解聘，主持公司的生产经营管理工作。监事会是公司的内部监督机构，是代表股东及公司职工对公司（主要是董事、经理）的业务经营活动进行监督的机关。

（5）有限责任公司的破产、解散和清算

①破产。公司因不能清偿到期债务，符合《中华人民共和国企业破产法》的有关规定，可以被依法宣告破产。

②解散。公司有下列情形之一的可以解散：公司章程规定的营业期限届满或者公司章程规定的其他解散事由出现时；股东会决议解散；因公司合并或者分立需要解散的。公司违反法律、行政法规被依法责令关闭的，应当解散。

③清算。公司依法被宣告破产或者解散的，应当依照《公司法》规定成立清算组。有限责任公司财产在清偿后的剩余财产，按股东的出资比例分配。清算结束后，清算组应当制作清算报告，报股东会或者有关主管机关确认，并报送公司登记机关，申请注销公司登记。

2. 股份有限公司

根据《公司法》，创业者设立股份有限公司，应当具备下列条件。

①发起人符合法定人数。

②有符合公司章程规定的全体发起人认购的股本总额或者募集的实收股本总额。

③股份发行、筹办事项符合法律规定。

④发起人制订公司章程，采用募集方式设立的经创立大会通过。

⑤有公司名称，建立符合股份有限公司要求的组织机构。

⑥有公司住所。

股份有限公司的设立，可以采取发起设立或者募集设立的方式。发起设立，是指由发起人认购公司应发行的全部股份而设立公司。募集设立，是指由发起人认购公司应发行股份的一部分，其余股份向社会公开募集或者向特定对象募集而设立公司。设立股份有限公司，应当有2人以上200人以下为发起人，其中须有半数以上的发起人在中国境内有住所。股份有限公司其全部资本为等额股份，股东以其认购的股份为限对公司承担责任，公司以其全部资产对公司的债务承担责任。

3. 一人有限责任公司

根据《公司法》中关于一人有限责任公司的特别规定，创业者也可设立一人有限责任公司。一人有限责任公司其实是有限责任公司的一种。一人有限责任公司，是指只有一个自然人股东或者一个法人股东的有限责任公司。一个自然人只能投资设立一个一人有限责任公司。该一人有限责任公司不能投资设立新的一人有限责任公司。一人有限责任公司应当在公司登记中注明自然人独资或者法人独资，并在公司营业执照中载明。一人有限责任公司章程由股东制定。一人有限责任公司不设股东会。

一人有限责任公司的法律组织形式给创业者带来了很多便利，成为创立新企业的一种重要组织形式，在很大程度上激励了创业型企业的形成。一人有限责任公司在法律组织形式上降低了公司创立的门槛；因主体是公司且只承担有限责任，降低了投资者的风险；一人有限责任公司往往组织结构简单，经营机制较灵活，增加了企业的经营柔性；因不存在股东大会和董事会，所有者与经营者合一，没有代理成本，有利企业快速经营决策，也有利于人力资本价值的实现和激励创新。比如，一人有限责任公司的知识产权可以作为投资入股。但一人有限责任公司也存在一些缺点，筹资功能不足，缺乏科学的决策机制，等等，因此创业者在选择时必须保持清醒，尤其是对于首次创业者，如缺乏一定的公司管理经验和资金实力，应谨慎选择一人有限责任公司。

案例

关于个体工商户

个体工商户是在法律允许的范围之内，有经营能力的公民，依照我国《个体工商户管理条例》规定经工商行政管理部门登记，从事工商业经营的个体。因此，个体工商户是依法经核准登记，从事工商业经营的自然人。

个体工商户以个人或家庭经营，向经营场所所在地登记机关申请注册登记。登记时需提交登记申请书、身份证明和经营场所证明，登记事项包括经营者姓名和住所、组成形式、经营范围、经营场所。个体工商户使用名称的，名称作为登记事项。个体工商户登记事项变更的，应当向登记机关申请办理变更登记。个体工商户变更经营者的，应当在办理注销登记后，由新的经营者重新申请办理注册登记。家庭经营的个体工商户在家庭成员间变更经营者的，依照规定办理变更手续。不再从事经营活动的，应当到登记机关办理注销登记。个体工商户在领取营业执照后，应当依法办理税务登记，如个体工商户税务登记内容发生变化的，应当依法办理变更或者注销税务登记。个体工商户可以凭营业执照及税务登记证明，依法在银行或者其他金融机构开立账户，申请贷款。

分析：个体工商户也是一种创业形式，个体工商户的利润归个人或家庭所有。个体工商户的债务，个人经营的，以个人财产承担；家庭经营的，以家庭财产承担。

二、不同形式企业的比较和选择

一个新创企业可以选择不同的组织形式，创业者可以选择由个体独立创办单一业主制企业和一人有限责任公司，或者由几个人创办合伙制企业，或者成立法人公司制企业。不同法律组织形式的企业，对创业者来说各有利弊，没有绝对的好坏之分，没有哪种形式一定比另一种形式更好，关键是看是否适合创业者自身。

（一）不同企业形式的优势与劣势比较

下面就个人独资企业、合伙企业、有限责任公司、一人有限责任公司和股份有限公司法律组织形式对于创业者的优势与劣势比较，如表 9-1 所示。

表 9-1　各种企业组织形式对于创业者的优势与劣势比较

法律组织形式	优势	劣势
个人独资企业	●企业设立手续非常简便，费用低 ●所有者拥有企业控制权 ●可以迅速对市场变化做出反应 ●只需缴纳个人所得税，不双重课税 ●在技术和经营方面易于保密	●创业者承担无限责任 ●企业成功过多依赖创业者个人能力 ●筹资困难 ●企业随着创业者能出而消亡，寿命有限 ●创业者投资的流动性低
合伙企业	●创办较简单，费用低 ●经营上比较灵活 ●企业拥有更多人的技能和能力 ●资金来源较广，信用度较高	●合伙创业人承担无限责任 ●企业绩效依赖合伙人的能力、企业规模受限 ●企业往往因关键合伙人死亡或退出而解散 ●合伙人的投资流动性低，产权转让困难
有限责任公司	●创业股东只承担有限责任，风险小 ●公司具有独立寿命，易于存续 ●可以吸纳多个投资人，促进资本集中 ●多元化产权结构有利于决策科学化	●创立的程序相对复杂 ●存在双重纳税，税收较重 ●不能公开发行股票，筹集资金的规模受限 ●产权不能充分流动，资产运作受限
一人有限责任公司	●设立比较便捷，管理成本比较低 ●鼓励个人创业及技术型企业 ●风险承担责任小，经营机制灵活	●缺乏信用体系，筹资能力受限，财务审计条件严格，运营较难
股份有限公司	●创业股东只承担有限责任，风险小 ●筹资能力强 ●公司具有独立寿命，易于存续 ●职业经理人进行管理，管理水平较高 ●产权可以股票形式充分流动	●创立的程序复杂 ●存在双重纳税，税收负担较重 ●股份有限公司要定期报告公司的财务状况、公开自己的财务数据，不便严格保密 ●政府限制较多，法规的要求比较严格

采用个人独资企业形式，它的优势是企业主的个人利益与企业的利益完全一致。它的劣势是个人独资企业是单一的企业所有者，这使得企业的资金有限，企业主的决策失误容易导致企业利益受损；企业主对企业的债务承担无限责任。

采用合伙企业的形式，它的优势是合伙人依照约定进行出资，使得合伙企业的资金来源有所扩大；几个合伙人共同管理企业，可以发挥合伙人的各自积极性，聚集多种生产经营要素，有助于提高企业的营利能力。它的劣势是合伙企业募集资金时因受到合伙人之间相互了解、信任的制约，募集的资金仍然有限；企业的所有人需要对企业的债务承担无限连带责任；合伙企业因经常受到散伙的威胁，很难长久维持。

采用有限责任公司的形式，它的优势是企业资金的供给者拓展到全社会范围，大大拓宽了资金来源；企业的所有权和经营权的分离，使得企业所有者和经营者各尽其能，相互补充，使得企业的连续性大大增强；公司一旦破产，股东只承担有限责任，只承担自己所占股份的责任，而不会损失其他个人财产。它的劣势是企业的利益关系比较复杂，借机牟取个人私利的机会更多，也更难于监控；企业的经营者未必能够全心全意促使企业的保值增值。

（二）选择企业组织形式的考虑因素

创业者不但需要了解我国现有企业制度中可以选择的各种投资、创业形式，而且应当了解每种组织形式的优势与劣势，从而选择一种合适的企业组织形式。通常，选择企业组织形式时应当考虑以下几个方面的因素。

1. 拟投资的行业

对于一些特殊的行业，法律规定只能采用特殊的组织形式。比如律师事务所只能采用合伙形式而不能采取公司制形式，而对于银行、保险等金融事业，法律则要求必须采用公司制形式因此，根据拟投资的行业确定可以采取的企业组织形式是应当首先考虑的因素。对于法律有强制性规定的行业，只能按照法律规定的要求办理，对于法律没有强制性要求的，则需要根据实务中通常的做法及创业者的特殊要求来确定组织形式。例如，近几年创业投资领域非常热门的私募股权基金，法律允许采用的组织形式包括公司制和合伙制，但是随着《中华人民共和国合伙企业法》的修改，越来越多的私募股权基金采取了发达国家最为流行的做法，即有限合伙制组织形式。

2. 创业者风险承担能力

创业者的风险承担能力是其创业前必须考虑的重要因素之一。商业环境中存在各式各样的经营风险，而企业组织形式如何与创业者日后所需要承担的责任大小息息相关。正如前文所述，公司制企业的股东仅以其出资额为限对公司承担责任，公司以其全部的资产对公司的债务承担责任，因此公司制的企业的有限责任制度对于风险控制具有重大的意义；而对于普通合伙企业及个人独资企业，合伙人或者投资人则需要对于企业承担无限责任，如果选择这两种组织形式，则创业者所必须承担的风险不仅限于目前投资数额，还包括全部个人财产，因此，采用后两种组织形式进行创业的风险相对较大。

3. 税务因素

由于不同的企业组织形式所缴纳的税不同，因此选择企业组织形式，必须考虑税赋问题。根据我国相关税法的规定，对个人独资企业和合伙企业生产经营所得计征个人所得税，其中合伙企业的投资者将全部生产经营所得按或协议约定的分配比例，确定各自的应纳税所得额，分别缴纳个人所得税。而对于公司制企业，既要就公司经营所得缴纳企业所得税，又要在向股东分配利润时为股东代缴个人所得税，即按20%的税率缴纳个人所得税。因此从税赋筹划的角度而言，选择合伙企业及个人独资企业，通常所需要缴纳的税赋较公司制企业更低。但是这并不能一概而论，对于一些特殊的行业，例如高新技术企业和微小企业，由于我国政府对其采取税收优惠政策，在享受到税赋优惠政策的情况下，公司制企业或者更加节税。

4. 未来融资的需要

企业组织形式对于未来的融资具有较大的影响。如果创业者自身资金充足，拟投资的事业所需资金要求也不大，则采用合伙制或者有限公司的形式均可；但是如果日后发展企业所需要的资金规模非常大，则建议涉及股份有限公司。

5. 关于经营期间的考量

对于个人独资企业，一旦投资人死亡且无继承人或者继承人决定放弃继承，则企业必须解散；合伙企业由合伙人组成，一旦合伙人死亡，除非不断地吸收新合伙人，否则合伙企业的寿命也是有限的。因此，无论是合伙企业还是个人独资企业，通常它们的经营期限都不会很长，很难持续发展下去。但公司制企业却完全不同，除出现法定解散事由或者股东决议解散外，原则上公司制是可能永远存在的。因此，在创业时创业者可以根据拟经营的期限来选择企业组织形式，若希望将该企业不断经营下去，则建议采用公司制企业形式。

总之，创业者选择企业组织形式需要考虑的因素主要有：投资者的资本和规模、创业者的企业运营经验、企业税费负担和运营成本负担、企业设立程序繁简、利润分配与责任承担、组织存续期限等。创业者必须对这些因素进行综合考虑，根据自身实际，选择适合自己创业的组织形式。当然，企业组织形式也不会是一成不变的，如果认为伴随着企业的发展企业最初组织形式已不适合，那么要根据企业的实际情况进行改制。

 案例

同学一起开公司

即将毕业的大学生汤某，在大学期间经过刻苦努力和钻研，取得了比较优异的学习成绩，他不仅具有良好的思想道德品质，还积极参与课外技能大赛活动和寒暑假企业实践等活动，获得了丰富的经验。经过与其他同学的友好沟通，他们交流了创业的想法并选择了创业项目，3位同学愿意一起在即将毕业时开始创业，经过团队对市场前期调查和咨询创业导师，团队决定创办企业，但选择什么样的法律组织形式来成立企业，是他们团队面临的选择。

经过分析，最终选择了成立有限责任公司，制定公司章程，股东3人，注册地址位于广州市区某商业街，注册资金3万元，经营范围按国家许可范围内进行。

分析：青年学生毕业选择创业，根据自身条件和环境，选择适合自己的企业法律组织形式是创办企业面临的直接问题，了解企业法律组织形式及流程是十分必要的，这为今后运营管理企业打下了良好基础。

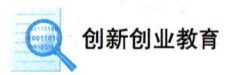

三、章程订立和股权分配

（一）公司章程的概念及作用

1. 公司章程的概念

公司章程是指关于公司组织和行为的基本规范。公司章程不但是公司的自治法规，而且是国家管理公司的重要依据。

2. 公司章程的作用

（1）公司章程是公司设立的主要条件和重要的文件。公司的设立程序以订立公司章程开始，以设立登记结束。我国《公司法》明确规定，订立公司章程是设立公司的条件之一。审批机关和登记机关要对公司章程进行审查，以决定是否给予批准或者给予登记。公司没有公司章程，不能获得批准，也不能获得登记。

（2）公司章程是确定公司权利、义务关系的基本法律文件。公司章程一经有关部门批准，并经公司登记机关核准即对外产生法律效力。公司依公司章程享有各项权利，并承担各项义务，符合公司章程的行为受国家法律的保护；违反章程的行为，有关机关有权对其进行干预和处罚。

（3）公司章程是公司对外进行经营交往的基本法律依据。由于公司章程规定了公司的组织和活动原则及其细则，包括经营目的、财产状况、权利与义务关系等，这就为投资者、债权人和第三人与该公司进行经济交往提供了条件和资信依据。凡依公司章程而与公司经济进行交往的所有人，依法可以得到有效的保护。

（4）公司章程是明确股东之间权利义务关系的基本依据。公司股东在成立公司时一定要在公司章程中将几方的权利和义务写清楚、详尽，例如，出资问题、不出资的惩罚问题、分红问题、股东退出问题等，以保证出现纠纷时能够顺利地解决。

（5）公司章程是唯一的也是主要的解决股权纠纷问题的证据。随着新《公司法》的实施，公司股东之间的股权纠纷将进一步增加，而股权争议最有力的证据就是公司章程。

3. 制定公司章程的规定

公司章程不仅是公司活动本身的需要，也是市场经济健康发展的需要。公司章程与《公司法》一样，共同肩负调整公司活动的责任。这就要求公司的股东和发起人在制定公司章程时，必须考虑周全，规定得明确详细。公司登记机关必须严格把关，使公司章程做到规范化，从国家管理的角度对公司的设立进行监督，保证公司设立以后能够正常运行。有限责任公司章程由股东共同制定，经全体股东一致同意，由股东在公司章程上签名盖章。修改公司章程，必须经代表 2/3 以上表决权的股东通过。有限责任公司的章程必须载明下列事项：公司名称和住所；公司经营范围；公司注册资本；股东的姓名和名称；股东的权利和义务；股东的出资方式和出资额；股东转让出资的条件；公司机构的产生办法、职权、议事规则；公司的法定代表人；公司的解散事由和清算办法；股东认为需要规定的其他事项。

（二）股权分配

股权分配向来是企业的头等机密，一般来说，创业初期股权分配比较明确，结构比较单一，几个股东按照出资多少分得相应的股权。但是随着企业的发展，必然有进有出，必然在分配上会产生种种利益冲突。因此，合理的股权结构是企业稳定的基石。

1. 家族企业的股份安排

家族企业主要采用两大类股权安排，即分散化股权安排和集中化股权安排。

1）分散化股权安排

让尽可能多的家族成员持有公司股份，不论其是否在公司工作，所有家族成员都享有平等权利。股权分散的家族企业有两种管理方法：外聘专业人员管理和部分家族成员管理。中国大多数家族企业采取第二种方式。

2）集中化股权安排

只对在企业工作或在企业任职的家族成员分配股权。这种方法注重控制所有权而非管理权，着眼于保证家族权力的世代持续。

这种安排的好处主要有：一方面由于所有权和管理者的利益连在一起，决策程序可以加快；另一方面由于家族成员只有经过争取才能成为股东和管理者，企业可以保持创业者当年的企业家精神。

2. 合伙企业股份安排

合伙企业的股份安排一般采取奇数原则，即奇数合伙人结构。例如，一家企业拥有3位合伙人，其中两个人处于强势地位，另一个人处于弱势，但也是很关键的平衡地位，任何一个人都没有决定权。彼此的制约关系是稳定的基础。

同时为了吸引优秀人才，不论是家族企业还是合伙企业，都会拿出部分股份给予部分高级人才，按照通常的规则，70%～80%由创业者拥有，其余20%～30%由高级人才拥有。他们享受相应的投票和分红的权利。

随着企业的发展，可能会引进更多的资金，更多的人才，更多的合伙人，因此整体股份结构的平衡就显得非常重要。对于新兴企业而言，股权分配是一项长期的任务。

经典分享

大学生自主创业企业法律形式的选择

根据我国现行法律，大学生创立企业可以采用的法律形式有公司（包括一般有限责任公司和一人有限公司）、合伙企业、个人独资企业，这4种企业法律形式各有利弊，大学生在自主创业时应具体分析，慎重选择。另外，股份有限公司注册资本较高，故对大学生初次创业适用面较窄，但可应用于原企业发展壮大、资金积累雄厚以后作为转换而成的企业法律形式。

大学生团队可选的新创企业的主要法律形式是一般有限责任公司。

（1）一般有限责任公司是指由两名以上50名以下股东（自然人或法人）组成的对公司债务承担有限责任的法人组织。可见，一般有限责任公司适用于由2~50名大学生组成的创业团队，这2~50名大学生成为所设立的有限责任公司的股东，以他们的出资额为限对公司债务承担责任，该公司则以其全部资产为限对公司债务承担责任。

（2）《公司法》第二十六条二款规定"有限责任公司注册资本的最低限额为人民币3万元。法律、行政法规对有限责任公司注册资本的最低限额有较高规定的，从其规定"。

（3）大学生可以用自己的知识成果入股企业。对此《公司法》第二十七条规定"股东可以用货币出资，也可以用实物、知识产权、土地使用权等可以用货币估价并可以依法转让的非货币财产作价出资；但是，法律、行政法规规定不得作为出资的财产除外"。

（4）一般有限责任公司要求具有较为完善的公司治理结构，如股东会、董事会、经理、监事等。这就要求在采用一般有限责任公司作为大学生自主创业企业形式时，这一大学生团队要广泛吸纳各种类型的人才作为发起人，不但要有拥有资金、掌握专利技术的大学生，还要有拥有管理、经营、财会等多方面专长的人才。另外，基于一般有限责任公司是集资合性与人合性于一身的企业法律形式的特点，这支大学生团队的协作精神、互信基础也是不可或缺的。

课 后 活 动

团队创业选择企业法律形式

一、活动目标

认识和理解建立企业法律形式及重要性，能够根据不同类型情况的创业者团队选择运用不同的企业法律形式。

二、程序和规则

（1）随机分组，每3～5人为一组，并推选出一名组长。

（2）请学生以"团队创业选择企业法律形式"为题，假设自己的小组团队想要创业，各小组根据团队情况，经过小组交流后，选择并决策企业法律形式，每个小组的代表上台发表团队创业选择企业法律形式并阐明原因。各小组组长和老师分别进行打分和评价，最终评价得分最高的小组为优胜组。

（3）教师总结和反思。

（建议时间：25分钟）

制定公司章程

一、活动目标

为企业制订合乎规定的章程。

二、程序和规则

假设某自动化有限公司设立注册资金100万元，四人为股东，但其中一人不出资，以此为素材为该公司制定公司章程。

要求：公司章程必须载明公司名称和住所、公司经营范围、公司注册资本、公司的法定代表人、股东的姓名和名称、股东的权利和义务、股东的出资方式和出资额。

活动步骤：

（1）采用随机的方式分组，每组4～6人。

（2）每组以载明事项、填写齐全为标准；经营范围不能偏离公司名称；设立经营项目主体；确定股东的出资方式和出资额。

（3）教师总结和点评。

（建议时间：15分钟）

复习思考

（1）企业法律组织形式有哪几种？

（2）以个人、合伙、有限公司的法律组织形式创建公司，它们的区别有哪些？

（3）青年学生创业怎么选择适合的企业法律组织形式？

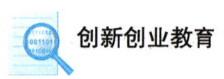

9.2 企业选址、命名与注册

(1) 了解企业选址的概念、原则及步骤。
(2) 了解企业起名的有关规定和基本规范。
(3) 了解企业注册登记的基本流程。

喜茶不同发展阶段的选址特色

喜茶起源于广东省江门市的江边里小巷，2016 年获得 IDG 的亿元融资后，迅速布局全国重点城市。

早年为进军全国重要市场，喜茶以流量型购物中心为支点，辅以「喜茶 GO」这种更为轻盈的店型模式，实现快速开店的目标。因为相比于社区型等其他购物中心，流量型购物中心因地理位置优越，流量入口更大，且这些流量多为年轻消费人群，与喜茶的目标客群重合。

随着新式茶饮行业的快速发展，中腰价格带的茶饮品牌兴起，它们以更小的店型、更低的价格分布在购物中心和街边角落，客观上也挤压了喜茶的空间。有限的开店选择和竞争激烈的行业竞争，喜茶不得不开始寻找新增量。

2020 年喜茶推出了子品牌「喜小茶」。喜小茶客单价 28 元、杯均价 13 元；从消费群体上看，"95 后"与"00 后"的消费者占 61%；不同于喜茶围绕核心商圈开店的选址思路，喜小茶的门店覆盖商场、街区和景区。可以说，喜小茶与喜茶在产品、消费者年龄、选址等方面形成互补。

2021 年，喜茶北京前门大街店开业。建筑外部延续和保留原有老北京古建筑特色，内部则以榫卯、梁柱等传统建筑元素为灵感，用现代手法表现传统韵味。

分析：喜茶在深圳、西安、成都等具有文化底蕴的城市，持续推进门店创新与当地文化相融合之法。针对目标消费群体，喜茶在发展的不同发展阶段深度分析用户画像，采用了特色的选址战略推陈出新。

创业者要把自己的创业项目通过生产经营来实现，必须有一定的经营场所，根据法律规定，创业者需要选择合法的经营场所并依法注册登记后，方可进行正常运营。因此，创业选址对创业者来说也是一项科学决策的过程，创业选址的好坏将直接或间接影响创业项目的成功与失败。

一、企业选址

创业选址是指如何运用科学的方法决定设施的地理位置，使之与企业的整体经营运营系统有机结合，以便有效、经济地达到企业的经营目的。

创业选址一般包括两个层次的问题：选址和定址。选址就是选择什么地区（区域）设置设施，往往考虑有乡村还是城市，南方还是北方，东部地区还是西部地区，沿海还是内地，国内还是国外，等等。定址就是在所选的地区（区域）的什么位置设置设施，在已选定的区域内选定一片土地（地方）作为设施的具体位置。企业的最优选址取决于该企业的类型。

（一）创业选址的原则

1. 成本费用原则

企业是经济实体，经济利益对于企业无论何时何地都是重要的。建设初期的固定费用、投入运行后的变动费用、产品出售以后的年收入都与选址有关。

2. 集聚人才原则

人才是创业最宝贵的资源之一，创业选址选择得合适有利于吸引人才。反之，因创业搬迁造成员工生活不便，导致员工流失的事情时有发生。

3. 接近用户原则

服务型企业如银行、电信、影剧院、医院、学校、商店等几乎都需要遵循这条原则；许多制造企业把工厂搬到消费市场附近，是为了降低运费和损耗。

4. 长远发展原则

创业选址是一项带有战略性的经营管理活动，因此要有战略意识。选址工作要考虑到创业生产力的合理布局，要考虑市场的开拓，要有利于获得新技术、新思想。在当前世界经济越来越趋于一体化的时代背景下，还要考虑如何有利于参与国际竞争。

5. 兼顾其他原则

兼顾政策因素、环境因素、文化因素、社情民意等，创业项目选址是否符合政策要求，是否符合当地环保政策，是否适应当地气候条件，是否符合当地人民生活风俗习惯和社情民意，等等。

（二）影响企业选址的因素

1. 宏观因素

对企业而言，一个合适的投资地，必须是政府或园区与企业的共赢，企业投资某地，需要在成本上降低，在管理上增效，在市场上扩量；对于政府而言，一个合适的投资项目，必须是当地产业的强链、建链、补链，必须是当地产业优势的最大程度发挥与产业集聚的全面提升。影响创业选址的因素主要有如下几方面。

（1）区位交通。区位交通是一个地区或园区发展最为根本的依托。区位要素需要考虑大区位和小区位。交通要素重点考虑航空、铁路、公路、水路等4个方面。航空因素重点考虑机场等级、吞吐量、航线数量及频次、与项目地车程等因素；铁路主要考虑是否有高铁，货运场站吞吐量，车次、与项目地车程等因素；公路主要考虑是否有交通管制（如物流大货车限行）、与高速和国道的距离等因素；水路主要考虑是否有港口、吞吐量、港口口岸级别、装船方式（独特产品要求不装集装箱的装船方式）等因素。

（2）经济基础。经济基础是衡量园区所在城市综合能力的指标，表征了园区外部综合发展环境。对园区发展有间接但重要的影响。中投顾问一般采用GDP、人均GDP、人均可支配收入、地方政府财政收入等指标来表征园区所在城市的经济基础。地方财政收入区县一级能够达到30亿元（剔除转移支付资金），一般来说，经济基础较为优质。

（3）产业基础。产业基础是投资企业最为看重的要素，主要包括产业企业数量、规模以上企业数量、该产业产值占比区域内所有产业产值比重、产业上下游企业数量集聚情况、原材料供应商数量及供应程度，下游购买企业数量及销售渠道等。我们调研过的大量案例也印证了产业基础对于企业选址的重要性。

（4）产业要素。产业要素是企业选址的重要因素，主要包括土地、水、电、气、人工五大因素。物流企业选址一般重点关注土地要素，饮品企业一般重点关注水要素，线路板企业一般重点关注电价因素，陶瓷企业一般重点关注燃气要素（目前大多数陶瓷企业已经改为使用燃气），纺织企业一般重点关注人工要素。对于医药行业而言，行业最为关键的是研发创新，因此能否获得高端研发创新人才是行业选址的重要因素，当然，有不少企业采用了研发实验室与生产厂分离的方式来解决落户地人才不足的问题等。

（5）政策法规。国家政策法规影响企业的选址，一是限制，政策法规限制某地兴办某项产业，但在其他地方不限制，若创业者要兴办该项产业，就必须在政策法规允许的地方选址；二是鼓励，政策法规鼓励在某地兴办某项产业，可以享受税收、土地、电力供应等优惠，如创业园就是初创业者较好的选择。

（6）履约能力。政府政策履约能力是项目，尤其是倾"全市之力""全县之力"引进的重点项目考虑的重点。就在招商竞争白热化、招商政策透明化的今天，"开门迎客，关门打狗"的案例并没有减少。中投顾问在履约能力方面，主要考察地方财政实力、政府服务、决策人更替三大要素。

（7）土地条件。土地是一切产业活动的基础，没有土地就没有产业发展的空间。需要重点关注土地属性、土地可获得性、建设条件、用地成本等四大要素。土地属性是重点，面积、形状、连片性、平整度都是考虑的重要内容；土地可获得性是容易被忽略的，土规、拆迁、未来可扩张空间都是应考虑的内容；建设条件主要考虑地形、水文地质、高压线走向、市政道路、河流走向等详细内容；用地成本主要考虑各类土地的价格。

（8）自然条件。自然条件对于大多数项目而言，具有一致性，但这不是它被忽略的理由。自然条件对于项目具有基础性影响。某汽车整车制造商从韩国引进的专家团队，在抵达当地后两天，决定辞去工作回国，原因是该整车制造商位于华北地区，冬季雾霾严重。环境质量和自然灾害两大要素是关注的重点。

2. 中微观因素

（1）经营方式。企业的经营方式主要有科研开发型、生产加工型、批发或零售型、中介服务型、劳动服务型等。如科研开发型企业，成长性好，要求具有良好的企业形象，尽量选在高端的写字楼；便利店和小型超市选在居民区；而专业店和专卖店则可选择中心商业区、商业街等位置。

（2）行业因素。创业者从事的行业影响创业者选址。如生产型企业要求场地大一些；商业服务型企业的选址较复杂，饮食服务、商业便利店、小超市要求在居民区附近；而律师事务所、会计师事务所等宜在高端商务区。零售型和服务型企业在选址时，宁可选址在街道较有利的一边的最末端，也不要在不利的那一边。因为步行者一般不会因对面商店的装潢很吸引人而绕到马路对面去购物。

（3）经营品种。创业者经营品种的消费方式、商品大小、购买频率等都会影响选址。如经营高档消费品宜选在繁华地段；日常消费品宜选在居民区；大件商品的经营要考虑有足够的陈列和展示空间；购买频率高的商品一般客流量也较大，要考虑门面方便顾客进出等。

（4）竞争因素。竞争因素对企业的选址有两方面的影响。一方面，有些行业，如电子产品、装修建材，客户需要进行多家比较，可选址在同类公司林立的地方。虽然存在较大的竞争，但有助于吸引有相同需要的客流，如电子商品一条街、电脑城、建材市场等。另一方面，小型的商超、理发店等，所在片区的消费能力有限，多开一家店，另外一家店的生意就会减少，不能发生集聚效应。

（三）创业选址的方法

1. 有效地进行商圈分析

所谓商圈，是指以店铺所在地为中心，沿着一定的方向和距离扩展的、能吸引顾客的范围。简单来说，就是来店顾客所居住的地理范围。店铺的销售范围通常都有一定的地理界线，即有相对稳定的商圈。

投资者在进行选址时，要细心观察商圈的情况。比如，商圈内的客流量与车流量有多大，商圈内的竞争对手有多少，商圈所处的地理位置是城市中心抑或城市边缘。

一般来说，客流量较大的场所有：城市的商业中心；火车站、长途汽车站等站点附近；商业步行街；大学校园门口；人气旺盛的旅游景点；大型批发市场门口；500米半径内居民不少于1万人的大中型居民区，等等。

商圈内的竞争对手不宜过多，同类商品专营商店至多不超过3家，否则激烈的竞争将在所难免，甚至会有不良的竞争出现。

一般来说，在车水马龙、人流熙攘的热闹地段开店，成功的概率往往比在普通地段高一些。这些地方属于商业集中地段，消费者购物一般会货比三家，通过对同类商品的价格比较、款式比较等来确定最终的购物场所。

2. 根据主营商品来确定地址

营业地点的选择与主营商品及潜在客户群息息相关，各行各业均有不同的特性和消费对象，商业繁华区并不是唯一的选择。比如，殡葬用品店适合开在医院附近，非品牌发廊适宜在大型居民区附近，体育用品店除闹市区外还可开在学校附近，等等。所以，这就要求我们的经营者首先要对自营的产品及目标消费群体有一个清醒的认识，知己知彼，方可制胜。

3. 交通条件及停车场所

所选位置最好交通便利、通畅，与过街天桥、过街地下通道、公共汽车站、地铁站口、轻轨站口等公共交通设施相邻，尽可能位于十字路口的拐角，该类地区的人流量一般都会很大。同时，还应注意门前或附近是否有停车场，以方便有车的消费者停泊。

4. 速战速决

好的地理位置你能看中，那么别人也很可能看中，一旦发现好的店铺位置就要迅速拿下，以避免夜长梦多，错失良机。

5. 签订明晰的店铺产权关系

首先，这就要求我们的经营者与房东进行一个深度的沟通。通过正面的谈话及与附近经营者的攀谈了解房东的背景，避免上当受骗；其次，店铺产权至少可使（租）用5年。如果确实为理想地段，那么为了达成长期的盈利及压低房租的目的，至少应签订5年甚至更长的合同；再次，仔细分析租金等各类费用，得出是否能够盈利。如果房价过高及各类费用过高，致使自己无利可图，那么应该趁早放弃；最后，除了谈租金，还要注意谈妥有关的附加条件，这也可以使你节省不少开支。比如，是否正常供暖、通水、通电、通电话，是否可对店面的房顶、地板、墙壁做基本的修缮，添置或维修水电设施等。而且，关于基础设施的改变而引发的矛盾及矛盾的解决方法也应在房产合同内有良好的体现，这些事项都应该事先考虑得很清楚，以避免在未来与房东发生纠纷时，影响了营业的正常进行。

6. 调查附近经营店铺进行

客观评价胜于主观臆断。在发现一块自认为"不错"的位置后，还要对周边店铺的经营者进行有效的咨询，一是可以更加明晰该位置的房价，二是可以明晰周边竞争者的竞争激烈程度，有效地制定产品销售价格及促销方案，在未来抢得先机。

7. 选址地治安状况

目前，虽然我国公安部门不断加大力度惩治各类违法敲诈现象，但是在一些监管力度不够的地方仍存在一些诸如市霸、街霸等违法团伙。所以，这就要求我们的经营者能对当地治安状况做一个深度的了解，避免在未来出现犯罪分子扰乱正常经营的情况发生。

案例

地址因素评分法

地址因素评分法在常用的选址方法中是使用最广泛的一种。因为它以简单易懂的方式将各种不同因素综合起来，便于应用。因素评分法的具体步骤如下：①决定一组相关的选址决策因素；②对每一因素赋予一个权重，以反映这个因素在所有权重中的重要性。每一因素的分值根据权重来确定，而权重则要根据成本的标准差来确定，而不是根据成本值来确定。③对所有因素的打分设定一个共同的取值范围，一般是1～10或1～100；④对每个备择地址、对所有因素按设定范围打分；⑤将各个因素的得分与相应的权重相乘，并把所有因素的加权值相加，得到每个备择地址的最终得分；⑥选择具有最高总得分的地址作为最佳的选址，如表9-2所示。

表9-2 备选地址信息示例

因素	权重	得分（总分100）/分		加权得分/分	
		地点1	地点2	地点1	地点2
邻近已有商店	0.10	100	60	10.0	6.0
交通繁华	0.05	80	80	4.0	4.0
租金	0.40	70	90	28.0	36.0
大小	0.10	86	92	8.60	9.2
布局	0.20	40	70	8.0	14.0
运作成本	0.15	80	90	12.0	13.5
合计	1.00			70.6	82.7

在这些情况下，创业者更愿意对综合得分设定最低临界值。如果备选地点不满足最低临界值，就不必进一步考虑它。如果没有地点达到这种最低临界值，那就意味着需要对增

加的备选地址进行确认或对这个最低临界值重新考虑。需要注意的是，在运用因素评分法计算过程中，由于确定权数和等级得分完全靠人的主观判断，只要判断有误差，就会影响评分数值，最后影响决策的可能性。

（三）地点租赁及注意事项

1. 可以租赁的场地

1）商铺

临街的商铺、门店或门脸房便于顾客上门，企业的独立形象好，但租金较贵，尤其是位于好地址的一楼商铺。有的零售或服务不必在一楼，选择二楼或三楼商铺可以节省一定的租金。一些批发市场或商场里的精品商铺，以及购物中心里的商铺虽然不临街，但也是很好的选择。

2）摊位

批发市场内和一些大型商场或超市的过道等零售摊位。就北京市的情况而言，一个摊位的面积一般在几平方米至十几平方米之间，单位平方米的租金往往比多数街道上独立商铺还贵，但因为批发市场或商场和超市的人流很大，摊位的销售流水按单位面积计算也比较高。

3）专柜

很多商场或超市会把场地空间分割，把部分或全部的商品经销分别以专柜形式包给不同的个体户经营。从事这种专柜经营，有的是租赁经营，有的是与商场或超市联营。

4）办公室

选择在写字楼里经营的一般都是不做商品零售的企业。有些服务性零售企业，也可在写字楼里经营。写字楼的租金比商铺要低，同时写字楼里不会出现商铺人流嘈杂的情况。

2. 租赁谈判

1）租赁期

一般在两年或三年以上为好。租赁期太短，不利于企业的稳定经营。同时可把较长期的租赁作为条件争取租金优惠。

2）租金

租金谈判是租赁中最重要的环节之一。创业者应采取各种技巧争取到优惠的价格。鉴于好的商铺位置往往比较紧缺，有时可以以租金为杠杆拿到自己理想的商址。

3）押金和违约金

两者往往是一回事，业主要求承租人交纳的押金通常与双方商定的违约金数额是一致的。在与业主洽商押金数额时，主要考虑的是自己在租期未满退租时所能承受的违约代价。

4）支付条件

押一付一（即交一个月租金作为押金，每月付租金）较为理想。但业主往往要求以两个月以上的租金作为押金，并要求按季度或每半年预付租金。小本创业者的启动资金预算，一般受租金支付条件的影响较大。

装修费、物业费、供暖费、水电费等：除了水电费、煤气费等，可能装修费、物业费、供暖费也需要业主承担。

5）审核业主的产权文件

在签订租赁合同之前，务必审核出租方的产权文件。确保出租方是产权方或拥有合法使用权的单位或个人；确保房屋的核准用途与自己企业的性质一致；确定自己用出租方提供的产权文件可以申办企业的经营许可注册手续。

6）签订租赁合同

创业者应当与出租方签订书面的租赁合同，其中应写入双方商定的一切租赁条款，以便在发生纠纷时可依据合同进行维权，不能轻易相信口头上承诺的任何租赁条件。

3. 注意租赁陷阱

1）与房屋核准的用途不符或房屋属违章建筑

有些业主将不能开办公司或开店的房屋出租，或将属于违章建筑的房屋出租，结果都会导致创业承租人无法办理经营许可。

2）无合法产权

有的房屋出租方只有房屋的实际使用权，无法提供任何可供办理工商注册手续的文件证明。如果没有了解清楚就仓促签订租赁合同，甚至投入装修款，最后自己可能无法在该处合法经营。

3）二房东转租未经过业主

有的房屋承租人未经房东许可，私自将承租房转租，这种租赁合同属于无效合同。市区里的一些店面转让或转租有时就属于这种情况，转租人或转让人可能由于经营不善，想找一个接收的创业者，转嫁损失后一走了之。

4）中介欺诈

一些中介的欺诈做法较多。例如，用未获得业主授权的房产进行中介交易；收取承租人的租房押金和定金，却不交给房产业主；隐瞒房产的缺陷或违章等事实，欺骗他人签约后拒不认账，等等。

创新创业教育

二、企业命名

（一）企业名称的作用

企业名称是企业参与市场活动的名片。企业有个好名字，才能更好地被市场和消费者认识，才能更好地参与市场活动。

企业名称是企业形象的代表之一。企业形象来自人们对企业的印象，而企业的名称则是人们对企业印象的首要的、最初的部分。企业名称的好坏，直接影响人们对企业的感觉，进而影响到顾客或者其他企业是否愿意与其产生经济关系。

（二）国家对企业名称的相关规定

1. 企业取名的步骤

1）企业名称的结构

企业名称的结构是全国统一的，即"行政区划+字号+行业+组织形式"。行政区划是指企业所在的省或市，字号就是企业的名称。

2）进行名称查重

企业起好名称后不能马上去核名，要先在工商系统进行查明，即不能与同行业已有的企业名称重复，才能通过企业核名。因此，在拟定企业名称的时候，最好多拟定2～3个备用名称，做到有备无患，少走冤枉路。按照国家有关法律规定，企业名称具有专用性和排他性，一旦核准登记，在规定的范围内享有专用权，受法律保护，其他单位和个人不得与之混用或假冒其名称。另外，名称要符合有关法律的规定，受法律保护的名称可以转让或出售。

3）核名后领取通知书

在确认名称没有与其他企业名称重复后，即可到企业所属的市场监督管理局进行名称核准，获得通过后就能拿到市场监督管理局下发的"企业名称预先核准通知书"。

2. 企业取名的法律规定

（1）企业名称不得含有下列内容的文字：有损于国家、社会公共利益的；可能对公众造成欺骗或者误解的；外国国家（地区）名称、国际组织名称、政党名称、党政军机关名称、群众组织名称、社会团体名称及部队番号；外国文字、汉语拼音字母、阿拉伯数字；其他法律、行政法规规定禁止的。

（2）企业名称应当使用符合国家规范的汉字。

（3）企业法人名称中不得含有其他法人的名称，国家市场监督管理总局另有规定的除外。

（4）企业名称中不得含有其他法人的名称。企业分支机构名称应当冠以其所从属企业的名称。

（5）企业营业执照上只准标明一家企业名称。

（6）企业名称有下列情形之一的，不予核准：与同一市场监督管理机关核准或者登记注册的同行业企业名称字号相同，有投资关系的除外；与其他企业变更名称未满一年的原名称相同；与注销登记或者被吊销营业执照未满3年的企业名称相同；其他违反法律、行政法规的。企业名称需译成外文使用的，由企业依据文字翻译原则自行翻译使用，不需报市场监督管理机关核准登记。

（三）企业命名规范

企业起名要注重企业名称的合法性、专业性、品牌战略、行业特点，同时，从与现代市场紧密结合的角度来看，还要注意企业名称的国际性，不能违反其他国家的法律。为企业起个好名称需要注意以下几点。

1. 合法性

毋庸置疑，企业起名后需要经过工商注册机构审核。企业起名一般有8个备选方案，可供市场监督管理部门审核通过。合法性是企业起名的首要条件，要引起重视。

2. 品牌唯一性

新成立的企业一般没有什么品牌优势，但是，一旦企业发展起来，就会树立自己的品牌地位，这里需要注意以下几点。

（1）新成立企业的名称不要与现有的企业名称或市场品牌名称重音或近形。这主要是因为一旦涉及侵权纠纷，不仅白白地给别人做了宣传，还将企业的人力、资金投入浪费了。

（2）新企业的品牌一旦打响，有可能被别的企业所利用。如果企业的品牌信息不具有独特性、唯一性，很容易让其他企业获得打擦边球的机会，这在市场中非常常见。

（3）反映企业品质与文化。有时一些客户要求企业名称一定要大气，一定要像通用、中国移动等那样响亮。名字也是信息，名字因人而异，企业名称也要根据企业发展的阶段状况而定，名不副实是一大忌讳。甚至有些客户不懂企业名称的国家规定，要成立"中"字、"国"字头公司。

（4）其他要求。命名应本着乐观向上、积极进取的原则，并且让人产生联想，容易记住，还要注意与其他店名、厂名的区别。企业名称不要误导消费者、不要带有消极倾向。

建议企业名称不要太长，一般不超过4个字。名称应该易读、易写、易记，用词不可生僻拗口，也不要落俗套、随大流。有的企业专门起一个古里古怪、读起来很别扭的名称，这实在不是聪明之举。

> **案例**

华为的由来

有一次,央视记者采访任正非的时候,问任正非:"华为为什么叫华为?"

任正非说:"最开始我们公司是代理国外的产品,但我们一直想研发产品,因为光代理别人的产品是不可能将公司做大的。我给公司起名叫华为,意思就是中华有为,要告诉外国人,你们能做的东西,我们不但能做,而且能比你们做得好!"

华为技术有限公司(以下简称华为)成立于1987年,当时国外垄断了大多数通信设备市场,任正非在中国改革开放的大背景下创办了企业。从华为名字的由来可以说明这是时代背景下的爱国创业。华为从成立以来就保持积极进取的精神,通过持续不断地创新,向着国际化、职业化发展,实现自身的稳固成长。

分析:对于一家企业来说,拥有一个响亮、适当的名字十分重要,它不仅是企业的标志,也表明了企业的DNA,一个适当的名字可以反映企业的性质和文化,这对于企业塑造的形象及发展的方向有很重要的意义。

三、企业注册登记

(一)工商注册的意义

公司登记制度起源于1844年的英国,1869年德国在《普通德意志商法典》中建立了统一的商事登记制度。此后公司登记逐渐成为各国公司成立的重要前提和依据。工商注册的目的是保护公众的利益,将公司的基本情况、经营情况、公司股份持有人等法律允许公布的事项向社会发布,使公众能与公司安全交易。

1. 工商注册的基本条件

企业法人登记程序是有关法规、规章所规定的申请企业法人登记应遵循的步骤和过程,它有以下两个基本要求。

(1)开业者要符合国家规定的开业条件。根据相关法律法规的规定,申请企业法人登记时应符合几个基本条件:①有固定的生产经营场所和必要的设施;②有固定的人员;③有必要的资金;④有符合规定的名称和章程;⑤有明确的生产经营范围并符合国家有关政策法令。

(2)要备齐有关法律文件。包括企业筹建人签署的申请登记书、政府部门或主管部门的批文、企业的章程和企业主要负责人的名单、身份证明(并附照片)。

2. 工商注册的基本程序

1）确定企业名称

企业只能使用一个名称。企业名称由企业的投资人依法提出申请，企业名称登记管理机关（国家市场监督管理总局和地方各级市场监督管理局）依法核准。

2）提供办公场地证明

如果店面是自己的，则提供房产证；如果场地是租来的，则需要提供租房合同和房东的房产证；如果办公场所无产权证，就要提供产权单位上级或产权证发放单位的相关证明。每个地方的市场监督管理局对本地办公场地的要求有所不同，大部分地方规定登记地址必须是商务用途的办公楼才可以。少数地方对注册地址的要求没有那么严格，住宅也一样可以登记。

3）办理"三证合一"的营业执照

所谓"三证合一"，就是将企业依次申请的工商营业执照、组织机构代码证和税务登记证三证合为一证，提高市场准入效率，其中"三证"的具体含义如下。

（1）营业执照是工商行政管理机关发给工商企业、个体经营者的准许从事某项生产经营活动的凭证。其格式由国家市场监督管理总局统一规定。

（2）组织机构代码证是各类组织机构在社会经济活动中的通行证。代码是"组织机构代码"的简称。组织机构代码是对中华人民共和国境内依法注册、依法登记的机关、企业、事业单位、社会团体和民办非企业单位颁发一个在全国范围内唯一的、始终不变的代码标识。

（3）税务登记证，是从事生产、经营的纳税人向生产、经营地或者纳税义务发生地的主管税务机关申报办理税务登记时，所颁发的登记凭证。除按照规定不需要发给税务登记证件的外，纳税人在办理开立银行账户、申请减税、免税、退税等事项时，必须持税务登记证件。纳税人应将税务登记证件正本在其生产、经营场所或者办公场所公开悬挂，接受税务机关检查。

企业在通过市场监督管理部门的预审后，打印相关表格同时携带申请"三证合一"设立登记应提交的全部材料，到政务服务中心或者工商部门综合登记窗口提交登记申请材料，正式申请设立登记。

市场监督管理部门、质监部门、国税部门、地税部门对提交材料不齐全或者不符合法定形式不予核准通过的，将有关信息及需要补正的材料及时传送综合登记窗口，由综合登记窗口一次性告知申请人需要补正的全部材料。补正后全部材料符合要求的，综合登记窗口出具收到材料凭据。

登记申请材料传送工商部门、质监部门、国税部门、地税部门办理审批和登记后，向申请人颁发加载注册号、组织机构代码、税务登记证号的营业执照。

4）刻章

工商注册完成后，带好营业执照和法人身份证等到指定地点刻公司的章，并进行登记备案。

5）银行开户

企业可以在银行申请基本存款账户、一般存款账户、临时存款账户及专用存款账户。基本存款账户是企业办理日常结算和现金收付的账户，企业的工资和资金等现金的支取只能通过基本存款账户办理。企业的基本存款账户只能选择一家银行的一个营业机构开立，不得在多家银行机构开立。企业在银行开立基本存款账户时必须填制开户申请书，提供当地市场监督管理机关核发的企业法人执照或营业执照正本等有关文件，送交盖有企业印章的印鉴卡片，经银行审核同意并凭中国人民银行当地分支机构核发的开户许可证开立账户。一般存款账户是企业在基本存款账户以外的银行营业机构开立的银行结算账户，企业可以通过本账户办理转账结算和现金缴存，但不能办理现金支取。临时存款账户是企业因临时经营活动需要开立的账户，企业可以通过本账户办理转账结算和现金收付专用存款账户，是企业因特定用途需要开设的账户。企业申请开立一般存款账户、临时存款账户及专用存款账户，应填制开户申请书，提供基本存款账户的开户许可证等证件，送交盖有企业印章的卡片，最后经银行审核同意。

6）社会保险

企业在工商注册后还必须办理社会保险。我国社会保险包括基本养老保险、基本医疗保险、失业保险。社会保险登记程序如下。

（1）单位递交申请填写《社会保险登记表》并提供证件资料。

（2）社会保险经办机构审核单位报送的资料。

（3）社会保险经办机构审核无误后建立参保单位、人员基础档案，核发《社会保险登记证》。证件资料（均需原件和复印件）包括工商行政管理机关颁发的工商营业执照、批准成立证件或其他核准执业证件；国家质量技术监督局验发的企业组织机构代码证书；企业法定代表人身份证；税务登记证；人力资源和社会保障部门审批的劳动工资手册；职工工资发放表；职工与企业签订的劳动合同书。

（二）创办新企业的相关法律

1. 企业的法律环境和责任

既然已经选择了创业，就需要了解企业的法律环境和要承担的企业责任。所有创业者都要按照国家法律的规定开办和经营企业，并承担相应的企业责任。企业只有进行了工商登记注册，才能受到国家法律的保护。法律是指由全国人民代表大会及其常委会依照立法程序制定由国家主席签署公布的规范性文件，其法律效力仅次于宪法，如《中华人民共和国公司法》、《中华人民共和国民法典》（以下简称《民法典》）、《中华人民共和国企业破产法》（以下简称《企业破产法》）等，与企业相关的法律法规如表9-3所示。

表 9-3　与企业相关的法律法规

相关法律	相关内容
《企业法》	《公司法》《中华人民共和国个人独资企业法》《中华人民共和国合伙企业法》《个体工商户条例》《中华人民共和国中外合作经营企业法》中的相关内容
《民法典》	合同的订阅、效力、履行、变更和转让，权利、义务的终止，违约责任等。 农村承包经营户、个体工商户、合伙企业、企业法人、代理、财产所有权、债权、知识产权、民事责任等
《劳动法》	劳动合同和集体合同、工作时间和休息休假、工资、女职工和未成年人特殊保护、职业培训、社会保险和福利、劳动争议、监督检查等
《劳动合同法》	劳动合同的订立、履行、变更、终止与解除，以及法律责任等

1）公司成立之初

（1）《公司法》。《公司法》是规范公司行为的基本法律，公司的设立、股东资格、公司章程、股东责任、股东权利、公司高层管理、公司解散、清算等事项，都应当按照《公司法》的规定来进行。

（2）《中华人民共和国公司登记管理条例》。《中华人民共和国公司登记管理条例》（以下简称《公司登记管理条例》）是公司设立、年检、注销必须遵循的法规。

2）公司成立运营期间

（1）《民法典》（合同编）。

公司成立的目的是营利，而营利就离不开交易《民法典》（合同编），它是规范市场交易的法律，是民事主体进行经济活动所遵循的主要法律，合同涵盖的内容广泛，不仅商品交易需要订立合同，涉及公司的股权交易、知识产权交易、物权变动等事项也需要有合同保障，均受《民法典》（合同编）的调整。

（2）《民法典》（物权编）。

公司经营所得，涉及土地、房产等不动产及交易某些动产，是需要登记才能取得物权的，这部分物权的取得是受《民法典》（物权编）调整的。同时，《中华人民共和国土地管理法》《中华人民共和国房地产管理法》也是涉及土地、房产物权方面应当遵循的规范。另外，物权具有担保功能，在涉及物权担保时，《民法典》（物权编）的相关规定是必须遵守的。

（3）金融类法律。

公司在运营期间需要支付结算、贷款融资时，涉及的法律法规有《贷款通则》《中华人民共和国票据法》《中华人民共和国证券法》等。公司为了分散风险而必须选择保险时，则涉及《中华人民共和国保险法》的相关规定。

（4）知识产权类法律。

公司要有自己的商誉，同时还要给自己的产品或者服务注册商标，有自己的商业秘密和专利技术。这些涉及《中华人民共和国商标法》《中华人民共和国专利法》《中华人民共和国反不正当竞争法》的调整。

（5）《民法典》（婚姻家庭编）、《民法典》（继承编）。

公司在运转的过程中，可能出现股东因为婚姻、继承事项而导致股东或股权的变动，则会涉及《民法典》（婚姻家庭编）、《民法典》（继承编）。

（6）税收类法律。

公司作为最重要的纳税义务人，在缴纳税款时要遵循《中华人民共和国增值税法》《中华人民共和国企业所得税法》《中华人民共和国个人所得税法》《中华人民共和国税收征收管理法》等法律的规范和约束。

（7）劳动类法律。

公司的经营离不开人，因此公司作为用人单位就要遵守《中华人民共和国劳动法》（以下简称《劳动法》）、《中华人民共和国劳动合同法》（以下简称《劳动合同法》）及相关规定。

（8）《中华人民共和国会计法》。

公司的运转、各种经济指标都要用数字来体现，要遵守《中华人民共和国会计法》的规定，不能违背该法及相关规定。

（9）《中华人民共和国担保法》。

公司经营的时候，不仅涉及为人担保，还可能涉及找人担保，这方面就要依据《中华人民共和国担保法》调整。

3）公司终止时

公司的终止，就是公司作为法人人格的消灭，无论是股东自行决定解散还是申请法院解散，都要成立清算组。《公司法》有规定企业到了资不抵债的时候，申请破产就要受《企业破产法》的调整。

通过上述主要法律法规，我们可以看到国家为了保障公司的正常运转，制定了一系列的法律规范，可以形象地说，公司就是在"法网"里运转的经济体。

经典分享

之禾的国际化之路

通过20多年的发展，国产女装品牌ICICLE（上海之禾品牌管理有限公司女装品牌）从一个服装设计品牌发展成为到生产制造，再到终端零售等各环节通吃的全产业链型服装品牌。

2013年至2018年间，之禾集团通过地产投资、老建筑修缮、注册公司和人才招募等，在法国巴黎设置了海外中心，正式启动之禾集团的国际业务。目前，之禾集团已经成为"巴黎—上海"双中心制的中国服装企业。为了真正实现"双中心"模式，之禾集团在法国平行中国同样设立了建筑团队、品牌和传播团队等。这些团队在巴黎和上海平行开展工作，双方的工作内容整合之后形成从品牌形象、创意、产品等各方面的完整输出。继 2019 年在法国巴黎乔治五世大道开设首家巴黎旗舰店后，之禾集团在巴黎名品云集的福宝—圣奥诺雷大街开设了第二家精品店。

分析：国产品牌出海成为热潮，之禾集团运用"天人合一"的东方哲学，在国际化战略布局上选址法国巴黎，让其短时间内有效地在海外市场提高知名度，为跻身国际时尚产业发展领域奠定了基础。

课后活动

企业选址

一、活动目标

认识并理解创业企业选址的重要性和影响因素，能够合理做好企业选址。

二、程序和规则

（1）班级随机分组，每 3～5 人为一组，并推选出一名组长。

（2）请学生以"团队创业选址"为题，假设自己的小组团队想要创业，各小组根据团队情况，通过小组交流讨论后，选择适合的地址，每小组代表上台说明团队创业选择的企业地址并阐明原因。各小组组长和老师分别对各小组进行打分和评价，最终评价得分最高的小组为优胜组。

三、总结

教师总结和反思。

（建议时间：20 分钟）

公司命名是否规范

判断以下这些公司的名称是否符合规范（见表 9-4）。

表 9-4　公司名称判断

公司名称	是否规范	说明原因
科特信息科技有限公司		
北京捷成有限责任公司		
北京银杉科技有限公司		
北京宏达科技		

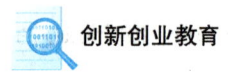

企业注册流程实训

一、实训内容

经市场调查后进行决策,在确定企业的经营场所后,进行企业名称预先核准申请备案、企业法律形式的确定等内容。

二、实训目的

通过实训,学生了解并掌握创建企业所进行的公司注册流程,了解并掌握相关工商管理行政法律法规知识,提高实践能力。

三、实训安排

(1) 小组成员进行讨论,明确企业经营字号、企业经营场所、股东及法人、经营范围、注册资本及缴费形式、法律形式、公司章程、其他,企业相关信息表如表9-5所示。

表9-5 企业相关信息表

项目	
企业经营字号	
企业经营场所	
股东及法人	
经营范围	
注册资本及缴费形式	
法律形式	
公司章程	
其他	

(2) 分工合作,模拟市场监督管理部门进行营业执照、税务登记书、组织机构代码证(或三证合一)的办理流程,填写市场监督管理部门信息表格(见表9-6),提交申请。

表9-6 市场监督管理部门信息表格

政府管理要求	相应办理或政府管理部门
营业执照	
税务登记书	
组织机构代码证	
其他特殊证件	

(3) 完成相应信息表格,各小组进行总结并提交报告。

商圈调查

一、活动目标

掌握对公司的经营产品或项目展开全面市场调查的有关知识和技能。通过实训，学生掌握项目市场调查分析研究方法，并能熟练采用 SWOT 分析法、PEST 分析法等进行模拟，能给出创建企业的战略决策，培养学生的实践创新能力与决策能力。

二、程序和规则

组成一个 3~6 人的团队，经讨论决定实施某一项目（为项目而将成立公司并投资运营），公司决定注册成立前，需要对公司的经营产品或项目展开商圈调查，为后期决策服务。先用所学过的 SWOT 分析法或 PEST 分析法对团队的项目进行市场调查分析，给出是否为此项目（产品或服务）开办注册公司并进行运营的决策，主要流程如图 9-1 所示。

图 9-1 成立公司的前期调研

（1）小组成员进行讨论，明确项目商圈并进行市场实地调查，完成商圈调查表。

（2）分工合作，进行信息的整理与分类工作。

（3）根据收集、整理的信息，各小组运用所学的 SWOT 分析法、PEST 分析法等，进行讨论与分析研究，完成分析表。

（4）对初步分析研究结论的初稿进行检查和修正，直到无误之后给出最后决策和结论。

（5）填写完成报告并提交。

（6）填写有关表格。

①市场商圈调查，明确团队项目信息，商圈调查表如表 9-7 所示。

②分析研究与决策。

如选择 SWOT 分析法，请将小组讨论的结果填入 SWOT 分析表中（见表 9-8）。

如选择 PEST 分析法，请将小组讨论的结果填入 PEST 分析表中（见表 9-9）。

③可行性归纳分析（见表 9-10）。

表 9-7 商圈调查表

<table>
<tr><th>商圈名称
(项目名称)</th><th colspan="4"></th></tr>
<tr><td>商圈结构</td><td colspan="4">□十字形结构 □三角形结构 □井字形结构
□平行线结构 □直线结构</td></tr>
<tr><td rowspan="4">商圈性质</td><td>商圈级别</td><td colspan="3">□一级商圈 □二级商圈
□三级商圈 □四级商圈</td></tr>
<tr><td>商圈地位</td><td colspan="3">□核心商圈 □次级商圈 □边缘商圈</td></tr>
<tr><td>商圈属性</td><td colspan="3">□商业区 □娱乐区 □金融区
□综合区 □住宅区 □校区</td></tr>
<tr><td>商圈生命期</td><td colspan="3">□成长期 □形成期
□成熟区 □衰退期</td></tr>
<tr><td rowspan="2">商圈基础设施</td><td>绿化情况</td><td>□好
□一般
□差</td><td>物业管理</td><td>□好
□一般
□差</td></tr>
<tr><td>交通情况</td><td>□好
□一般
□差</td><td>休息区</td><td>□好
□一般
□差</td></tr>
<tr><td rowspan="3">购买力评估</td><td>客单价</td><td colspan="3">□ 2000 元以上 □ 1500～2000 元 □ 800～1500 元
□ 500～800 元 □ 300～500 元 □ 100～300 元
□ 50～100 元 □ 10～50 元 □ 10 元以内</td></tr>
<tr><td>客流量</td><td colspan="3">______人 / 天 (日常)______人 / 天 (周末)</td></tr>
<tr><td>常住人口消费力</td><td colspan="3">□高 □中 □低</td></tr>
<tr><td>交通便利评估</td><td colspan="4">公交站：__个 公交线路：__路 停车场：__个
地铁：□有 □无
高速公路：□有 □无</td></tr>
<tr><td rowspan="2">竞争程度评估</td><td colspan="4">商圈主力店或公司：__家
分别是：________________</td></tr>
<tr><td colspan="4">商圈品牌店或公司：__家
分别是：________________</td></tr>
<tr><td>其他</td><td colspan="4"></td></tr>
</table>

表 9-8　SWOT 分析表

环境	主要分析项	列出分析项的主要内容	比较决策
内部	优势 (S)		
	劣势 (W)		
外部	机遇（O）		
	威胁（T）		
结论			

表9-9 PEST分析表

环境	主要分析项	列出分析项的主要内容	比较决策
宏观环境	政策 (P)		
	经济 (E)		
	社会 (S)		
	技术 (T)		
结论			

表 9-10 可行性分析表

可行性项目	描述	比较
经济性		
技术性		
管理性		
其他		
结论		

复习思考

（1）企业在选址的时候要考虑哪些因素？

（2）企业命名的具体要求有哪些？如何取一个有吸引力的企业名称？

（3）企业注册的流程有哪几步？

9.3 新创企业财务管理

（1）了解创建企业财务管理的必要性。
（2）理解新创企业财务报表中常用的分析方法。
（3）能根据企业自身需要进行财务管理体系的构建。

"孩子王"创业中的财务团队

"孩子王"是一家经营孕妇、婴儿、儿童用品和相关服务的提供商，虽然它创立的时间不长，但已经在全国开了69家门店，而且都是面积数千平方米的大店，结合独特的运营模式，"孩子王"在行业已经颇有名气，年复合增长率超过100%。更重要的是，"孩子王"已经拥有了数十万名会员，正是庞大的妈妈粉丝群让"孩子王"从激烈的竞争中脱颖而出。

那么，"孩子王"的运营模式靠什么支撑？偌大规模的数据又如何管理呢？

从成立伊始，公司就养成了一个习惯，周会、月会都是财务部门的员工先发言，主要从各个角度进行分析，提出各种问题，包括各个业务品类的分析，同比与环比的对比，预算与实际的对比，各门店与各区域的对比等，随着重点问题和疑问被提出来，好的就表扬，差的就会被责问，好坏的原因都要找出来。

到了第二年，公司的主旨是发展连锁门店，财务部门的关注重点就变为设计管理架构、规范公司治理、科学设立外省公司、管理供应商、高效结算、筹划财务人员组织架构等。

从第三年开始，公司提出经营顾客关系，打造黏性客流，财务工作集中在建立大数据分析平台方面，快速反应，实现管理可量化和信息化。

第四年的时候，"孩子王"有了40家门店，公司进一步要求以顾客需求为导向，重塑公司及供应链，财务部门的关注重点为共享服务平台化，把财务业务打通，提高财务的工作效率，让更多的财务参与到业务经营中，并寻找机会和突破点。

第五年，财务部门结合公司战略实现全面数据化，将消费者行为数据化，在数据的基础上预测生产，精准营销。

分析："孩子王"没有简单的预算下达，取而代之的是以会员为线索，新增会员增长率、老会员年消费增长率等指标的设定都是建立在大数据基础上的。规范财务管理，加强内部管理，势必影响企业的可持续健康发展。

对于创业者来说，形成良好的财务管理制度或体系是企业未来内部管理完善的基础。新创企业的财务管理应注重核心资产的管理、融资资金的管理、应收账款的管理、财务管理制度的构建等，同时在成本管理、财务分析、财务控制、财务税收等方面加强财务管理体系建设。

一、创业企业财务管理体系的建立

处于初创与成长期的企业，规范有效的财务管理制度是确保企业健康发展的重要工具。新创企业应结合实际，建立健全财务管理制度。新创企业的财务管理体系建设是一个逐步规范和完善的过程。要求在明晰产权的基础上，明确董事会、财务经理、一般财务人员在财务战略制定和实施过程中的地位与职责，并形成内部牵制及责、权、利相结合的激励性制度。创业者作为企业法定代表人，是企业财务工作的第一责任人，因此，创业者要主动学习财务管理方面的基础知识。只有懂规则、懂专业知识，才能有效地进行财务管理和监督，避免因不懂规则而造成不必要的损失。

（一）成本管理

1. 成本

成本是体现企业生产经营管理水平的一个综合指标。因此，成本管理不能只局限于生产耗费活动，应扩展到产品设计、工艺安排、设备利用、原材料采购、人力分配等产品生产、技术、销售、储备和经营各个领域。参与成本管理的人员也不能仅仅是专职成本管理人员，应包括各部门的生产和经营管理人员，并要发动广大职工群众，调动全体员工的积极性，实行全面成本管理，只有这样，才能最大限度地挖掘企业降低成本的潜力，提高企业整体成本管理水平。

2. 成本管理

成本管理是指企业生产经营过程中的各项成本核算、成本分析、成本决策和成本控制等一系列科学管理行为的总称。成本管理由成本规划、成本计算、成本控制和业绩评价 4 项内容组成。成本管理充分动员和组织企业全体人员，在保证产品质量的前提下，对企业生产经营过程的各个环节进行科学合理的管理，力求以最少生产耗费取得最大的生产成果。成本管理是企业管理的一个重要组成部分，它必须系统、全面、科学合理，对于促进增产节支、加强经济核算、改进企业管理、提高企业整体管理水平具有重大意义。

成本管理是各级组织管理者的职责，一个组织想做好成本管理，就应加强最高管理者的领导作用，应由最高管理者领导并推动工作，落实好各级管理者的职责和权限，动员、教育、激励全体人员积极参与；对各级管理组织也应考虑管理的成本，从财务角度衡量成本管理体系的有效性，不断降低管理成本，提高管理者的满意度。成本管理活动是一个大循环，并通过持续改进来改善成本管理情况，减少或杜绝资源的浪费和损失，尽可能使成本降低，再进行成本管理活动的另一个大循环。各级组织在实施成本管理的过程中应做到不违反法律法规，不影响顾客满意，不侵害员工利益（法定的），不影响技术进步，不影响产品质量。

3. 成本规划

成本规划是根据企业的竞争战略和所处的经济环境制定的，也是对成本管理做出的规划，为具体的成本管理提供思路和总体要求。成本计算是成本管理系统的信息基础。成本控制是利用成本计算提供的信息，采取经济、技术和组织等手段实现降低成本或改善成本的一系列活动。业绩评价是对成本控制效果的评估，目的是改进原有的成本控制活动，激励并约束员工和团体的成本行为。

（二）财务分析

财务分析是以会计核算和报表资料及其他相关资料为依据，采用一系列专门的分析技术和方法，对企业等经济组织过去的和现在的有关筹资活动、投资活动、经营活动、分配活动的营利能力、营运能力、偿债能力和增长能力等进行分析与评价的经济管理活动。财务分析可以帮助企业的投资者、债权人、经营者及其他关心企业的组织或个人，了解企业过去、评价企业现状、预测企业未来，为做出正确决策提供准确的信息。

常见的财务报表由资产负债表、利润表、现金流量表、股东权益变动表及相关附注说明组成。

1. 资产负债表

资产负债表是总括地反映会计主体在特定日期财务状况的报表，主要分析流动资产、长期投资、固定资产、无形资产等信息，其基本结构是：资产＝负债＋所有者权益，某公司财务资产负债表如表 9-11 所示。

表 9-11　某公司财务资产负债表

编制单位：××公司　　　　　　　　　时间：2015-7-31　　　　　　　　　单位：元

资产	行次	年初数	期末数	负债及所有者权益	行次	年初数	期末数
流动资产：				流动负债：			
货币资金	1	49790.00	56270.00	短期负债	22	9000.00	9000.00
应收账款	2	15000.00	15000.00	应付账款	25	8500.00	10500.00
坏账准备	3	2500.00	2500.00	应交税金	23	5250.00	5250.00
应收账款净额	4	12500.00	12500.00				
存货	5	5460.00	-1540.00				
流动资产合计	7	67750.00	67230.00	流动负债合计	28	22750.00	24750.00
固定资产：	10			所有者权益：			
固定资产原值	11	12500.00	22500.00	实收资本	29	50000.00	50000.00
累计折旧	12	7500.00	-7500.00	盈余公积	30		
固定资产净值	15	5000.00	15000.00	未分配利润	31	0.00	7480.00
固定资产合计	18	5000.00	15000.00	所有者权益合计	35	50000.00	57480.00
资产合计	20	72750.00	82230.00	负债及所有者权益合计	40	72750.00	82230.00

资产负债表是反映公司某一特定日期（月末、年末）的全部资产、负债和所有者权益情况的会计报表。不论公司处于什么样的状态，这个"资产＝负债＋所有者权益"会计平衡式永远是恒等的。"资产"是公司所拥有的资源；"负债＋所有者权益"是公司的不同权利人对这些资源的要求。债权人对公司的全部资源具有要求权，公司以全部资产对不同债权人承担偿付责任，偿付完全部的负债之后，余下的才是所有者权益，即公司的资产净额。

新创企业可以运用资产负债表中的数据分析公司资产的分布状态、负债和所有者权益的构成情况，以此评价公司的资金营运和财务结构是否正常、合理；分析公司的流动性或变现能力，以及长期债务数量、短期债务数量及偿债能力，评价公司承担风险的能力；利用该表提供的数据可以计算公司的获利能力，评价公司的经营绩效。

在分析资产负债表要素时，我们应先分析资产要素和负债要素，具体分析如下。

（1）流动资产分析。它主要分析公司的现金、各种存款、短期投资、各种应收应付款项、存货等。流动资产比往年的有所提高，说明公司的支付能力与变现能力增强了。

(2) 长期投资分析。它主要分析一年期以上的投资，如公司控股、实施多元化经营等。长期投资增加，说明公司的成长前景好。

(3) 固定资产分析。它主要是对实物形态资产进行分析。资产负债表所列的各项固定资产数字，仅表示在持续经营的条件下，各固定资产尚未折旧、折耗的金额并预期于未来各期间陆续收回，因此，应该特别注意折旧、损耗是否合理，它将直接影响资产负债表、利润表和其他各种报表的准确性。很明显，少提折旧会增加当期利润，而多提折旧则会减少当期利润，有些公司常常就此埋下伏笔。

(4) 无形资产分析。它主要分析商标权、著作权、土地使用权、非专利技术、商誉、专利权等。商誉及其他无确指的无形资产一般不予列账，除非商誉是购入或合并时形成的。取得无形资产后，应登记入账并在规定期限内摊销完毕。

(5) 流动负债分析。各项流动负债应按实际发生额记账，分析是为了避免遗漏，所有的负债均应在资产负债表中反映出来。

(6) 长期负债分析。它主要分析长期借款、应付债券、长期应付款项等。由于长期负债的形态不同，所以，要注意分析并了解公司债权人的情况。

(7) 股东权益分析。它包括股本、资本公积、盈余公积和未分配利润4个方面。股东权益分析，主要是了解股东权益中投入资本的不同形态及股权结构，了解股东权益中各要素的优先清偿顺序等。看资产负债表时，要与利润表结合起来，资产负债表主要涉及资本金利润和存货周转率，资本金利润是反映营利能力的指标，存货周转率是反映营运能力的指标。

2. 利润表

利润表是反映企业在一定会计期间的经营成果的财务报表。利润表依据"收入－费用＝利润"来编制，主要反映一定时期内企业的营业收入减去营业支出之后的净收益，如表9-12所示。

表 9-12　某企业利润表

编制单位：××××股份有限公司　　　　　　20××年度　　　　　　单位：元

项目	行次	上年数（略）	本年累计数
一、主营业务收入	1		500000
减：主营业务成本	4		300000
主营业务税金及附加	5		800
二、主营业务利润（亏损以"－"号填列）	10		199200
加：其他业务利润（亏损以"－"号填列）	11		
减：营业费用	14		8000
管理费用	15		63200
财务费用	16		16600

续表

项目	行次	上年数（略）	本年累计数
三、营业利润（亏损以"-"号填列）	18		111400
加：投资收益（损失以"-"号填列）	19		12600
补贴收入	22		
营业外收入	23		20000
减：营业外支出	25		7880
四、利润总额（亏损总额以"-"号填列）	27		136120
减：所得税	28		40959.60
五、净利润（净亏损以"-"号填列）	30		95160.40

一般我们通过利润表可以对公司的经营业绩、管理的成功程度做出评估，从而评价投资者的投资价值和报酬。利润表包括两个方面：一是反映公司的收入及费用，说明公司在一定时期内的利润或亏损数额，从而据此分析公司的经济效益及营利能力，评价公司的管理业绩；二是反映公司财务成果的来源，说明公司的各种利润来源在利润总额中占的比例，以及这些来源之间的相互关系。

对利润表进行分析，主要从两方面入手：一方面是收入项目分析，公司通过销售产品、提供劳务取得各项营业收入，也可以将资源提供给他人使用，获取租金与利息等营业外的收入。收入的增加，意味着公司资产增加或负债减少。记入收入账的包括当期收吃的现金收入、应收票据或应收账款，以实际收到的金额或账面价值入账。另一方面是费用项目分析，费用是收入的扣除，费用的确认、扣除正确与否直接关系公司的盈利。所以在做费用项目分析时，首先应注意费用包含的项目是否适当，确认费用时应贯彻权责发生制原则、历史成本原则、划分收益性支出与资本性支出原则等；然后对成本费用的结构与变动趋势进行分析，分析各项费用占营业收入的百分比，分析费用结构是否合理，对不合理的费用要查明原因，对费用的各个项目进行分析，同时与公司的财务情况说明书联系起来看看各个项目的增减变动趋势，以此判定公司的管理水平和财务状况，预测其发展前景。

3. 现金流量表

现金流量表是反映上市公司现金流入与流出的信息报表。这里的现金不仅指公司在财务部门保险柜里的现钞，还指银行存款、短期证券投资、其他货币资金。现金流量表可以告诉我们公司的经营活动、投资活动和筹资活动所产生的现金收支情况和现金流量净增加额，从而有助于我们分析公司的变现能力和支付能力，进而了解公司的生存能力、发展能力和适应市场变化的能力。××公司2019年度现金流量表，如表9-13所示。

表9-13 ××公司2019年度现金流量表

编制单位：××公司　　　　　　　　　　　　　　　　　　　　　　　　　　　　　　　　　　单位：元

项目	行次	金额	项目	行次	金额
一、经营活动产生的现金流量	1		投资活动产生的现金流量净额	24	
销售商品，提供劳务收到的现金	2		三、筹资活动产生的现金流量	25	
收到的税费返还	3		吸收投资所收到的现金	26	
收到的其他与经营活动有关的现金	4		借款所收到的现金	27	
现金流入小计	5		收到的其他与筹资活动有关的现金	28	
购买商品、接受劳务支付的现金	6		现金流入小计	29	
支付给职工及为职工支付的现金	7		偿还债务所支付的现金	30	
支付的各项税费	8		分配股利、利润或偿付利息所支付的现金	31	
支付的其他与经营活动有关的现金	9		支付的其他与筹资活动有关的现金	32	
现金流出小计	10		现金流出小计	33	
经营活动产生的现金流量净额	11		筹资活动产生的现金流量净额	34	
二、投资活动产生的现金流量	12		四、汇率变动对现金的影响	35	
收回投资所收到的现金	13		五、现金及现金等价物净增加额	36	
包括出售于公司所收到的现金	14		六、补充资料	37	
取得投资收益所收到的现金	15		将净利润调节为经营活动的现金流量	38	
投资活动现金流入小计	16		净利润	39	
收到的其他与投资活动有关的现金	17		加：少数股东权益	40	
现金流入小计	18		减：未确认的投资报表	41	
取得子公司及其他营业单位支付的现金净额	19		加：计提的资产减值准备	42	
投资所支付的现金	20		固定资产折旧	43	
其中：购买于公司所支付的现金	21		无形资产推销	44	
支付的与其他与投资活动有关的现金	22		长期待摊费用推销	45	
现金流出小计	23		待推费用的减少（减：增加）	46	

企业的现金流量具体可以分为以下几个方面。

（1）来自经营活动的现金流量。它指的是公司为开展正常业务而引起的现金流入量、流出量和净流量，如商品销售收入、出口退税等现金流入量，购买原材料、支付税款、员工工资等现金流出量。

（2）来自投资活动的现金流量。它指的是公司取得和处置证券投资、固定资产、无形资产等活动引起的现金收支活动及结果,如变卖厂房取得的现金收入、购买的股票和债券等对外投资引起的现金流出。

(3) 来自筹资活动的现金流量。它指的是公司在筹集资金过程中引起的现金收支活动及结果,如吸收股本、分配股利、发行债券、取得借款和归还借款等。

(4) 非常项目产生的现金流量。它指的是非正常经济活动引起的现金流量,如接受的捐赠、资助他人、罚款现金收支等。

(5) 不涉及现金收支的投资与筹资活动。这类活动对股民来说非常重要,虽然这些活动并不会引起本期的现金收支,但会对未来的现金流量产生极为重大的影响。这类活动主要反映在补充资料一栏里,如以对外投资偿还债务、以固定资产对外投资等。

新创企业尤其应注重对现金流量表的分析,主要从以下 3 个方面来分析。

一是现金净流量与短期偿债能力的变化。如果本期现金净流量增加,就表明公司短期偿债能力增强,财务状况得到改善;反之,则表明公司财务状况比较困难。当然,并不是现金净流量越大越好,如果公司的现金净流量过大,就表明公司未能有效利用这部分资金,其实这是一种资源浪费。

二是现金流入量的结构与公司的长期稳定。经营活动是公司的主营业务,这种活动提供的现金流量可以不断地用于投资,再生出新的现金来,来自主营业务的现金流量越多,表明公司发展的稳定性越强。公司的投资活动是为闲置资金寻找投资场所,筹资活动则是为经营活动筹集资金,这两种活动所发生的现金流量都是辅助性的,都服务于主营业务。这一部分的现金流量过大,表明公司财务缺乏稳定性。

三是投资活动与筹资活动产生的现金流量与公司的未来发展。在分析投资活动时,要分析它是对内投资还是对外投资。对内投资的现金流出量增加,意味着固定资产、无形资产等增加,说明公司可能正在扩张,这样的公司成长性较好;如果对内投资的现金流出量大幅增加,则意味着公司正常的经营活动不能充分吸纳现有资金,资金的利用效率有待提高;如果对外投资的现金流入量大幅增加,则意味着公司现有资金不能满足经营需要,从外部引入了资金;如果对外投资的现金流出量大幅增加,则表明公司可能正在通过非主营业务活动来获取利润。

(三) 税务管理

新创企业应严格遵守国家税法,积极开展企业税务管理活动,即在不损害国家利益的前提下,充分利用税收法规所提供的包括减免税在内的一切优惠政策,达到少缴税或递延缴纳税款,从而降低税收成本,实现税收成本最小化的经营管理活动。

二、财务风险与防范

财务风险是指由于多种因素的作用,企业不能实现预期财务收益,从而产生损失的可能性。财务风险的存在，无疑会对企业生产经营产生重大影响。企业揭示财务风险的成因，并对其规避措施和方法进行研究，具有十分重要的意义。

（一）企业财务风险的成因

1. 企业财务管理系统适应宏观环境的滞后性

成长中的企业往往由于机构设置不尽合理、管理人员素质不高、财务管理规章制度不健全、管理基础工作不完善等，使企业财务管理系统缺乏对外部环境变化的适应能力和应变能力。具体表现为对外部环境的不利变化不能进行科学的预见、反应滞后、措施不合理等，由此产生财务风险。

2. 企业财务管理人员对财务风险的客观性认识不足

财务风险是客观存在的，只要有财务活动，就必然存在财务风险。在现实工作中，我国许多企业的财务管理人员缺乏风险意识，认为只要管好、用好资金，就不会产生财务风险，财务管理人员的风险意识不强是产生财务风险的重要原因之一。

3. 财务决策缺乏科学性，导致决策失误

财务决策失误是产生财务风险的又一重要原因。避免财务决策失误的前提是财务决策科学化。目前，我国企业的财务决策普遍存在经验决策和主观决策现象，由此导致的决策失误经常发生，从而产生财务风险。

4. 企业内部财务关系混乱

企业内部财务关系混乱是我国企业产生财务风险的又一重要原因。一诺财务研究发现企业内部各部门之间、企业与上级企业之间，在资金的管理和使用、利益分配等方面存在权责不明、管理混乱的现象，造成资金使用效率低，资金流失严重，资金的安全性、完整性无法得到保证。

（二）企业财务管理在不同阶段的财务风险

1. 企业资金结构不合理，负债资金比例过高

在我国，资金结构主要是指企业全部资金来源中权益资金与负债资金的比例关系。由于筹资决策失误等原因，我国企业资金结构不合理的现象普遍存在，具体表现为负债资金占全部资金的比例过高。很多企业的资产负债率达到70%甚至更高，资金结构不合理导致企业的财务负担过重，偿付能力严重不足，由此产生财务风险。

2. 固定资产投资决策缺乏科学性，导致投资失误

在固定资产投资决策过程中，由于企业对投资项目的可行性缺乏周密而系统的分析和研究，决策所依据的经济信息不全面、不真实，决策者的决策能力低下等原因，投资决策

失误频繁发生。决策失误使投资项目不能获得预期的收益,投资无法按期收回,为企业带来巨大的财务风险。

3. 对外投资决策失误,导致大量投资遭受损失

企业对外投资包括有价证券投资、联营投资等。有价证券投资风险包括系统性风险和非系统性风险。由于决策者对投资风险的认识不足,决策失误及盲目投资导致企业产生巨额投资损失,由此产生财务风险。

4. 企业赊销比重大,应收账款缺乏控制

由于我国市场已成为买方市场,企业普遍存在产品滞销的情况。一些企业为了提高产品销量,扩大市场占有率,采取赊销方式销售产品,导致企业应收账款大量增加。同时,由于企业在赊销过程中对客户的信用等级不够了解,盲目赊销,造成应收账款失控,相当比例的应收账款长期无法收回,直至成为坏账。资产长期被债务人无偿占用,严重影响企业资产的流动性及安全性,由此产生财务风险。

5. 企业存货库存结构不合理,存货周转率不高

在我国企业的流动资产中,存货所占比重相对较大,表现为超储积压存货。存货流动性差,一方面占用了企业的大量资金,另一方面企业为了保管存货必须支付保管费用,导致企业费用上升,利润下降。长期库存存货,企业还要承担市价下跌所产生的存货跌价损失及保管不善造成的损失,由此产生财务风险。

(三)企业财务风险的规避

1. 规避企业财务风险的主要措施

规避财务风险以实现财务管理目标,是企业财务管理的工作重点。规避企业财务风险,应做好以下几项措施。

(1)认真分析财务管理的宏观环境及其变化情况,提高企业对财务管理环境变化的适应能力和应变能力。为防范财务风险,企业应对不断变化的财务管理宏观环境进行认真分析和研究,把握其变化趋势及规律,制定多种应变措施,适时调整财务管理政策,改变管理方法;建立和完善财务管理系统,设置高效的财务管理机构,配备高素质财务管理人员,健全财务管理规章制度,强化财务管理的各项基础工作,使企业财务管理系统有效运行,以防范由于财务管理系统不适应环境变化而产生的财务风险。

(2)不断提高财务管理人员的风险意识。要使财务管理人员明白财务风险存在于财务管理工作的各个环节,任何工作环节的失误都会给企业带来财务风险,财务管理人员必须将风险防范贯穿于财务管理工作的始终。

(3)提高财务决策的科学化水平,防止因决策失误而产生的财务风险。财务决策正确与否直接关系财务管理工作的成败,经验决策和主观决策会使决策失误的可能性增加。为

防范财务风险,企业必须采用科学的决策方法。在决策过程中企业应充分考虑影响决策的各种因素,尽量采用定量计算及分析方法,并运用科学的决策模型进行决策,对各种可行方案要进行分析与评价,从中选择最优的决策方案,切忌主观臆断。

(4)理顺企业内部财务关系,做到责、权、利相统一。为防范财务风险,必须理顺企业内部的各种财务关系。要明确各部门在企业财务管理中的地位、作用及应承担的职责,并赋予其相应的权力,真正做到权责分明,各负其责。另外,在利益分配方面,应兼顾企业各方利益,以调动各方面参与企业财务管理的积极性,从而真正做到责、权、利相统一,使企业内部的各种财务关系清晰明了。

经典分享

我国中小企业财务管理存在的问题与对策

一、中小企业财务管理的现状与主要问题

我们知道,企业管理包括生产管理、营销管理、财务管理等多个方面,财务管理是整个管理体系的核心。中小企业中普遍存在几方面问题:一是内部控制不力,领导专权约束力不够、财务控制不严、基础薄弱、成本管理松、财务管理粗劣、财会人员素质不高等;二是资金短缺、融资困难;三是由于受宏观经济环境变化和体制的影响,中小企业在加强财务管理方面遇到了阻碍,财务管理受企业领导的影响过大。另外,金融市场的不完善也影响企业财务管理改革的深化等。

二、加强中小企业财务管理的建议

1)改善中小企业金融服务

一是完善中小企业制度,健全治理机构,建立现代企业制度,推动中小企业制度的多元化和社会化,实现治理结构合理化。二是深化商业银行改革,完善金融企业制度。三是培育良好的信用环境,建立健全中小企业信用体系,加强信用文化建设。

2)严格财务控制

针对企业财务控制薄弱的问题,广大中小企业应从以下几个方面入手:一是企业各职能部门应充分认识到资金的重要性,努力提高资金的运用效率;二是建立健全内部控制制度,中小企业应增大财产管理和财产记录方面的透明度,财务的管理、记录、检查、稽核应职责分明;三是加强存货和应收账款的管理,尽可能压缩过时的库存物资,避免资金呆滞,确保存货资金的最佳结构;四是规范雇佣财务人员,提高财务人员的素质。企业应根据《中华人民共和国会计法》、会计制度等法规的要求,聘用具有任职资格的会计人员,避免企业管理人雇佣内部人,保证会计工作的正常进行。

3)加强管理模式,提高管理素质

加强财会队伍建设,增强财会人员的监督意识,发挥会计人员在企业管理中的参谋与决策作用。加强全员素质教育，从企业领导做起，不断提高全员法律意识，增强法治观念。只有依靠企业全员上下的共同努力，才有可能改善企业的管理状况，做好财务管理，提高企业的竞争实力。

4）科学合理地进行投资决策

中小企业的投资应充分考虑市场需求的变化。第一，应以对内投资方式为主。比如对新产品试制、技术设备更新改造等。第二，分散资金投向，降低投资风险。在积累的资本达到一定规模后，可以进行多元化经营，从而分散投资风险。第三，规范项目投资程序。可以借鉴大型企业的普遍做法，规范项目的投资程序，实行投资监理，对投资活动的各个阶段做到精心设计和实施。

课后活动

如何有效地进行新创企业财务管理

一、活动目标

认识到财务管理是企业的一项重要基础性工作。掌握财务管理内容，在新创企业经营中能够理解并初步学会运用有效的财务管理方法或手段。

二、程序和规则

（1）班级随机分组，每3～5人为一组，并推选出一名组长。

（2）请学生以"如何有效地进行新创企业财务管理"为题，各组成员先列出自己的观点。

（3）列出个人观点后与组内成员相互交流，讨论后形成统一的小组观点。

（4）列出小组观点，每组随机抽取一名代表上台发表如何有效地进行新创企业财务管理的见解。各小组组长和老师分别进行打分和评价，最终评价得分最高的小组为优胜组。

三、总结

教师总结和反思。

（建议时间：25分钟）

复习思考

（1）新创企业财务报表分析中常用哪些方法？

（2）新创业企业怎样构建财务管理体系？

（3）当地对于大中专学生创业有哪些财税减免政策？

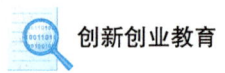

9.4 产品营销与品牌建设

 能力目标

（1）理解新产品开发主要策略和方法。
（2）掌握新产品营销策划的几种常用方法。
（3）理解品牌建设提升的内涵，掌握提升品牌内涵的主要途径。

 案例导读

"一箭多星"实现航天科技自立

2022年2月27日11时，伴随着一阵山呼海啸般的巨响，长征八号遥二运载火箭搭载着22颗卫星，在我国文昌航天发射场一飞冲天，创造了我国"一箭多星"，即单次发射卫星数量最多的纪录。

所谓"一箭多星"，是指一枚运载火箭同时或先后将多枚卫星送入预定轨道的技术。与传统的单星发射相比，"一箭多星"充分利用火箭的运载能力，提高发射效率，降低发射成本。从1981年我国开始计划发射"一箭多星"，到我国"一箭多星"技术已经彻底成熟，期间不足40年。

"一箭多星"这种发射技术很难掌握，目前世界上只有少数国家掌握。2015年，我国长征六号运载火箭在首飞任务中，成功将20颗卫星送入太空，创造了当时我国"一箭多星"纪录。如今，中国航天人再次创造奇迹，"一箭22星"刷新中国"一箭多星"的最高纪录。早在研制伊始，设计人员就充分兼顾了火箭不带助推器的状态，并纳入遥一火箭的考核包络中。自成功首飞到遥二火箭完成总装总测、具备出厂条件，研制团队仅仅用了一年时间，这要归功于火箭所采用的模块化、组合化设计思路，同时这也极大压减了发射成本，商业应用示范效应显著。

分析：新技术、新方法的不断开发，将给我国的航天事业注入生命与活力。同样，新产品的开发永远是企业的生命活力。

一、新产品开发策略

新产品开发策略，是指在现有市场上通过改良现有产品或开发新产品而采取的策略，其目的是扩大销售。

新产品开发策略是企业对市场机遇与挑战、内部资源能力的优势和劣势所进行的全面的、前瞻性的思考和认识，然后做出的选择和决定。新产品开发策略是企业产品开发的军事路线图，指引产品开发的方向和路标。新产品开发的主要策略有以下几种。

（一）领先策略

领先策略就是在激烈的产品竞争中采用新原理、新技术、新结构优先开发出全新产品，从而先入为主，领略市场上的无限风光。这类产品的开发多从属于发明创造范围，采用这种策略，投资数额大，科学研究工作量大，新产品实验时间长。

（二）超越自我策略

超越自我策略的着眼点不是眼前利益而是长远利益。这种暂时放弃一部分眼前利益，最终以更新更优的产品去获取更大利润的经营策略，要求企业有长远的利润观理念，要注意培育潜在市场，培养超越自我的气魄和勇气，不仅如此，还需要有强大的技术作后盾。

（三）紧跟策略

采用紧跟策略的企业往往对市场上已有的产品进行仿造或进行局部的改进和创新，但基本原理和结构与已有产品相似。这种企业跟随既定技术的先驱者，以求用较少的投资得到成熟的定型技术，然后利用其特有的市场或价格方面的优势，在竞争中对早期开发者的商业地位进行侵蚀。

（四）补缺策略

每家企业都不可能完全满足市场的任何需求，所以在市场上总存在着未被满足的需求，这就为企业留下了一定的发展空间。这就要求企业详细地分析市场上现有产品及消费者的需求，从中发现尚未被占领的市场。

二、营销策划

（一）营销策划的原理

营销策划的原理是通过乐学总结而形成的对营销策划活动具有理性指导作用的规律性知识，具有客观性、稳定性和系统性。

1. 人本原理

通过探究消费者的需求和发挥策划人的创意来推动企业发展。如帮宝适的营销策划突出了宝宝整夜舒适睡眠的效果。

2. 差异原理

在不同的时期对不同主体视不同环境做出不同选择。不同的策划主体及不同的时间和环境都决定了营销策划文案的差异性。比如，农夫山泉的找水工程师在大兴安岭的艰苦努力，突出"大自然的搬运工"理念，而娃哈哈纯净水则突出其20多道水的生产工艺净化过程。

3. 整合原理

整合原理把所策划的对象视为一个系统，用集合性、动态性、层次性和相关性的观点处理策划对象各个要素之间的关系。

整合原理要求营销策划要围绕策划的主题把策划所涉及的各方面及构成文案的各部分统一起来，形成一个有机整体。医药产品营销策划多采用整合企业生产资源开发出不同类型的药物剂型，如钙尔奇产品，有老年人用的、儿童用的、孕妇用的补钙系列产品。

4. 效益原理

效益原理以成本控制为中心，追求企业与策划行为本身双重的经济效益和社会效益。成功的营销策划都要以取得效益为目标。

 **案例**

找准概念升华主题

宝洁公司曾做过一次性尿布策划广告。这种尿布已有20多年的历史，但在尿布市场却只有不到1%的占有率。策划人韦特·霍布斯检查了尿布广告的策划概念：一种便利品，能给予母亲们方便。

从消费者的角度来看，这个概念只会给母亲们一种很方便的感觉。母亲们可以享受舒适与方便，但感觉是一个懒惰的、消极的、不肯花时间照顾婴儿的"坏妈妈"。

因此，霍布斯给出新概念：这是一种现代化的尿布，对婴儿更好、更柔软、更吸水。尿布的名称是帮宝适，霍布斯的广告概念中提供的是母爱的满足。

（二）营销策划的流程

营销策划的流程由环境分析、营销目标设定、营销战略策划、营销战术策划、形成营销策划书、营销策划实施、评估与修正7个环节组成，并形成一个闭合的通路，如图9-2所示。

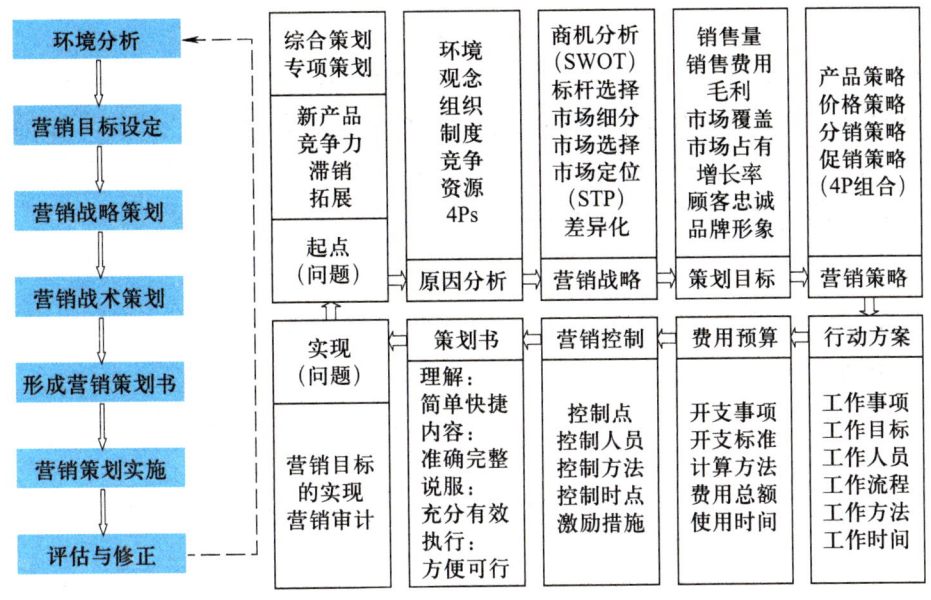

图 9-2 营销策划流程图

1. 环境分析

环境分析分为外部环境分析和内部环境分析，如表 9-14 所示。

表 9-14 环境分析

外部环境分析			内部环境分析
宏观环境	行业环境	经营环境	
政治环境：国家政治局势、法律制度、税收、商业法规、人权立法等 经济环境：金融货币政策、财政税收政策、收入分配政策、产业政策、通货膨胀、失业率、能源状况、行业规则等 社会文化环境：人口分布和流动、文化传统、伦理道德、风俗习惯、环保意识、消费者生活方式等 技术环境：与企业所在的行业相关的技术改进和革新	产业结构：潜在入侵者、替代者、供方、买方、业内竞争者 产业营利能力：进入市场的障碍、经营成本的结构、产业利润的来源、投资成本、投资回报率等	对企业营销活动影响最直接的因素，包括主要竞争对手的市场目标、现行市场营销战略、资源和能力、消费者的心理状况和购买行为、供应者、债权人、总的市场规模、增长和趋势、市场的特点等	企业内部所有对营销活动产生直接和间接影响的因素，包括企业资源、企业目标、企业任务、企业整体战略、企业组织结构、企业权利结构、企业文化、战略业务单位的竞争战略、营销部门在企业中的地位、企业产品的市场占有率、产品质量、分销渠道、产品价格、促销、公共关系、信息系统等

在外部环境分析中，对消费者、竞争者的调查与分析是重中之重；内部环境分析的重点应当放在企业的总体战略和企业资源的优势、劣势等方面。

2. 营销目标设定

营销目标的设定应遵循 SMART 原则：具体（Specific）、可衡量（Measurable）、可操作（Available）、现实性（Real istic）、时限性（Timed）。营销目标只与产品和市场有关。营销目标应包括下列一项或多项内容：为已存在市场而生产的已存在产品、为已存在市场而生产的新产品、为新市场而生产的已存在产品、为新市场而生产的新产品。

3. 营销战略策划

营销战略策划主要包括市场细分、市场目标化、目标市场定位。

1）市场细分

按照购买者所需要的产品或营销组合，将一个市场分为若干不同的购买者群体，并描述他们的轮廓的营销行为。

要使市场细分有效，必须具备 5 个特点：可衡量性、足量性、可接近性、差别性、行动可能性。

2）市场目标化

当公司进行了市场细分后，在权衡了外部各细分市场的吸引力和企业自身的能力和资源的基础上，公司决定要进入哪些细分市场的营销决策行为，即确定目标市场。

3）目标市场定位

确定企业或其产品和服务相对于竞争对手在目标市场上处于一个什么样的位置。

4. 营销战术策划

营销战术策划是指企业根据营销战略策划而制定的一系列更为具体的营销手段，具体内容包括产品策划、价格策划、分销策划、促销策划、品牌策划等。

5. 形成营销策划书

营销策划书的作用如下。

（1）帮助营销策划人员整理信息，全面地、系统地思考企业面临的营销问题。

（2）帮助营销策划人员与企业高层决策者进行沟通。

（3）帮助企业决策者判断营销方案的可行性。

（4）帮助企业营销策划管理者更有效地实施营销管理活动。

6. 营销策划实施

营销策划实施是指营销策划方案实施过程中的组织、指挥、控制与协调活动，是把营销策划方案转化为具体行动的过程。企业的营销策划完成以后，要通过前文所介绍的企业营销管理部门组织实施。企业营销管理部门必须根据策划的要求，分配企业的人、财、物等各种营销资源，处理好企业内外的各种关系，加强领导与激励，提高执行力，把营销策划的内容落到实处。营销策划实施的主要内容包括营销活动的组织、领导和监控。

7. 评估与修正

评估与修正的主要内容包括项目考核、阶段考核、最终考评、反馈改进。

 案例

茶颜悦色的营销策略

茶颜悦色被称为一家"伪装"成奶茶店的"文创公司"。茶颜悦色自一出现，就正好踩在这两条黄金赛道上，一边是沉睡了上千年的东方茶文化，一边是暗流涌动的新国潮，双重世界级心智资源加冕，新中式茶饮顺势而生。

策略一：装修风格。

茶颜悦色总公司采用了现代装修风格和文雅之风的风格相互结合，采用重装饰、轻装修的装修方法，引入潮流饰品的加入，通过强烈的色彩对比，吸引了大量消费者的目光，提高了茶颜悦色门店的进店率，打造出了"网红"效果。

策略二：甜蜜留影。

茶颜悦色会在店面开展甜蜜留影的市场营销活动，以茶颜悦色品牌店面为背景，进行单人或多人的照片拍摄、点赞的活动，设置了"点赞50个有折扣""点赞50个，买一赠一""点赞50个，随机减免"等活动，提高了消费者的参与度，扩大了茶颜悦色的市场知名度，提高了门店的盈利。

策略三：百分画作。

茶颜悦色在店面设置了黑板，给广大消费者提供了展示才艺的平台，消费者在黑板上绘画的作品，由来店的消费者进行打分，从当天、一周、一个月的画作中，选出得分高的给予奖励，同时画还做成海报进行展示，从而增加了消费者黏性并使之推而广之，获得更多的潜在客户。

分析：茶颜悦色区别于其他茶饮品牌最鲜明的标签，就是它的"文化属性"，如今随着国人文化自信心的增强，国潮热的兴起，文化营销成为品牌塑造个性价值的重要一环。

三、品牌建设

品牌是特定供应商主体（企业）创造并且由其独享的资源，是市场（客户）对特定供应商主体（企业）及其产品或服务的认知总和。

品牌提升指企业通过广告、公关、促销等手段，以及合适的媒介平台传播品牌信息，提高大众及市场对品牌及企业的认知度，增加客户对品牌的忠诚度。

（一）品牌的知名度层次

品牌知名度被分为品牌识别层、品牌回想层、品牌联想层3个不同的层次。

1. 品牌识别层

品牌知名度的最低层次是品牌识别。这是根据提供帮助的记忆测试确定的，如通过电话调查，给出特定产品种类的一系列品牌名称，要求被调查者说出他们以前听说过哪些品牌。虽然需要将品牌与产品种类相连，但其间的联系不必太强。品牌识别是品牌知名度的最低水平，但在购买者选购品牌时却是至关重要的。

品牌识别可以让消费者找到熟悉的感觉。人们喜欢熟悉的东西，尤其是对于香皂、口香糖、纸巾等低价值的日用品，有时不必评估产品的特点，熟悉这一产品就足以让人们做出购买决策。研究表明，无论消费者接触到的是抽象的图画、名称、音乐还是其他东西，接触的次数与喜欢程度之间都呈正相关关系。

2. 品牌回想层

另一个层次是品牌回想。通常是让被调查者说出某类产品的品牌来确定品牌回想，但这是"未提供帮助的回想"，与确定品牌识别不同的是，不向被调查者提供品牌名称，所以要确定回想的难度更大。品牌回想往往与较强的品牌定位相关联。

品牌回想往往能左右潜在购买者的采购决策。采购程序的第一步常常是选择一组需考虑的品牌作为备选组。例如，在选择广告代理商、试驾的车型或需评估的计算机系统时，通常要考虑三四个备选方案。在这一步，除特殊情况外，购买者可能没有接触到更多品牌。此时，要进入备选组的品牌回想就非常关键。哪个厂商生产计算机？能够想到的第一家公司就占有优势，而不具有品牌回想的厂商则没有任何机会。

3. 品牌联想层

在未提供帮助时，第一个想到的品牌名称，说明这个品牌已经达到了铭记在心的程度，这是一个特殊的状态，是品牌知名度的最高层次。确切地说，这意味着该品牌在人们心目中的地位高于其他品牌。如果企业拥有这样的主导品牌，就有了强有力的竞争优势。

（二）品牌建设步骤

企业品牌建设要经过规划阶段、建设阶段、形成阶段3个步骤。

1. 规划阶段

一个好的品牌规划，等于完成了一半品牌建设；一个坏的品牌规划，可以毁掉一个事业。在做规划时要根据品牌的十大要素提出很明确的目标，然后制定实现目标的措施。这是品牌建设的前期阶段，也是品牌建设的第一步。

2. 建设阶段

建设阶段很重要，其中比较重要的一点就是确立品牌的价值观。确立什么样的价值观，决定企业能够走多远。有相当多的企业根本没有明确、清晰而又积极的品牌价值观；还有一些企业在品牌价值观取向上急功近利、唯利是图，抛弃企业对人类的关怀和对社会的责任。我们制定的品牌价值观取向应非常明晰，首先为消费者创造价值，其次才为股东创造利益。

3. 形成阶段

企业要根据市场和企业自身发展的变化，不断地对品牌进行自我维护和提升，使之达到一个新的高度，从而产生品牌影响力。直到能够进行品牌授权，真正形成一种资产。这3个阶段不是靠投机和侥幸获得的，也不能一蹴而就。

经典分享

做企业社会责任只是捐款吗

在深圳举行的世界经理人"智胜未来出口系列论坛"上，业界先锋、资深专家、杰出企业管理者和外贸出口企业代表一起，共同探讨中国企业的未来发展与竞争优势。在智慧分享环节，参会企业代表向台上的优秀外贸企业家提出自己的困惑和问题。

不少企业家都在提问，企业社会责任应该如何做到？难道只是捐款吗？

其实，企业社会责任跟可持续发展是息息相关的，很多企业家对企业社会责任理解都不完整，具体来说，一家企业在创造利润对股东负责的同时，还要承担对消费者、对环境、对员工、对社区共同的责任。企业在赚钱的同时要对员工关注、环境关注、消费品关注，整个社区要关注。现在企业还在生存阶段，谈企业社会责任不适合。企业社会责任让你去赚钱、让你去营利，很多企业家说企业社会责任是捐款，这也不全面。

一般来说，企业社会责任分为4个层次。

第一，经济责任。一家企业必须有能力创造利润，一家企业无法盈利，无法给地方纳税，无法给员工增加福利，更谈不上对消费者负责，这是基本的经济责任，一定要想办法，包括提升产品竞争力、改善企业管理等。总之，一定要盈利。

第二，法律责任。对基本的法律要遵守，如果企业不遵守基本法律，就很容易倒闭。

第三，要公平竞争、公平广告。

第四，公益慈善。

企业社会责任管理在国际上已经推行了多年。中国企业社会责任推荐标准，由中国企业联合会可持续发展工商委员会和北京大学光华管理学院合作依据中国法律和中国缔结、参加的国际公约制定的中国企业社会责任标准，于2006年10月发布实施。作为国内"推荐标准"，其合理性有三方面的基础：一是法律、法规，即部分条目或其

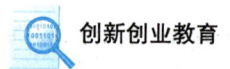 创新创业教育

含义因直接援引法律法规而具有强制性；二是经营原则，即部分条目或其含义因符合经营决策的经济理性而具有现实性；三是道德主张，即其他条目或其含义因遵循道德规范而得以自我支持。

另外，了解一下企业社会责任，对企业的经营管理一定有帮助。如果企业在社会责任上犯错，对企业的影响可能是非常致命的。

深圳智尚视讯科技有限公司总经理曾建勇认为，一个负责任的企业老板首先应该对自己的员工负责，做老板是给员工打工，员工跟着你干了几年之后在工资、能力等各方面都应该有成长，如果5年之内员工没有任何成长，那这位老板就是不负责任的老板，会耽误了他的员工。

面对中国乃至全球的市场格局、产业环境发生的巨大变化，以及社会各界对企业履行社会责任的新要求，企业应当适应新形势、新变化将自身发展战略与宏观经济发展战略相融合，结合自身技术、管理等方面专业优势，积极参与解决经济社会发展中需要解决的问题，在探寻社会问题解决方案的同时，也为自身开展新业务、实现可持续发展奠定了基础。

课后活动

营销技巧大比拼

一、活动目标

认识到营销是一个过程，营销方式和技巧对于营销活动的重要性，能够理解和初步运用不同营销技巧于新创企业经营中。

二、程序与规则

（1）将全班学生分成若干小组，每组4～6人，选出一名组长。

（2）以小组为单位，以"营销技巧大比拼"为题，关注自己家乡的丰富特产，各小组最终选取一种农产品，制定该农产品的营销方案及营销技巧。

（3）从网上搜索成功的产品营销案例。

（4）借鉴网上的成功案例，结合自己所学习的内容，制定出最终的营销方案。

（5）各小组完成任务后，以小组为单位展示。

三、总结

小组全部展示结束，教师及小组长进行评分，评选出优秀的一组。

（建议时间：30分钟）

谈谈如何履行企业社会责任

一、活动目标

认识和理解履行企业社会责任的重要性和必要性。

二、程序和规则

（1）班级随机分组，每3~5人为一组，并推选出一名组长。

（2）请学生以"如何履行企业社会责任"为题，假设自己的小组团队现是企业一员，各小组根据团队情况，通过小组交流讨论后，选择如何履行企业社会责任，每小组代表上台发表如何履行企业社会责任并阐明原因。各小组组长和老师分别进行打分和评价，最终评价得分最高的小组为优胜组。

三、教师总结

（建议时间：15分钟）

复 习 思 考

（1）谈谈你对策划和营销策划的理解。

（2）营销策划的具体流程是什么？

参考文献

［1］周恢，钟晓红．创新创业教育［M］．北京：北京理工大学出版社，2019．
［2］师建华，黄萧萧．创新思维开发与训练［M］．北京：清华大学出版社，2018．
［3］张锐．大学生创业标准教程［M］．北京：高等教育出版社，2018．
［4］蒋丽君，顾鸣镝．以竞赛为载体推进高职院校创新创业教育［J］．中国职业技术教育，2016（10）：71-75．
［5］李建，刘鹏．创新与创业［M］．北京：中国人民大学出版社，2017．
［6］杨雪梅，王文亮．大学生创新创业教程［M］．北京：清华大学出版社，2017．
［7］付守永．路演大师［M］．北京：企业管理出版社，2016．
［8］布鲁斯·R.巴林杰．创业计划书：从创意到方案［M］．陈忠卫，等译．北京：机械工业出版社，2016．
［9］李肖鸣，孙逸，宋柏红．大学生创业基础［M］．北京：清华大学出版社，2016．
［10］王中强，陈工孟．创新思维与创业教育［M］．北京：人民邮电出版社，2016．
［11］张志，乔辉．大学生创新创业入门教程［M］．北京：人民邮电出版社，2016．
［12］吕爽．创业基础［M］．北京：中国铁道出版社，2016．
［13］王风范．资本路演：成功融资的路演实战图解［M］．北京：中国经济出版社，2016．
［14］创新创业课题组．大学生创新创业实务指导［M］．北京：首都师范大学出版社，2016．
［15］李伟，张世辉．创新创业教程［M］．北京：清华大学出版社，2015．
［16］蔡剑，吴戈，王陈慧子．创业基础与创新实践［M］．北京：北京大学出版社，2015．
［17］李家华．创业基础（第2版）［M］．北京：清华大学出版社，2015．
［18］黄安胜，等．大学生创新创业政策存在的问题及对策——以福建省为例［J］．发展研究，2018（01）：102-108．